Christenthum und Vernunft

für die

Abschaffung der Todesstrafe.

Sammlung landständischer Verhandlungen des Königreichs Sachsen, nebst anderen wissenschaftlichen Mittheilungen von Großmann, Eisenstuck, Ammon, Paulus, Abegg, Mehring, Schläger u. a., und einer Predigt von Schleiermacher über die Sünde der Todesstrafe.

Mit Bemerkungen

von

Professor Grohmann.

Berlin.
Gedruckt und verlegt bei G. Reimer.
1835.

Seinen

Hochverehrten Freunden

Professor Dr. Friedreich
in Weißenburg,

Hofrath Dr. Groos
in Heidelberg,

Stadtpfarrer Dr. Mehring
in Langenburg,

Geh. Rath Prof. Dr. Mittermaier
in Heidelberg,

Grafen de Sellon,
Membre du Conseil Souverain de et à Genève

in vereinten Bemühungen zur Beförderung milderer und gerechterer Strafgesetzgebung

Grohmann.

V o r r e d e.

Folgende Blätter bedürfen wohl bei ihrer Herausgabe keiner Entschuldigung. Sie enthalten nicht etwa blos Denkmäler einer gegenwärtigen Zeit, sie beziehen sich nicht auf irgend ein Privat-Interesse oder auf irgend ein Verhältniß einer augenblicklichen Neuerung; sondern es sind Denkmäler des höchsten, allgemeinsten Interesses für die Zukunft, für die Ausbildung, Berichtigung des Vernunft- und Criminalrechts. Die Gegenwart trägt oft nur zu sehr die Spuren der Vergangenheit, und es bedarf einer Anfrage, ob das, was vergangen und gegenwärtig ist, auch immer bestehen soll, ob es vernunft- und rechtgemäß ist. Denn die Erfahrung spricht ja wohl laut genug dafür, daß die Bildung der Menschheit eine Blüte ist, die nur von dem untersten Boden stammt, sich nur nach und nach in dem Verlaufe von Jahrhunderten zu freieren Gestaltungen emporrichtet, bis sie endlich und zwar sehr spät die Krone der Freiheit trägt, in welcher sich die Gesetze der Vernunft, die Formen einer ewigen Geisterwelt, durch sichtbare Erscheinungen darlegen. Die Geschichte der Menschheit ist, von ihrer Naturseite betrachtet, ein Kind der Gewalt, eine Frucht der Nothwendigkeit, ein Ergebniß des höchsten Uebelstandes, wo Gewalt gegen Gewalt kämpft und in der irdischen Masse der Begebenheiten keine Rettung oder Versöhnung zu finden ist. Aber über diesem Nothstand des geschichtlichen Seins und Lebens thront eine höhere Macht, — die Macht der Vernunft, die Freiheit intelligibler Gesetze; und so bekommt auch nach dieser Ansicht die Geschichte eine höhere Erleuchtung, sie muß endlich der Vernunft Rede stehen, ihre Gewaltthaten rechtfertigen und das Werk der früheren Nothwendigkeit durch eine spätere Freiheit verklären und sich zur Vernunft — zu vernunftgemäßen Rechtsansichten erheben. Der Staat ist nicht minder, wie eine jede andere irdische Erscheinung, äußerlich das Werk der Noth, die Gewalt eines äußeren Zufalls, die Handhabung sinnlicher roher Kräfte; aber in seinem höhern und intelligibeln Wesen ist und soll er auch das Zeugniß der Vernunft sein, die Veranschaulichung unsichtbarer Vernunftgesetze, die ein Reich der Persönlichkeit, der Freiheit auf Erden gründen. Wäre der Staat nichts anderes, als nur der Repräsentant eines Eigenwillens, dem die Gewalten der einzelnen sinnlichen Naturen, der Individuen übergeben wären: so wäre durch einen solchen Gesammtwillen, wo die allgemeine Gewalt gilt, nicht viel gewonnen gegen jenen sogenannten Naturstand, wo die einzelnen Gewalten, die einzelnen Actionen und Reactionen das Schwerdt, das Eisen der Herrschaft und der Vergeltung führen. Der Staat ist die Macht der Vernunft, welche auf Freiheit ruht, die Freiheit ausbreitet und befestigt. Sie verschmäht eine jede Gewaltthat, denn sie richtet nach dem ewigen Richterspruche der Persönlichkeit und Freiheit. Es richtet hier kein Oberer den Niederen, sondern alle sind gleich und frei vor dem Gesetze, und das Gesetz erkennt in jedem, der vor ihm Recht steht, den Vater, den Bruder, den Sohn.

Der sicherste Maaßstab für die Cultur eines Staates oder Landes, wie weit diese gediehen, wie sehr sie zurückgeblieben, ob sie sich von den Uebelständen der früheren Zeiten gereinigt habe, ist besonders das Criminal- oder Strafrecht. Es ist gleichsam der Meilenzeiger, in welchem Preise der Werth des Menschen steht, ob der Staat noch als äußere Gewalt, oder als freie Macht der Vernunft richte, ob er das allgemeine Interesse der Sicherheit, der Ruhe, des Wohlstandes, der Persönlichkeit, der Gerechtigkeit von harten und überharten Strafen, die wie mit flammenden Schwerdtern den Eingang des Paradieses schützen sollen, abhängen läßt, oder ob er einen höheren Rechtsgrund der Freiheit, der Vernunft und Gerechtigkeit sich zu eigen gemacht hat. Unter die Fragen, welche unsere so bewegte Zeit angeregt hat, und mit welchen sich das höchste Interesse der Menschheit verbindet, auf deren Beantwortung entweder das Alter einer alten tyrannischen Zeit, oder das Herbeikommen verjüngter und aufgeklärter Jahrhunderte beruht, — unter diese Fragen, sagen wir, gehört auch mit Recht die über das Recht der Todesstrafe, ob nämlich der Staat als Ausdruck des Vernunftrechts die Macht, oder vielmehr die Gewalt sich anmaßen dürfe, mit beiden Händen gleichsam Erde und Himmel zu umfassen, oder diesen Uebergang mit der Schneide des Schwerdtes zu lösen und den Lebensfaden des Sterblichen früher zu zerreißen, als es selbst vielleicht die schwarzen Schwestern einer übel berüchtigten Nemesis gestatten mögen. Eine Petition für die Abschaffung der Todesstrafe ist nicht etwa blos an ein einzelnes Volk, an ein einzelnes Land, an eine besondere, einzelne Zeit gerichtet. Denn so viele Stimmen der Zeit, des Alters, der Gewohnheit, einer gewissen politischen Nothwendigkeit sich auch wider eine solche Petition erheben mögen: die Frage und Bitte behält ihre ewige Gültigkeit vor dem Forum der Vernunft, und früher oder später werden und müssen die Todesstrafen abgeschafft werden, und künftige Generationen werden sich dann einer gerechteren Legislation, eines milderen, vernunftgemäßeren Strafrechts freuen. Die Gründe, welche man für die Beibehaltung, ja für die Rechtmäßigkeit der Todesstrafe beizubringen pflegt, sind mancherlei Art und Ursprungs. Man möchte sagen, eine ältere Dogmatik der Theologie habe ihre Höllenstrafen in unseren Zeiten besonders einem Obscurantismus der Rechtsphilosophie und einem Mysticismus bigotter Aerzte anvertraut, so daß diese drei Dogmatiken nun vereint von ewiger Erbsünde und Höllenstrafen träumen und für die Nothwendigkeit, für das Versöhnungsmittel des Hochgerichts streiten. Die einen wissen nichts Besseres für die Todesstrafe zu sagen, als daß sie nach dem Gesetze der Action und Reaction nothwendig sei. So mögen auch jene Wilden philosophiren, bei denen die Strafe des Scallpels, die Haut von dem Kopfe und dem Leibe zu ziehen, naturrechtlich eingeführt ist! Andere legen das bleierne Material des gedruckten Buchstabens zum Grunde, eine ältere Carolina habe die Todesstrafe einmal eingeführt, und dabei müsse es verbleiben. Diese anderen pflegen gern diesen Buchstaben der Gewohnheit oder einer gewissen politischen Nothwendigkeit noch mit Redensarten von vermeinten höheren Beziehungen der Erkenntniß auszuschmücken, ja ihn wohl gar durch Müllners Schuld, oder besser nach den griechischen Tragikern einer aristotelischen Poetik zu erweisen. Aber wer erkennt nicht in solchen Gründen, an einer solchen Beweisführung die falschen Motive einer Zeitphilosophie, deren thönernes Fußgestell gar bald umstürzen muß, um das ganze Standbild mit sich herabzureißen. Eine dritte Art von vermeinten Gründen für die Beibehaltung der Todesstrafe ist die liebe faule Mystik, die von der Schärfe wissenschaftlicher Forschung sich abwendend so leicht in Alltagssätzen von Beschränktheit Ruhe und Hülfe sucht. Es ist ein verdrießliches Geschäft, solchen Gründen zu begegnen und zur Abfertigung derselben sich herzugeben. Denn meistens trifft man unter diesen Gründen, welche das Recht der Todesstrafe erweisen sollen, unlautere, unklare Gedanken, falsche Vordersätze, unrichtige Folgerungen, Mißverständnisse, die den reinen Begriff der Gerechtigkeit wie zum Hebel eines Mechanismus machen, und wo die Gerechtigkeit der Strafe nicht viel anders ist, als der blinde Fall eines Ziegels auf das Haupt des Schuldigen.

Allen diesen Gründen, die mit so vieler Freimüthigkeit gegen mich sprachen, habe ich mit gleicher Freimüthigkeit zu begegnen gesucht. Und so glaube ich mich in der Art und Weise, wie die Gegner mich nahmen und wie ich sie nahm, durch die Gesetze gegenseitigen Vertrauens und gegenseitiger Billigkeit vollkommen gerechtfertigt.

Es liegt am Tage, daß die bisher angenommenen Grundsätze oder Maximen des Strafrechts ferner nicht gültig sein können. Alle die bisherigen Theorieen des Criminalrechts leiden an der Unzulänglichkeit, an der Unsicherheit, ja an der Unrechtmäßigkeit und Illegalität ihrer Principien. Das Strafrecht, welches den Gesetzen der Vernunft gemäß sein soll, muß die Freiheit, die Persönlichkeit der Menschennatur anerkennen, — ein Recht, welches unverletzlich und heilig ist. Und die Strafe, welche rechts- und vernunftgemäß sein soll, muß und darf diese Persönlichkeit, diese Freiheit der Menschennatur nicht verletzen, vielmehr diese, oder diese Rechte selbst dadurch in der Strafe anerkennen, daß sie nicht gegen das freie, intelligible Menschenleben, sondern nur gegen die Willkühr der Rechtsverletzungen gerichtet ist, daß sie, indem sie diese coercirt, der persönlichen Freiheit der Menschennatur ihre ewigen, unverletzlichen Rechte zugestehet. Durch die Todesstrafe wird das ewige Recht der persönlichen Menschennatur beleidigt. Durch die Bändigung der Willkühr des Verbrechers in mehrjährigem, lebenslänglichem Gewahrsam wird auf keine Weise, wie man wider mich eingewendet hat, ein vielleicht eben so persönliches Recht der Menschennatur verletzt. Dieses Recht der Persönlichkeit wird vielmehr, daß ich es so ausdrücke, integrirt, in seiner Integrität erhalten. Denn die moralische, persönliche Existenz des Menschen besteht ja nicht in einer Willkühr zufälliger Bewegung, zufälliger Triebe, sondern in der Unterordnung, in dem Zwange derselben unter den Gesetzen aller jener humanen Erweise, wodurch der vernunftgemäße Verkehr des menschlichen Lebens erhalten und unterhalten wird. Der in der Zucht des Gefängnisses, der Arbeit, der Strafe gehaltene Verbrecher ist und wird nicht unfrei durch diese Strafe; vielmehr wird und soll die Vernunftthätigkeit der Freiheit in ihm durch die Strafe, die sich gegen die Willkühr seiner begangenen Rechtsverletzung richtet, geweckt werden. So trägt auch der Begriff der Strafe den Moment der Besserung als unmittelbar immanentes Merkmal in sich, welches wohl von dem Zweckbegriff der Strafe, der so oft mit jenem immanenten Merkmale verwechselt wird, unterschieden werden muß. Die Strafe hat zwar nicht den Zweck, zu bessern, aber sie trägt die Möglichkeit, die Bethätigung der Besserung unmittelbar in sich. Und nach eben diesem Criterium unterscheiden wir nun auch die gerechten von den ungerechten, die milden und vernunftgemäßen Rechtsstrafen von den tyrannischen, barbarischen, blos sinnlichen Körperstrafen, die den Menschen zum Thier erniedrigen, das Gefühl der Rache reizen, und wo die Anwendung einer solchen Strafe unmöglich als eine verdiente, für deren Gnade sich wohl gar noch der Verbrecher zu bedanken habe, zu nennen ist. Wir tadeln in der bisherigen Strafgesetzgebung nicht etwa blos das eine Capitel der beibehaltenen oder beizubehaltenden Todesstrafe, sondern das innere Leben und Wesen jener Strafgesetzgebung selbst, indem sie die Strafen bis zu einer solchen Art, zu einem solchen Grade so oft auszudehnen pflegt, daß sie unrechtmäßig, zweckwidrig, der Würde der Menschennatur entgegen sind. Die Strafen strafen sich aber, möchte man sagen, selbst durch diese ihre Excentricität und Härte. Denn diese Strafen verschulden nun erst die Bösartigkeit der menschlichen Natur, die immer böswilliger durch die erlittene ungerechte Strafe wird, wo der Verbrecher immer wieder zum Zuchthause zurückkehrt, durch jenes System der Körperstrafe immer prügelfauler, und endlich alles bessere Gefühl der Achtung des Menschen für sich und andere herabgesetzt und gänzlich erstickt wird. Fragt man die Strafgesetzgebung, nach welchem Maaßstabe sie so und so viel Jahre Zuchthaus verordne: so ist dieser Maaßstab rein willkührlich, er beruht auf dem Längenmaaße der früheren harten Strafsentenzen, wo die Milde und Bildung der Zeit kaum so viel vermocht hat, einige Zoll von jenem alten scharfen, harten Strafsysteme abzunehmen. So lange in der Criminaljurisprudenz nicht der Grundsatz, das ewige Gesetz der Menschennatur Eingang findet, daß gerechte und milde Strafen mehr coerciren und corrigiren, als harte peinliche Strafen: so lange rostet noch ein alter Fleck der Barbarei in den Strafgesetzen, so sehr auch diese von den Rechtsanwalden vertheidigt und gegen den Vorwurf der Barbarei in Schutz genommen werden mögen. Man schlage die Jahrbücher früherer Strafgesetzgebung auf und erstaune über den erfinderischen Geist, mit welchem die Strafen angedroht und vollstreckt worden; Strafen, die in jeder Hinsicht die Würde der menschlichen Natur entehrten und ein Zeugniß von der Rohheit, der Unmenschlichkeit eines unrechtlichen Strafsystems waren. Von einem solchen Vorwurfe, der mehr als zu sehr durch die Geschichte bestätigt wird, wird man das frühere Strafsystem nicht retten können. Man bringe einen Bürger, der von einem civilisirten, gebildeten Vernunftstaate der neueren Welt gehört hat, auf den öffentlichen Markt unsers Lebens, wo gerade vielleicht die sogenannten Exempel von Strafe statuirt werden, und wird er nicht erstaunen müssen über das Wort von Bildung und Gerechtigkeit, welches man vorzugsweise neueren Jahrhunderten beilegt? Nicht mit Unrecht dürfte man ein solches Strafverfahren mit jenem alten Pennalsystem auf Schulen vergleichen, wo die Strenge der Strafen der Maaßstab der Cultur und der weisesten Pädagogik sein sollte. Es thut uns leid, in den landständischen Verhandlungen oft von solchem Exempel statuiren, von der Nothwendigkeit harter, abschreckender Strafmittel haben lesen zu müssen, als wenn es nicht auch böse Exempel gäbe, die man statuiren könne, und als widerspreche nicht die Maxime der Abschreckung dem höhern Gesetze der Moral, unrechte Mittel nicht durch sogenannte Zwecke zu heiligen. Es thut uns leid, wenn die Rechtmäßigkeit der Todesstrafe durch den Ausspruch einer gewissen politischen Nothwendigkeit vertheidigt wird, als wenn nicht die Politik der Ausspruch heiliger Gesetzgebung und der Staat die Anwendung reiner moralischer Gesinnung und Denkart sei. Wenn früher ein Dogma theologisch-abergläubischer Gesinnung mit Recht von der weltlichen Jurisprudenz belacht und verspottet wurde, als seien ewige Höllenstrafen der wahre Ersatz der Tugend und Vergeltung: so lodert dieselbe Strafe in jenen alten barbarischen Strafbestimmungen, deren Blutflecke jetzt noch in dem Schwerdte des Hochgerichts eingegraben sind. Der Staat, der den Gesetzen der Vernunft gemäß sein will, erlaube sich nicht den Begriff des Zwanges zu überschreiten. Denn dieser ist die Grenze, der Maaßstab der zu bestimmenden Strafen. Der Zwang ist nicht rohe Naturgewalt, nicht körperliches Zuchtmittel, nicht sinnliches, entehrendes Strafübel, sondern die Macht der Freiheit der Vernunft, die sich durch innere moralische Nöthigung gegen Rechtsverletzungen wendet und die Willkühr des Verbrechers durch erlaubte Strafmittel der Vernunft züchtiget und zügelt. Diese erlaubten Rechtsmittel der Strafe sind nämlich Correction der Willkühr durch die Freiheit. Die Majestät des Staats ist nicht Naturgewalt nach irgend einer Maxime mechanischer Wiedervergeltung, oder Action und Reaction, sondern der höhere Begriff, die Macht der Gerechtigkeit, Vernunftwesen auch nur der Vernunft gemäß unter das Gesetz der Freiheit zu stellen und die Persönlichkeit der menschlichen Natur bis zum Grabe, ja über das Grab hinaus gelten und bestehen zu lassen. Es ist nicht zu begreifen, was man sich unter der Persönlichkeit des Menschen denken mag, wenn diese wie eine Maske von dem menschlichen Antlitze weggenommen und der Verbrecher auf Scheiterhaufen und Hochgericht gebracht werden kann, um als mechanisches Werkzeug unter mechanischer Strafe zu leiden und zu — enden. Man beruft sich bei der Vertheidigung der Todesstrafe so oft und am allermeisten auf den Begriff der Gerechtigkeit, ohne diesen Begriff genauer erörtert, und das, was mechanisch einen rechten Winkel macht, von dem Begriffe der vernunftgemäßen Gerechtigkeit, die persönlichen Wesen zukommt, unterschieden zu haben. Der Begriff jener so oft ausgesprochenen Gerechtigkeit ist ein sensueller, er paßt nur auf das, was nach Ellen gemessen und bestimmt werden kann; er ist nicht der intelligible Begriff, der die unverletzliche Vernunft zum Grunde legt und nicht die Achtung vor dem heiligen Gesetze der Persönlichkeit verletzt. Der wahnsinnige Zustand der Seele, der in den Irrenhäusern der Heilung des Arztes übergeben wird, enthebt uns nicht der Achtung, mit welcher die persönliche Natur des Wahnsinnigen behandelt werden soll. Die Persönlichkeit ist der übersinnliche, überall vernehmliche Ruf der Geisterwelt. Eben so wenig überhebt daher auch der Wahnsinn irgend eines Verbrechens das Strafamt, in dem Verbrecher das persönliche Wesen nicht zu achten und ihn auf den Holzstoß, unter Beil und Schwerdt, unter Marter und Stock zu bringen, um den Gesetzen einer rohen mechanischen Gerechtigkeit zu entsprechen.

Hätte eine Petition für die Abschaffung der Todesstrafe den günstigsten Eingang gehabt und die Todesstrafe wäre einstimmig abgeschafft worden: was hätte man für Urtheile hören müssen, wenn unmittelbar nach solcher Abschaffung sich Verbrechen gezeigt hätten, die sonst gewöhnlich mit dem Tode bestraft zu werden pflegen und jetzt nun einer gerechteren und vernünftgemäßeren Bestrafung anheim fielen? Würde man nicht die Abschaffung der Todesstrafe für das schreiendste Unrecht, und jene Blutschulden für Erfolge einer voreiligen Abschaffung der Todesgerichte gehalten haben? Die Erfahrung lehrt, daß durch harte Strafen, durch Todesgerichte Verbrechen nicht gemindert werden. Aber so lehrt freilich auch die Vernunft und Erfahrung, daß mit der Abschaffung der Todesstrafe die Erscheinung blutiger Verbrechen nicht ganz verschwinden werde. Denn bei aller Cultur des Menschengeschlechts keimen doch immer Laster, Leidenschaften, bewußtlose Zustände, welche zu Schuld und Verbrechen Anlaß geben. Bei aller glücklichen Organisation der Menschennatur giebt es so viele Abweichungen, wo der Mensch mehr dem Thiere als dem Himmel näher ist, und wo die abweichende Organisation auch der Keim und der Boden des Verbrechens ist. So wenig Blutgerichte Abschreckungsmittel vor Verbrechen sind, eben so wenig wird freilich auch die Abschaffung der Todesstrafe die ferneren Erscheinungen blutiger Verbrechen zu unterdrücken vermögen. Denn, wie gesagt, auf allen verschiedenen Graden der menschlichen Cultur bleibt die Imbecillität, der Krankheitsstoff sinnlicher Kräfte sich immer mehr oder weniger gleich. Aber wenn auch solche Verbrechen und Missethaten aus dem Reiche der Menschheit nicht ganz verschwinden können, wie man auch die Strafgesetze einrichte und anordne: so ist und bleibt es doch der heiligste Beruf des Strafsystems, sich als ein gerechtes, vernunftgemäßes System zu erweisen und nicht durch unrechtmäßige, vernunftwidrige Strafen die Rache des

Verbrechens aufzurufen oder Drachenzähne neuer Verbrechen auszusäen. Die sichersten, die besten Mittel, nicht böse, sondern gute Exempel zu statuiren, sind für die Legislation die Erziehungs- und Zuchtmittel, die in Lehre und Unterricht, in Ausbreitung und Veredelung der Schulen, in Errichtung von Besserungs-Häusern bestehen, wo mehr moralische, als sinnliche oder körperliche Willkommen und Strafmittel angewendet werden müssen, um die Freiheit vor Rechtverletzungen zu sichern. Wie viel bleibt aber zur Errichtung und Einführung solcher Besserungs-Häuser dem Staate zu thun übrig! Nur erst in den neueren Zeiten lichtete ein Howard die dunklen, schrecklichen Gefängnisse, in welchen die Verbrecher allen Elementen einer feindseligen Natur preisgegeben waren. Die Verbrecher, wie sie den dunklen Höhlen übergeben wurden, waren gleichsam ausgestoßene, vergessene Glieder der Menschheit. Nur erst in der neueren Zeit wandte sich die Aufmerksamkeit auf die Veredlung der Strafgesetzgebung, nicht durch Tortur, durch Insinuationen, durch unmoralische Mittel, durch geheime Justiz harter Behandlung Verbrechen zu entdecken, Geständnisse — auch falsche und erzwungene, wenn der angeschuldigte Verbrecher die Härte des grausamen Gefängnisses nicht ertragen konnte — zu erpressen! — Gesegnet seien die Jahrhunderte und deren Bemühungen, diese Gräuel der Strafjustiz abzuwenden und überall einem vernunftgemäßeren, milderen Systeme die Bahn zu brechen. Aber so groß auch dieser Segen der Jahrhunderte und ihrer Bemühungen für die gefallene Menschheit sein mag, so ist doch nicht in Abrede zu stellen, daß noch fernere reformatorische Jahrhunderte bevorstehn, welche die alten Ueberreste der Barbareien in den neueren Entwürfen der Strafgesetzgebung zu tilgen und auszulöschen haben.

Bis auf die neuesten Zeiten war noch hie und da das sogenannte Halsgericht üblich, wo über den Verbrecher, ehe er zum Hochgericht geführt wurde, durch gräßliche symbolische Zeichen der Stab gebrochen wurde. Welches Rüstzeug von moralischer Pein und Marter erhielt nicht schon dieser einzige Act der sonst so gerühmten hochnothpeinlichen Gerichts-Ordnung! Ein würdiger Landstand des Königreichs Sachsen hat sich am Schlusse der landständischen Verhandlungen ungemein verdient um das Vaterland gemacht, die Abschaffung eines solchen Halsgerichts, einer solchen Barbarei aus früheren finstern Zeiten zur Proposition zu bringen. Und die gerechte, menschenfreundliche Petition wurde von den hochgeachteten Landständen, wie der letzte Nachtrag folgender Blätter zeigt, wenn nicht ganz, doch dem wichtigsten und wesentlichsten Inhalte nach einstimmig genehmigt. Das Halsgericht ist nun freilich abgeschafft, aber der Gang des Verbrechers zum Hochgerichte ist geblieben; und wenn auch dieser öffentliche Gang, diese öffentliche, feierliche Schaustellung des Hochgerichts vermieden oder abgeschafft würde, bliebe dann nicht immer noch bei der Vermeidung dieser kleinen Barbareien die größere und größte, die Todesstrafe selbst, sie mag nun öffentlich oder auf eine weniger öffentliche und feierliche Weise executirt werden. Der größte Uebelstand bliebe immer bei aller Vermeidung dieser kleineren Barbareien und grausamen Formalitäten. Es ist zu hoffen, daß auch über die Todesstrafe, welche den letzten Streich über ein gefallenes Leben vollführt, endlich auch ein letzter Streich durch die Macht der höheren Gerechtigkeit und eines höhern Einklangs der Vernunft mit sich selbst werde vollstreckt werden. Denn bei allem ablehnenden Beschlusse landständischer Berathungen über die Abschaffung der Todesstrafe, wie ihn ein antiquarischer Berichtserstatter in der allgemeinen Zeitung nennt, haben doch die weisen landständischen Verhandlungen meines Vaterlandes die von mir eingereichte Petition nicht verworfen, nicht etwa zu künftig zu revidirenden Acten verwiesen, sondern um der weisen, umsichtigen Berathung selbst willen, wie es das heilige Interesse der Menschheit mit sich bringt, sie dem nächsten Entwurfe eines Strafgesetzbuchs anvertraut, welches über die Bildung, über die Cultur kommender Jahrhunderte für die Strafrechtspflege zu entscheiden hat. Und wir geben uns gern der tröstenden Hoffnung hin, daß überall ein milderes, billigeres Strafsystem Eingang finden, jene tragischen Mittel einer öffentlichen Blutrache, Blut durch Blut zu söhnen, aus dem Lande der moralischen, religiösen und wissenschaftlichen Aufklärung verschwinden werden. Bei Gelegenheit jener landständischen Propositionen für die Abschaffung des Halsgerichts ließ sich ein Landstand folgender Maaßen über sein Glaubensbekenntniß, wie nothwendig die Todesstrafe sei, vernehmen. Herr Heinroth sagt: „Ich bin in der Hauptsache „ganz der Ansicht der geehrten Deputation und eben „so in der Hauptsache gegen die Ansicht des geehrten

„Herrn Antragstellers. Ich glaube, daß durch die „Realisirung seines Vorschlags ein Recht des Volkes, „nämlich die Oeffentlichkeit der Todesstrafe, verletzt wird; „ein Recht zwar nicht von der positiven oder secundä„ren, aber von der primitiven Art, ein allgemeines „Menschenrecht. Zur Begründung meiner Ansicht sei „mir erlaubt, hier einen Blick auf die hohe Würde „des Staates zu werfen, ich meine nämlich die Würde, „welche dadurch begründet wird, daß der Staat nicht „eine Maschine, sondern eine moralische Person ist. „Es handelt sich im Staate überhaupt nur um die „Persönlichkeit. Dieser Begriff durchdringt alle Ver„hältnisse und Beziehungen des Staats. Er bestimmt „das Verhältniß von Staat und Bürger, Gesetz und „Freiheit, Pflicht und Recht, Verbrechen und Strafe. „Die Strafe ist nichts Barbarisches, sondern etwas „Heiliges, sie ist nichts Anderes, als die gesetzliche Rechts„verkümmerung gegen Rechtsverletzung. Namentlich „ist der Act der Todesstrafe der höchste Act der Ge„rechtigkeit, welche das Princip und die Seele des „Staates ist. Eine Verletzuug der ersten Bedingung, „unter welcher allein die Person existiren kann, ein „mit Absicht und Vorsatz bewirkter Mord kann nur „durch die Todesstrafe ausgeglichen, eine Schuld gegen „das Leben nur mit dem Leben gebüßt werden. In „dem Leben seiner Bürger wird der Staat verletzt. „Diese Verletzung ist Volkssache; daher muß das Volk „Zeuge der Strafe, der Act der Todesstrafe muß ein „öffentlicher sein. Ihm die Oeffentlichkeit rauben, ist „rechtswidrig; es heißt, die öffentliche Sache zu einer „Privatsache zu machen. Wiefern bei dem öffentlichen

„Strafact die Wirkung auf die Gemüther berücksich„tigt wird, so ist diese gewiß in tausend und aber „tausend Seelen wohlthätig, wenn auch nicht immer „sichtbar; und die wenigen Beispiele, daß Personen, „bei welchen man schon eine Art von Verrücktheit „präsumiren muß, sich durch eine öffentlich vollzogene „Todesstrafe zu Verbrechen haben verleiten lassen, kom„men hier nicht in Betracht. Bei der Einrichtung „des Strafacts, welche der geehrte Antragsteller vor„schlägt, ist der Zweck der Abschreckung undenkbar: „denn Richter und Schöppen und alle die übrigen „achtbaten Zeugen des Strafacts bedürfen doch wohl „keiner Abschreckung? Uebrigens finde ich mit mehre„ren geehrten Sprechern vor mir in der Einrichtung „unsrer Vorfahren, abgesehen von den Spuren der „Barbarei des Mittelalters, etwas Eindringliches, Ern„stes, Religiöses. Auch eine Straferschwerung kann ich „in der Oeffentlichkeit des Strafacts nicht finden, denn „dem Verstockten ist sie gleichgültig; für den Reuigen „aber ist es beruhigend und tröstend, Andere durch „sein Beispiel vor der Bahn des Verbrechens zu war„nen. Dem öffentlichen Unfuge kann durch polizeiliche „Maaßregeln gesteuert werden. — In diesem Stücke „muß ich aber dem geehrten Antragsteller beistimmen, „daß der Tag der Hinrichtung als ein Tag der Trauer „bezeichnet werde, wiefern die Gesellschaft genöthigt „wird, eine lebende Seele von sich auszuscheiden. „Hierdurch widerfährt nicht dem Verbrecher Ehre, son„dern nur dem Menschen Anerkennung. Ich wieder„hole übrigens, daß ich angelegentlich wünsche, es

„möge vom öffentlichen Strafacte alle Spur von Bar=
„barei entfernt bleiben."

Hätte doch, fahren wir hier im Geiste des auch von uns so hochgeachteten Antragstellers fort, die Petition nicht blos um Abschaffung eines barbarischen Strang= und Standrechts, sondern auch um eine völlige Abolition der Todesstrafe gebeten; es würde in der ganzen Verhandlung eine Verschiedenheit der Meinungen um Kleinigkeiten, um Abschaffung kleinerer oder geringerer Barbareien vermieden worden sein. Denn leider finden wir in unseren neueren juristischen Untersuchungen eine solche zwar an sich nicht tadelhafte, aber doch eben nicht wichtige Mikrologie der Gewissenhaftigkeit, wie der Verbrecher hinzurichten sei, ob auf einem öffentlichen Hochgerichte, oder in einer Behme von Schranken, ob das Beil, das Schwerdt, oder das Falleisen der Guillotine die Hinrichtung vollführen solle, damit ja aller Anschein von Barbarei vermieden, der Mensch nicht blos als Thier oder Sache behandelt und das Leben auf die kürzeste und schonendste Weise vernichtet werde. Wir ehren zwar eine solche juridische Mikrologie der Moral, aber nur nicht mit Umgehung der Hauptsache und in solchen Fällen, wo die Frage eine ganz andere Richtung und höhere Bedeutung erhält, ob nämlich die Todesstrafe mit den allgemeinen und nothwendigen Gesetzen der Moral, mit den geläuterten Ansichten der christlichen Religion, mit den Principien des Vernunftrechts, mit den gründlicheren Ansichten psychologischer und gerichtsärztlicher Forschung — kurz mit der Achtung gegen die Persönlichkeit der Menschennatur und dem ewig unverletz=

lichen Rechte des menschlichen Geistes] übereinstimme. Jene Heinrothschen Grundsätze sind viel zu allgemein, als daß sie nicht einer genaueren Prüfung und Berichtigung bedürften. Heinroth geht von den allgemeinsten Principien des Verstandes aus, die Keiner läugnet, ziehet aber aus den vagen Vordersätzen Folgerungen, die zwar einen philosophischen Schein haben, aber mit der Wahrheit gründlicher Philosophie nicht bestehen. Was heißt es denn — um nur Einiges aus jener Rede anzuführen, — die Strafe ist nichts Barbarisches, sondern etwas Heiliges? Wer mag dieses nicht dem Redner gern und willig zugestehen, wenn wir auch hier manchen Einspruch über das Wort des Heiligen einzureichen hätten. Folgt denn aus der allgemeinen Prämisse der Heiligkeit auch die Heiligkeit und Rechtmäßigkeit der Todesstrafe? Wir sollten meinen, der höchste Richter sei ein heiliger Richter, wenn er den Sünder durch Strafe bessert, aber — man verzeihe uns die Folgerung — ein höchst unheiliger Richter, wenn er wie ein menschlicher Gesetzgeber den Verbrecher zu Tode bringt. Eine solche Strafe ist zwar die leichteste und geschwindeste. Man braucht nur zu vernichten, was man geschaffen, oder — nicht geschaffen hat. Was soll ferner jene Heinroth'sche gesetzliche Rechtsverkümmerung gegen Rechtsverletzung bedeuten? Eine Rechtsverkümmerung ist doch, wenn auch in minderem Grade, eine Rechtsverletzung, und so steht nun die Rechtsverletzung der Rechtverletzung wie zwei feindliche Nachbarn in dem Mechanismus der Blutrache einander gegenüber, eine Rechtsverkümmerung, die unmöglich gesetzlich werden kann, wenn nicht Unrecht zum Recht werden soll. Keine Strafe darf irgend ein persönliches Recht des Menschen verkümmern, sondern sie muß dieses vielmehr anerkennen und durch ihre Erkenntniß aussprechen. Der Verbrecher, indem er gestraft wird, darf nicht in seiner Persönlichkeit verletzt, diese muß ihm vielmehr erhalten, und ihm gegen die von ihm begangene Rechtsverletzung zum Gebrauche der Freiheit, zur Mündigkeit der Vernunft geholfen werden. Das ist eben das Verletzende in den bisherigen Begriffen und Theorieen der Strafe, daß sie nach unserer Ueberzeugung Unrecht durch Unrecht, Rechtsverletzungen durch Rechtsverkümmerungen gut zu machen meinen. Der Redner geht von dem löblichen, unzweifelhaften Grundsatz aus, der Staat sei keine Maschine, sondern eine moralische Person. Aber eben darum sagen und folgern wir, der Staat muß sich nicht als Maschine bezeigen, indem er den Verbrecher als Maschine behandelt, sondern die Persönlichkeit der Staatswürde muß die Persönlichkeit der Menschenwürde ehren. Der Mensch darf nicht, und wenn er auch der größte Verbrecher ist, unter dem Rade gequetscht, durch den Strang erdrosselt, von dem Schwerdte geköpft werden. Der Redner nennt die Gerechtigkeit das Princip und die Seele des Staats, ohne genauere Rechenschaft von jenem Begriffe zu geben; denn es giebt ja auch eine mechanische Gewalt der Gerechtigkeit, welche aber jener christliche Ausspruch — „nicht Zahn um Zahn, nicht Auge um Auge" — verdammt. Der Redner nennt den Act der Todesstrafe den höchsten Act der Gerechtigkeit. Und wir möchten ihn den letzten nennen, der aus den künftigen

Entwürfen besserer Strafgesetzgebung zu entfernen ist. Doch unsere Ansichten sind zu sehr von denen, welche obige Rede entwickelt, verschieden, als daß hier ein gegenseitiges Verständniß zu hoffen ist. Wir begegnen diesem ganzen Heinroth'schen Glaubensbekenntniß für die Heiligkeit der Todesstrafe mit dem einfachen, aber wahren Satze der Moral des geehrten Antragstellers, Herrn v. Miltitz: „Die christliche Moral „lehrt uns, daß wir das Böse nicht um der Strafe „willen, sondern darum scheuen sollen, weil es böse „ist. In Betreff dessen, was der geehrte Sprecher „hinsichtlich des Eindrucks, welchen eine Hinrichtung „auf das Volk mache, erwähnte, habe ich zu bemerken, daß das Volk gerade durch die Menschenmasse, „welche sich gewöhnlich bei Hinrichtungen einfindet, „nicht wohl vertreten werden kann, und mache besonders auf den ungewöhnlichen, kaum zu beschreibenden „Tumult aufmerksam, der vor und nach einer Hinrichtung statt zu finden pflegt." — Wir setzen hinzu, daß wir zu einer incommensurablen Rechnung des Unendlichen kommen, wenn die unsichtbaren wohlthätigen Folgen, welche eine Hinrichtung auf tausend und aber tausend Seelen haben soll, gegen die schlimmen, aber sichtbaren Folgen, die eine Hinrichtung auf, wie Heinroth meint, schon halb wahnsinnige Gemüther hat, abgewogen, und so ein incommensurables Heil der Todesstrafe gegen das Unrecht derselben in Betracht gezogen werden soll.

Die Gründe, welche für die nothwendige Abschaffung der Todesstrafe sprechen, sind erstlich psychologische, zweitens juridische, drittens moralische oder religiöse und endlich anthropologische, welche die Erfahrung und die genauere Beobachtung der Erfolge, die Strafvollstreckungen auf die Gemüther hervorbringen, an die Hand giebt. Die Psychologie lehrt, wie schwer Handlungen der Freiheit oder des sogenannten Vorsatzes und der Absicht von den Handlungen der Nothwendigkeit, von den Ergebnissen eines dunklen, verworrenen, kranken Bewußtseins zu unterscheiden sind. Das anatomische Messer des Gerichtsarztes und Psychologen ist nicht so fein, um diese Fäden zu zerlegen oder zu trennen. Zerschneiden kann es diese Fäden wohl, und dies ist leider die empirische Kunst veralteter gerichtsärztlicher Erkenntnisse. Die ältere Psychologie und gerichtliche Seelenkunde blieb nur bei dem äußern Soma der Erscheinung stehen, ohne die tieferen Geheimnisse des Seelenwesens zu ergründen; sie maaßen, um hier ein Beispiel zu brauchen, Seele und Körper nach weit gesetzten Grenzen ab, ohne auf die Nachbarstaaten zu sehen, die zwischen Seele und Körper liegen und das ganze Staatsleben des Menschen bedingen. Ein früheres Zeitalter sah Zauberer und Hexen. Psychologie und gerichtliche Erkenntniß trugen kein Bedenken, auf Teufel und Teufelsbeschwörung zu erkennen. Durch die neueren Untersuchungen der Seelenkunde ist nicht allein längst dieser grobe, krasse Aberglaube, der Obscurantismus der Wissenschaft abgeschafft, sondern es sind auch die feineren geheimen Fäden aufgefunden worden, die einen geselligen Verein von Krankheiten des Geistes und Körpers stiften, und wo der Wahnsinn des Irrenden so oft der Wahnsinn des Verbrechers, und die Verschuldung des Verbrechers so oft nur der wahnsinnige Zustand einer bewußtlosen Seele ist. Was es mit solchen Untersuchungen der Psychologie und einer helleren gerichtsärztlichen Kunde für Bewandniß habe, darüber geben die Zeitschriften, die Werke eines Nasse, Friedreich, Horn die genügendste Belehrung. Es ist nicht möglich, daß wir bei allgemeinen Verhandlungen für die Abschaffung der Todesstrafe wiederholt in so viel einzelne Untersuchungen einer gründlicheren Psychologie, einer genaueren gerichtsärztlichen Forschung eingehen können; alle diese Untersuchungen liegen als Vorarbeiten in jenen Schriften der verdienstvollsten Männer, welchen sich die Namen eines Groos, Bird, Amelung u. s. w. beigesellen, in der Art und Weise zu Tage, daß es nicht mehr schwer ist, ein entschiedenes Urtheil über das Verhängniß der Todesstrafe zu fällen, daß nämlich das Recht der Anwendung derselben auf keine Weise psychologisch und gerichtsärztlich in irgend einem Falle erwiesen oder begründet werden kann. Wir verweisen, wenn es uns erlaubt ist, von unsern eigenen geringen unbedeutenden Beiträgen zu sprechen, auf die oben erwähnten Zeitschriften, wo wir glauben, mehrere Bemerkungen und Beobachtungen beigebracht zu haben, welche die Gefahr der gerichtsärztlichen Erkenntniß, der aufmerksameren Seelenkunde, über Schuld und Zurechnung, über Freiheit und Strafe zu urtheilen, in ein bestimmteres und helleres Licht setzen. Mit den scharfsinnigen Untersuchungen, welche obengenannte scharfsinnige Männer in ihren Schriften niedergelegt haben, sind zu verbinden besonders auch die philosophischen Erörterungen eines Groos und Mehring über das Innere des so zarten Gewebes des Seelenlebens, wo die philosophische Erkundigung so viele Zweifel hebt, welche das anatomische Messer nicht zerlegen kann, und so viele Zweifel und gerechte Bedenklichkeiten findet, die das anatomische und gerichtsärztliche Messer oft allzu scharf und allzu grob zerschneidet. Der auf seinem Tribunal thronende weltliche Richter hat leicht nach den Buchstaben des Gesetzes zu entscheiden, ihm schweben blos die allgemeinen Termine von Culpa und Exculpation vor, er ahnet nicht die Warnungen und Mahnungen der geheimeren Wissenschaft, welche tiefer in die Verschuldung oder Nichtverschuldung der Seele eindringt. Preisfragen über psychologische Momente, in wiefern sie die Unzulässigkeit der Todesstrafe darthun sollen, würden zu nichts helfen und die Entscheidung der Frage nicht fördern. Denn die Preisfragen würden immer nur neue Preisfragen möglich und nöthig machen. Und, wie gesagt, der psychologischen Beantwortungen sind in den oben genannten Werken schon hinreichend vorhanden, um jeden neuen Aufwand von Preisfragen unnöthig und unrathsam zu machen. Solcher psychologischen Untersuchungen konnte und wollte ich freilich nicht in meinen kleineren Schriften, die ich über das Strafrecht herausgab, und noch weniger in jener an eine landständische Versammlung eingereichten Petition weitläuftig erwähnen, ich mußte voraussetzen, was bekannt war, und in diesen Schriften über das Strafrecht und über das Unrecht der Todesstrafe war ja auch nur die juridische Hinsicht, was Recht und Unrecht sei, Frage und Sache der Entscheidung.

Was die juridischen Principien betrifft, nach welchen für oder wider die Abschaffung der Todesstrafe, für oder wider die Strenge einer alten und neuen Strafgesetzgebung erkannt werden muß, so bestehen diese nach meiner Ueberzeugung in folgenden wenigen Hauptsätzen. Das Leben des Staats muß und darf durchaus nicht von dem Leben und Wesen der Moral getrennt werden. Die Vernunft ist nur Eine, eine und die nämliche untheilbare Gottheit, die in allen Erscheinungen menschlichen Seins und Handelns, in Kirche, Staat, Schule, im öffentlichen wie im Privatleben sich manifestiren soll. Der Begriff des Rechts und der Begriff des Guten sind untrennbar. Dieser betrifft die Innenwelt des Willens, jener die Außenwelt des Handelns, und beide stehen unter einer und der nämlichen Idee der menschlichen Persönlichkeit, in der sich das Unsichtbare versichtbaret, und das Sichtbare auf das Unsichtbare hinweist. Wie die Moral — diese ewige Welt des Guten — in und mit dem Menschen zugleich in die Erscheinung tritt: so tritt auch zugleich in diese Wirklichkeit mit der Geburt, ja vor der Geburt des Menschen, die ewige Welt des Rechts oder der Staat. Recht und Moral bieten einander wie zwei ungetrennte und untrennbare Begriffe die Hand. Das Vernunftrecht ist die äußere Seite, gleichsam die Erscheinungswelt der Moral in dem Leben gegenseitiger Beziehungen der Menschen, ja in der Beziehung alles Intelligiblen auf wirkliche und mögliche Handlungen.

Aus dem Freiheitsgesetze des Willens entwickelt sich sowohl für die innere als äußere Welt, dort der Begriff, das Bewußtsein der moralischen Nöthigung, und der Begriff, das Bewußtsein von moralischer Belohnung und Strafe; und hier, in der äußern Sphäre der Manifestation, der Begriff des Rechtszwanges und der aus demselben sich ergebenden Rechtsstrafe. Ist nun der Rechtsbegriff der Strafe selbst ein Vernunftbegriff, ein Begriff der Freiheit und des von derselben abhängenden Rechtszwanges: so bewegt und stützt sich auch der Begriff von Strafe auf das Gebiet oder den Begriff der Freiheit. Wie die moralische Nöthigung der Freiheit die Verschuldung des Menschen zur Strafe zieht und diese Verschuldung durch die Strafe des Gewissens und des Bewußtseins richtet: so ist auch der Begriff und das Gebiet des Rechtszwanges unmittelbar der Inhaber und Richter über die zu verfügende und zu vollstreckende Rechtsstrafe, die als solche von der Freiheit selbst dictirt wird, sich gegen die Willkühr der Rechtsverletzungen wendet, wo also die Freiheit selbst den Menschen straft, indem sie die Willkühr unter das höhere Gesetz der Freiheit als eines Rechtszwanges stellt. Es ist im höchsten Grade widersprechend, dem Gesetze der Vernunftfreiheit geradezu entgegengesetzt, Blut durch Blut, Gleiches durch Gleiches büßen und versöhnen zu wollen. Es heißt, „der Mörder habe „sich selbst des Rechtes seiner Persönlichkeit begeben, und „es geschehe ihm kein Unrecht, wenn er am Leben ge„straft werde.“ Aber wie kann sich ein Mensch eines ursprünglichen und nothwendigen Rechts begeben? auf welche Weise, wie kann die Persönlichkeit vertilgt und aus dem Reiche der Geister ausgestrichen werden? Ursprüngliche Rechte der Menschheit sind ewig, unvertilgbar; und wenn auch Schatten, Finsternisse über die Sonne hingehen, so bleibt doch immer dieses strahlende Licht, die Sonne der Schöpfung. Und auch zugegeben, der Mörder mache sich durch seine Unthat des Rechts der Persönlichkeit verlustig, folgt daraus für den Andern, für den Staat eine Entschuldigung oder Rechtfertigung, den Verbrecher auch nach dem Verluste dieser Persönlichkeit zu messen? ist sich der Staat nicht auch seine eigne Persönlichkeit, seine eigne Achtung vor dem Gesetz der Vernunft schuldig? Kann die Rechtsverletzung, die Missethat dem Richterspruche ein Recht geben, das Gesetz der Persönlichkeit nicht zu achten und den Verbrecher wie ein unpersönliches Wesen zu handhaben? Kann und darf, fragen wir, wenn und wo nur irgend Moral gilt, Böses durch Böses vergolten und ausgeglichen werden? Es herrscht ja selbst schon in diesem Satze der Ausgleichung, der mechanischen Wiedervergeltung ein moralischer und juridischer Widerspruch. Wie kann eine Rechtsverletzung dadurch gut gemacht werden, daß wieder irgend ein Recht verkümmert, ein Recht zur Strafe gezogen wird. Wenn selbst schon in dem gewöhnlichen Verkehr des menschlichen Lebens unter den Sachen ein so großer Unterschied herrscht, daß nicht alles nach demselben Preise, nach demselben Pfund und Gewicht umgewechselt werden kann, sondern der innere und äußere zufällige Werth der Dinge in Anschlag genommen werden muß:

so findet ja hier ein solcher Unterschied, der durch nichts auszugleichen ist, noch mehr statt, nämlich zwischen den unverletzlichen Gütern der Menschheit, zu welchen auch die leibliche Existenz der Menschennatur gehört, und denjenigen Gütern, die nur einen äußeren, bedingten Werth haben. Wenn der Mord unter allen Verbrechen die größte Missethat ist, weil er sich unmittelbar an der moralischen, nothwendigen Existenz oder Erscheinung der Menschennatur vergreift: so sehen wir nicht ab, durch welchen Justizact, durch welchen Begriff der Gerechtigkeit das Hochgericht, unter welchem die Existenz des Verbrechers fällt, und wodurch ein ursprüngliches Recht wie ein gordischer Knoten mit dem schneidenden Schwerdte durchhauen wird, vertheidigt und entschuldigt werden kann. Der Begriff der Gerechtigkeit ist nicht denkbar ohne Beziehung auf die Pflicht der Achtung gegen sich selbst und den Nächsten. Der intelligible, wahrhafte Begriff der Gerechtigkeit in Beziehung auf die Behandlung der Menschennatur oder der menschlichen Existenz ist und bleibt, die Persönlichkeit nach dem Gesetze der Persönlichkeit zu messen, nicht den äußern, feilen Werth der Sache auf das menschliche Leben anzuwenden, sondern wo es Strafe giebt und gilt, auch diese Strafe mit den Gesetzen der menschlichen, persönlichen Freiheit übereinstimmen zu lassen. Der so oft ausgesprochene Begriff der Gerechtigkeit als Princip und Seele des Staats ist und darf nicht jene rohe Wiedervergeltung sein, Sache um Sache zu öpfern, sondern er ist die höhere Freiheit und Macht der Vernunft, die Persönlichkeit zu achten, Schuld und Verbrechen nur an denjenigen Gütern des Lebens zur Strafe zu ziehen, durch welche das Gefühl, das Bewußtsein der Persönlichkeit, des höheren Menschenwerths erhalten und befestigt wird. Es sind solche Güter, die, um die menschliche Freiheit zu erweisen, durch die Freiheit selbst erzeugt und geboren werden. Kurz es sind die äußeren Güter der menschlichen äußeren Thätigkeit. Es ist Amt, Arbeit, Zutrauen, Ehre, Geld u. s. w., dies sind die Objecte und Mittel, durch welche und an welchen durch den Rechtszwang der Strafe der Mensch seine Rechtsverletzungen büßen und für dieselbe den nothwendigen Ersatz geben kann. So wird die freie Welt des Rechts durch den Rechtszwang, der sich auf den Begriff der Persönlichkeit stützt, möglich und nothwendig; die Strafe ist dann nicht ein blindes Werkzeug der Gewalt, oder irgend einer willkührlichen Schätzung, sondern der Ausdruck, die Darstellung der Macht und Freiheit der Vernunft, indem sie den Menschen aus der Naturgewalt zu einem freien Reiche geistiger, moralischer Vergeltung erhebt. Das Strafrecht wird in einem ewigen Conflicte mit sich selbst bleiben, so lange es Vergehen und Strafe nach äußeren Quantitäten und Qualitäten mißt, wo sich die willkührlichste, zufälligste Scala ergiebt, bis zu welchem Grade, auf welche Art Vergehen und Verbrechen geahndet werden können. Der Begriff der Rechtsstrafe führt ein intelligibles Moment in und mit sich, die äußern Rechtsverletzungen nicht unmittelbar nach ihren blos äußern Erfolgen, sondern, in wiefern sie zur Strafe gezogen werden, nach der unendlichen

Größe, welche der Begriff der Freiheit mit sich führt, zu messen, so daß hier ein ganz anderes Verhältniß der Strafbestimmung zu Stande kommt, als nach der blos mechanischen Bestimmung. Und es ist daher auch in dieser Rücksicht von der Zukunft zu hoffen, daß sie mildere, gerechtere Strafgesetze einführen werde, daß Vergehen und Verbrechen nicht nach Zahlen von etwa funfzig Stockschlägen bezahlt, sondern nach dem Maaßstabe des unendlichen Werths der Achtung des Menschen gegen sich selbst und andere, nach den unschätzbaren Gütern der Menschenwürde ermessen und vergolten werden. Wir haben über diesen Gegenstand unsere Ueberzeugung mehrfach in den Abhandlungen über das Strafrecht ausgesprochen und sind bei der Darstellung unserer Gedanken eines gewissen zu lebendigen Eifers beschuldigt worden, wie uns dessen Hitzig's Zeitschrift über die Criminal-Rechtspflege 1833 1. Band anklagt. Aber wir geben zu bedenken, daß diese Lebendigkeit der Darstellung nur entsprang aus jenen bittern Vorwürfen eines uns gegenüberstehenden Mysticismus; wir machten uns nämlich durch die Art und Weise, wie wir die menschliche Natur betrachteten, diese nicht als ein Erbböses, als eine Fortpflanzung der Erbsünde, sondern als ein Erbtheil von mannigfaltiger Schwäche und Gebrechlichkeit, als eine Erscheinung sehr bedingter und bedingender Organisationen anzusehen, — in dieser Hinsicht der tadelhaftesten, unchristlicher Gesinnungen schuldig. Von diesen Anklagen einer gewissen mystischen Partei ist zwar die Criminal-Rechtspflege, die nach dem Buchstaben gedruckter Gesetze richtet, frei. Aber eben diese Rechtspflege vergeht sich wieder auf eine andere Art gegen die aufklärenden Fortschritte der Wissenschaft, indem sie nach dem Terrorismus einmal eingeführter und verordneter Bestimmungen, nicht aber nach größerer und weiterer Umsicht über die Grenzen und Gesetze der menschlichen Natur, das Urtheil über Zurechnung und Strafe fällt. Wer trägt nicht noch die rigoristischen Sätze, die ein Jarcke aufstellte, wo jede bessere Philosophie in den Bann juridischer Sentenzen gelegt wurde, leider noch in seinem Gedächtniß!

Unter die Paradoxieen des menschlichen Verstandes gehört auch, daß man von der moralischen und religiösen Seite das Recht, die Befugniß der Todesstrafe durch einen alten mosaischen Ausspruch hat aufrecht erhalten und sanctioniren wollen, als wenn die Bücher des neuen Bundes, der christlich philosophischen Lehre nicht andere, vollkommnere Aussprüche enthielten. Ueber die Art der Interpretation kann man zwar mannigfaltig streiten, und es ergeben sich hier verschiedene, ja ganz entgegengesetzte Meinungen, je nachdem man einen blos literalen, oder auch historischen, oder endlich moralischen und philosophischen Gesichtspunkt in der Auslegung des Buches aller Völker wählt. Die Furcht ist der Anfang der Hierarchie, sowohl des geistlichen als weltlichen Stuhls. Die Kirche weiß sich anfangs nicht anders zu stützen, als durch streng und eigenliebig vorgeschriebene Gebote. Und der geschwinde, zuckende Bannstrahl der Strafe ist der anfängliche Schutz roher Gesetze und Staaten. Furcht und Despotie, blinder Eifer und Hierarchie sind die ersten Kinder der Kindheit. Der mosaische Heereszug, der, wie eine homerische Iliade, sich in das gelobte Land gen Jerusalem wandte, konnte nicht anders, als mit der Flammensäule der äußeren Gewalt, sich den Weg durch die Wüsten, durch die Einöden zu ferneren Jahrhunderten edlerer Aufklärung bahnen. Was anfangs mit den Flammenzügen des Zorns, des Blitzes geschrieben war, erhellte sich später unter der Morgenröthe einer reineren Vollendung. Wer unbefangen sich dem Geiste, der die christliche Religion, die Bücher und Verheißungen des neuen Bundes beseelt, hingiebt, wird nicht anders, als eben so unbefangen nach dem Geiste dieser Bruderreligion weder in weltlichen noch geistlichen Dingen den Stab brechen wollen über Leben und Tod, über das Verhängniß einer zeitlichen oder ewigen Verschuldung. Die Bruder- oder Nächsten-Liebe wird hier den sanften Stab der Duldung, der Besserung, der Erziehung wählen, weil solche Strafe, die vom Himmel kommt, mehr und edler wirkt, als die Steinigung jenes armen Weibes, die am Sabbath Holz aufgelesen hatte, und weil solche Strafen der Besserung und Befreiung mehr mit dem Geiste der Religion, der Moral und Philosophie übereinstimmen. Die Moral, das Christenthum gebietet Achtung und Liebe vor dem Menschenrecht. Und wie kann also bei diesem Gebote, bei dieser Menschenwürde, ohne welche kein Bund auf Erden bestehet, der Faden des menschlichen Daseins durch einen weltlichen Richter zerrissen werden, ein Faden, der sich so kurz, so lang durch so mannigfaltige Verschlingungen des innern und äußern Lebens, von der Wiege bis zum Grabe, von dem Leben des Fötus im Mutterschooße bis zu jener alleinigen Auferstehung hinschlingt. Das menschliche Leben ist in sich ein so zartes Gewebe, so mannigfaltig verwickelt und durchflochten, daß man sich wohl hüten mag, das Gewebe noch mehr zu zerreißen, in welches sich die Stürme gelegt haben; wir mögen die Psyche, diese so unbekannte, unsichtbare Macht, wohl zu schützen und zu wahren suchen, selbst wenn sie in den Labyrinthen des menschlichen Daseins Ungeheuern von Leidenschaft, von Unwissenheit, von Gedankenlosigkeit, von unglücklichen Ergebnissen innerer und äußerer Bedingtheit mehr oder weniger zur Beute geworden ist. Was sich über eine solche moralische oder religiöse Ansicht in Beziehung auf die Abschaffung der Sünde der Todesstrafe sagen läßt, das ist vortrefflich entwickelt in der folgends mitgetheilten Schleiermacherschen Predigt, die mit so vieler Umsicht, mit so vieler Weihe der Kraft den Feuereifer theologischer anderer Bekenntnisse zù besänftigen und zu beschwichtigen scheint. Erlaubt mag es sein, hier die brieflichen Worte eines dem großen Heimgegangenen nahe befreundeten Mannes, der selbst an der Herausgabe folgender Blätter den thätigsten Antheil nimmt, als eine Hoffnung und Verheißung der guten Sache beizufügen. „Es mag vielleicht einem jüngeren Ge„schlechte vergönnt sein, den hellen Tag einer Zukunft „zu schauen, deren Morgenröthe wir nur ahnden, und „die gewiß hereinbrechen und ein Reich der Eintracht

„und Liebe begründen wird, in welchem statt des tod=
„ten Buchstaben der frei gewordene Geist, und statt
„einer leeren, aber abgöttisch verehrten Form ein sitt=
„lich und christlich reiner Sinn herrschen wird, der,
„statt den Mitbruder zu kränken und zu vernichten,
„ihn zu erheben und zu beglücken trachten wird, wie
„es in Gottes heiligem Willen liegt, und wie es die
„klaren Vorschriften unseres Heilandes von jedem Men=
„schen fordern. Da aber Gottes Wille doch einmal
„Erfüllung finden muß, so ist das Bild einer also
„veredelten Zukunft mehr als ein Traum oder als das
„Trugbild einer überspannten Phantasie." —

Was die anthropologischen Gründe belangt, welche für die nothwendige Aufhebung der Todesstrafe sprechen, so übergehen wir hier diese, da sie so oft schon der Gegenstand unserer in mehreren Zeitschriften abgedruckten Untersuchungen gewesen sind. In einer solchen Untersuchung thaten wir die Anfrage, ob es nicht wenigstens versuchsweise rathsam sei, auf einige Zeit die Todesstrafe zu suspendiren, um dann vielleicht ein desto unparteiischeres, empirisches Urtheil über die Nothwendigkeit oder Entbehrlichkeit jener Blutverhängnisse fällen zu können. Aber es scheint, daß unser Zeitalter auch nicht einmal diese innere Kraft über sich gewinnen kann, einen solchen Versuch anzustellen, ob es schon immer und stets bei seinem beliebten Sprüchwort von Exempel statuiren bleibt. Ein solcher Versuch würde freilich auch, in wiefern auf demselben die höchste und letzte Entscheidung beruhen sollte, sehr mißlich und zweifelhaft sein; denn das Recht und Unrecht kann nicht durch Experimente erfunden und erprobt werden; es trägt den Maaßstab der Beurtheilung in sich selbst. Ueber diese anthropologischen Gründe, welche die Abschaffung der Todesstrafe anrathen, sind viele Materialien vorhanden, ja sie sind selbst schon mehr oder weniger zur Volksstimme geworden, die von jenen Hügeln der blutigen Gerechtigkeit nach milderen und edleren Bestimmungen der Strafe ruft.

Folgende Blätter enthalten die Mittheilung landständischer Verhandlungen für oder wider die mögliche Erfüllung unserer eingereichten Bitte und Petition, denkwürdige Schriften verdienstvoller Männer für oder wider das Recht der Todesstrafe. Diese Mittheilungen des größesten Interesses werden ergänzen, was meinen eigenen Bemerkungen und Einwendungen an Kraft, Vollständigkeit und klarerer Entwickelung abgeht. Wir bitten den Leser in einer Sache des heiligen Interesses um die größte Nachsicht gegen die von uns begangenen Fehler und Irrthümer, aber auch um Wahrheitsliebe und diejenige Freimüthigkeit, welche den Tadel bei aller Schonung ernst und ohne Rücksicht ausspricht. Wir glauben durch die Sammlung folgender Schriften dem vaterländischen und dem allgemeinen menschlichen Interesse einigen — und vielleicht den letzten Dienst geleistet zu haben. Denn wer eine längere Zeit seines Lebens nicht ohne mannigfaltige Opfer des Gemüths und Geistes sich der Lösung und Beantwortung verwickelter irdischer Probleme hingegeben hat, sehnt sich ja endlich wohl, indem er das Tagewerk ruhig überschaut, nach einer Lösung des größten und heiligsten Problems, welches auf die freieste, klarste und zugleich dunkelste Weise das Irdische mit dem Ewigen verbindet und über dem Irdischen die Morgenröthe eines besseren Tages aufbrechen läßt.

Dresden, im December 1834.

Der Verfasser.

Inhalt.

I.

Protokoll der landständischen Verhandlungen zu Dresden über die Abschaffung der Todesstrafe.

Den 13. April 1833.

Die vom Herrn Professor Dr. Johann Christian August Grohmann in Hamburg an die Kammer eingesendeten beiden Schriften enthalten eine Abhandlung über das Princip des Strafrechts und einen an die Ständeversammlung gerichteten Antrag auf Abschaffung der Todesstrafe, und es besteigt der ernannte Referent Herr Bürgermeister Ritterstädt die Rednerbühne.

Nachdem er den erstatteten Bericht vorgetragen hat, bemerkt er, daß der Deputation außer den Schriften des Herrn Professor Grohmann*) und der im Berichte erwähnten Krugschen Recension der einen derselben, auch noch ein Schriftchen

*) Deputationsgericht.

Herr Professor Grohmann hat an die Kammer zwei Druckschriften eingesendet, und deren gemeinsamer Berathung empfohlen.

Die eine, im vorigen Jahre gedruckt, enthält eine Abhandlung „über das Princip des Strafrechtes."

Die andere, vom jetzt laufenden Jahre, ist überschrieben:

„Bitte und Frage an die landständische Versammlung des Königreichs Sachsen, für die Abschaffung der Todesstrafe."

des Herrn Hofrath **Heinroth** zu Leipzig übergeben worden sei, welches eigentlich einen Beitrag zur **Hitzigschen** Zeit-

---

In dieser vertheidigt der Verfasser jene erstere Schrift gegen die Beurtheilung, welche sie von seinen Gegnern erfahren habe, und empfiehlt die darin von ihm aufgestellten Grundsätze der Ständeversammlung zur Beherzigung.

Beide Schriften sind der unterzeichneten Deputation zur Begutachtung zugewiesen, und ihr zugleich eine in dem allgemeinen Repertorium der in- und ausländischen Literatur, im 2ten Stücke des Jahrganges 1833 enthaltene Recension jener ersteren **Großmannschen** Schrift mit übergeben worden, welche von einem Mitgliede der Kammer, dem Herrn Professor Dr. **Krug**, beim Herrn Präsidenten für den Gebrauch um deswillen eingereicht worden ist, weil jene an die Ständeversammlung gerichtete **Großmannische** Schrift dieser Recension Schritt vor Schritt folge, und daher die Deputation an jener, ohne diese, ein referens sine relato haben würde. In der zuerst erwähnten Hauptschrift nun geht der Verfasser zuvörderst die zeither aufgestellten verschiedenen Strafrechtstheorieen, die Principien der Abschreckung, Prävention, Wiedervergeltung, des physiologischen Zwanges, der Compensation, nach einander prüfend durch, findet sie aber sämmtlich ungenügend und falsch, weil sie nach selbigen aufgestellte Begriffe und Bezirke des Rechts nicht angemessen sei. Er selbst stellt in dieser Beziehung hauptsächlich zwei Grundsätze auf:

1) Die Rechtsstrafe darf nicht dem Principe der Sittlichkeit entgegen sein, darf nicht die Rechte der Persönlichkeit der Menschennatur ausschließen, darf nicht Rechte, die sie schützen soll, selbst verletzen; und

2) Strafe soll bessern.

Aus diesen Grundsätzen leitet derselbe nun, nach einer ausführlichen Betrachtung den endlichen Schluß ab:
daß die Todesstrafe unzweckmäßig, unrechtmäßig, und deßhalb gänzlich abzuschaffen sei; und dem gemäß richtet er am Schlusse der andern Schrift an die landständische Versammlung des Königreichs Sachsen, als eines Landes, welches so viele Beweise der Cultur, der Reformation, der Aufklärung zu weisen habe, die Bitte und Frage:

ist es nicht endlich dem Zeitgeiste, den Forderungen der Erkenntniß, der Rechtswissenschaft gemäß, die Todesstrafe abzuschrift bilde, und ebenfalls gegen Grohmanns Ansicht gerichtet sei. Die Deputation habe jedoch aus den im Berichte

---

schaffen, sie als einen Rost verjährter Jahrhunderte aus den neu zu fertigenden Gesetz- und Strafrechtsbüchern zu verdrängen?

Auf das Wesentliche der vorliegenden Schriften weiter einzugehen, würde nicht Sache der vierten Deputation sein, sondern es würde, wenn die Kammer sich hierzu entschließen, wenn sie auf den Grund des Grohmannschen Antrages ihrerseits einen Antrag an die Regierung zu stellen beschließen wollte, diese Angelegenheit alsdann zur weiteren Prüfung an die dritte Deputation zu geben sein. Allein die unterzeichnete Deputation ist der Ansicht, daß es dieser weiteren Maaßregel für jetzt nicht bedürfen, sondern die Sache sogleich von ihr selbst zur vorläufigen Erledigung zu bringen sein werde.

So hochwichtig nämlich die von Herrn Professor Grohmann aufgeworfene Frage auch ist, wie wohl Niemand bezweifeln wird; so dürfte es doch wohl jetzt nicht an der Zeit sein, dieselbe zum Gegenstande weiterer Erörterungen in der Kammer und eines ständischen Antrags an die Regierung zu machen. Denn wollte man auch sagen, daß die Entscheidung dieser Frage, über welche von jeher die größten Weltweisen, die scharfsinnigsten Denker, die angesehensten Lehrer des Strafrechtes, so sehr verschiedener Ansicht gewesen sind, keiner weiteren Vorbereitung durch gelehrte Untersuchungen bedürfe, sondern lediglich von dem schlichten und gesunden Urtheile der Volksvertreter, von dem durch sie ausgesprochenen Willen des Volkes selbst abhängig zu machen sei; so muß es gleichwohl bedenklich erscheinen, gerade jetzt einen einzelnen Gegenstand aus dem ganzen Systeme des Strafrechts herauszureißen, und darüber besondere ständische Verhandlungen anzuknüpfen, jetzt, wo nach verschiedenen, namentlich in der Thronrede, uns gegebenen Andeutungen und Zusicherungen, der Zeitpunkt doch nicht mehr sehr fern zu sein scheint, wo unsere verehrte Regierung den Ständen auch ein neues vollständiges Strafgesetzbuch im Entwurfe vorlegen wird. Bei dieser erfreulichen Aussicht scheint es gerathener, sich zur Zeit nicht auf weitere Erörterungen über eine einzige Strafart einzulassen, sondern lieber auch damit bis zu dem vorbemerkten Zeitpunkte anzustehen, wo sich dann das ganze System des einzuführenden neuen Strafrechtes vollständig übersehen, und alle einzelnen Theile desselbst angegebenen Gründen auch auf den Inhalt dieses Schriftchens nicht näher anzugehen gehabt.

Als Redner für den vorliegenden Gegenstand haben sich Herr Dr. Krug und Herr Oberhofprediger von Ammon eintragen lassen, und da Ersterer die Ständeversammlung bereits verlassen hat, so besteigt sofort

Herr Oberhofprediger Ammon die Rednerbühne. Nachdem er sich dahin ausgesprochen hat, daß zwar die Kirche, zu deren Dienern er gehöre, jedes vergossene Blut beklage, und an die Möglichkeit der Abschaffung der Todesstrafe, mit alleiniger Ausnahme des Falles, wo ein vorsätzlicher Mord vorliege, glauben müsse, er sich aber in dieser ernsten Sache blos sentimentalen Betrachtungen nicht hingeben wolle, geht er auf den Inhalt der Grohmannischen Schriften näher ein.

Der erste Theil der Hauptschrift beschäftigte sich damit, die verschiedenen Theorieen über den Zweck der Strafe abzuwerfen.

---

selben, nach festen und allgemeinen Grundsätzen, in Einklang bringen, namentlich aber auch die verschiedenen Strafen der Verbrechen, nach einer angemessenen Steigerung, und im Geiste des ganzen Systems, bestimmen lassen werden.

Von diesen Ansichten geleitet, und mit der Bemerkung, daß Herr Professor Grohmann selbst, nach Inhalt seines oberwähnten Antrags, der Meinung zu sein scheint, daß derselbe nur erst bei Einführung eines neuen Strafgesetzbuches berücksichtigt werden möge, erlaubt sich daher die Deputation den Vorschlag: daß, dafern nicht die Kammer gemeint sein sollte, die fraglichen beiden Schriften des Herrn Professor Grohmann annoch an die dritte Deputation zu näherer Prüfung abzugeben, solche vor der Hand zu künftigem Gebrauche bei der Kammer verwahrlich beigelegt, und sie, die Deputation, beauftragt werden möge, selbige eintretenden Falles der ersten Deputation, welcher die Prüfung des zu erwartenden Entwurfes eines Strafgesetzbuches übertragen werden wird, annoch besonders zur Berücksichtigung zu empfehlen, den genannten Verfasser aber von diesem Beschlusse der Kammer auf geeignete Weise in Kenntniß zu setzen.

Dresden, den 12. März 1833.

Die vierte Deputation der ersten Kammer.

Damit wolle er die Kammer nicht aufhalten, sondern sofort auf die Ansicht des Verfassers selbst übergehen. Seine Theorie beruhe auf den vier Sätzen:

die Rechtsstrafe darf kein Recht des Menschen verletzen,
der Mensch hat ein Recht zu leben,
es ist also unrecht, ja Verbrechen, am Leben zu strafen,
mithin muß die Todesstrafe aufgehoben werden.

Mit dieser Schlußfolge könne er nun nicht einverstanden sein, und wolle er den vier Thesen eben so viele Antithesen zur Widerlegung entgegen stellen, nämlich:

Die Rechtsstrafe kommt gar nicht in Berührung mit dem Rechte des Verbrechers, sondern nur mit seinem Unrechte,

das Unrecht des Missethäters kann so schwer sein, daß es sein Recht, in der Gesellschaft zu leben, gänzlich aufhebt,

man kann mithin in solchem Falle die Todesstrafe nicht ein Unrecht, viel weniger ein Verbrechen nennen, und

die Rechtsstrafe soll zwar die Besserung vorbereiten, kann aber keinen andern unmittelbaren Zweck haben, als die Aufrechthaltung des öffentlichen Rechts und die Herstellung des socialen Gleichgewichtes.

Der Redner führt diese vier Sätze weiter aus und durch, und geht sodann zu dem letzten Theile der Grohmannischen Schrift über, in welcher behauptet wird, die Todesstrafe sei irreligiös und ohne Ausnahme mit dem Geiste des Christenthums nicht zu vereinigen. Auch dies wird hauptsächlich durch Stellen der heiligen Schrift und deren Auslegung bekämpft, und es zieht daraus der Redner die Folgerung, daß das Christenthum gewiß für die möglichste Verminderung der Todesstrafen spreche, daß sich dies jedoch auf den Fall des vorsätzlichen Mordes nicht anwenden lasse. Zuletzt weiset Herr von Ammon noch auf die Besorgniß hin, daß am Ende die Blutrache aus dem Oriente einwandern und an die Stelle der Todesstrafe treten könne, und schließt mit dem, in der Hauptsache dem Deputations-Gutachten entsprechenden, Antrage:

daß man Herrn Professor Grohmann für seine wohlwollende Absicht danken, seine beiden Schriften aber entweder beilegen, oder zum künftigen Gebrauche aufbewahren, oder sie allenfalls zur höchsten Behörde einsenden möge.

Nachdem Herr Oberhofprediger von Ammon den Rednerstuhl wieder verlassen hat, erbittet sich Herr Dr. Grosmann das Wort. Er findet die eben angehörte gewichtige Rede nicht erschöpfend, da sie sich mehr mit den Grohmannschen Schriften, als mit der Sache selbst beschäftigt habe, hier aber die Frage von der Rechtmäßigkeit der Todesstrafe selbst vorliege. Diese Frage sei aber zu wichtig und zu zeitgemäß, als daß er dem Antrage der Deputation und des Sprechers beizutreten vermöge. Seien auch theoretische Erörterungen hier nicht am Orte, so seien doch die Gründe gegen die Todesstrafe zu wichtig, als daß man ihnen nicht eine größere Aufmerksamkeit widmen müßte. Sie beständen, wie sie Grohmann freilich häufig mehr andeute als klar ausgesprochen und klar ausgeführt habe, hauptsächlich darin, daß

a. die Todesstrafe nicht nöthig sei, da es andere Mittel gebe, gefährliche Verbrecher unschädlich zu machen, daß ferner

b. die Grundlage aller Todesstrafen höchst unsicher sei, da man über die Zurechnungsfähigkeit nicht mit Bestimmtheit zu urtheilen vermöge, daß demnächst

c. der Nutzen der Todesstrafe sehr gering sei, wie die Erfahrung lehre, auch

d. ihre Zweckmäßigkeit, welches Princip man der Strafe immer unterlegen möge, sehr zweifelhaft bleibe, und sie

e. ihren Ursprung aus den Zeiten des Despotismus und der Sclaverei herleite.

Dennoch scheine ihm die Zulässigkeit der Aufhebung der Todesstrafe nicht ganz zweifellos nach der Natur des geselligen Verhältnisses, in welchem Güter ihren Schutz finden müßten, die höher seien als das Leben. Eben bei diesem Zweifel aber dürfe man die Sache nicht ohne Weiteres bei Seite legen, und schlage er vor,

bei der Regierung darauf anzutragen, daß dieselbe, wo nicht

die Todesstrafe suspendiren, doch wenigstens einen bedeutenden Preis (etwa von 100 Louisd'or) für die beste Schrift aussetzen möge, welche den vorliegenden Gegenstand einer neuen gründlichen Revision unterwerfe, und dabei insonderheit den Gesichtspunct des Staates festhalte, auch die Geschichte der Todesstrafe erörtere. Die Entscheidung werde sodann einer aus tüchtigen Männern niederzusetzenden Commission zu überlassen sein.

Nachdem Herr Oberhofprediger von Ammon in Bezug auf die Aeußerung des Herrn Dr. Großmann bemerkt hat, daß es ihm lediglich darum zu thun gewesen sei, die eben vorliegenden Grohmannschen Schriften zu widerlegen, und daß er es weder an sich, noch in seiner Stellung angemessen gefunden habe, auf die hier noch nicht zu erschöpfende hochwichtige Frage einzugehen, sprechen sich mehrere Mitglieder der Kammer über die verschiedenen gemachten Vorschläge aus.

Herr von Carlowitz weiset insonderheit auf die im Deputations-Gutachten genommene Ansicht hin, daß man vor dem Erscheinen eines zu erwartenden neuen Strafgesetzbuches eine einzelne Materie nicht wohl herausnehmen könne. Er stimmt deshalb für die Beilegung der Grohmannischen Schriften, verspricht sich auch von der Aussetzung eines Preises keinen wesentlichen Erfolg, da es hier nicht auf theoretische Beleuchtung des Gegenstandes, sondern darauf ankomme, wie sich die Aufhebung der Todesstrafe practisch gestalten dürfte.

Sr. Königl. Hoheit Prinz Johann findet dagegen die Sache zu wichtig, um sie sofort, und bevor eine eindringende materielle Prüfung erfolgt sei, beizulegen, weshalb er für die Abgabe der Grohmannischen Schriften an die dritte Deputation sich verwendet.

Nachdem der Herr Referent nochmals auf den alternativen Vorschlag der Deputation hingewiesen, und sich dahin ausgesprochen hat, daß die Aussetzung eines Preises als Mittel zur theoretischen Vorbereitung der künftigen Gesetzgebung betrachtet werden könne, reassumiret der Herr Präsident kurz die verschiedenen zur Beschlußfassung vorliegenden Anträge, drückt ein hohes Interesse an der zur Discussion gelangten Frage aus, stimmt aber, jedoch lediglich in Betracht, daß aus dem Gebäude der zu erwartenden umfassenden Strafgesetzgebung ein einzelner Gegenstand nicht herausgenommen werden könne, ohne dem Systeme des Ganzen vorzugreifen, für die einstweilige Beilegung der Grohmannschen Schriften.

Nunmehr geht es zur Fragstellung über. Sie geschieht in folgendem Maaße:

Sollen die Grohmannischen Schriften zur weiteren Prüfung ihres materiellen Inhalts an die dritte Deputation abgegeben werden?

Dies verneinen 22 Stimmen gegen 7.

Sollen die Grohmannischen Schriften vor der Hand verwahrlich beigelegt werden, um sie eintretenden Falles der zur Prüfung des künftig zu erwartenden Entwurfs eines Strafgesetzbuches zu beauftragenden Deputation zu übergeben und zur Berücksichtigung zu empfehlen?

Es wird einstimmig bejahet, welches auch bei der dritten Frage:

Soll der Herr Professor Grohmann von dem gefaßten Beschlusse, unter Bezeugung des Dankes für seine wohlwollende Absicht in Kenntniß gesetzt werden?

der Fall ist.

Als man nun zur Fragestellung über den Antrag des Herrn Dr. Grosmann gelangt, wird von mehreren Seiten bemerkt, daß hier eine ständische Petition in Frage sei, und deshalb nur darüber entschieden werden könne, ob die Sache nach §. 116. der Landtagsordnung als ungeeignet zurück zu weisen, oder zuvörderst an die dritte Deputation zur Prüfung und Begutachtung zu verweisen sei.

Bevor es zur Fragestellung kommt, bemerkt Herr Staatsminister von Könneritz, wie er sich absichtlich jener Einmischung in die Discussion enthalten habe, so lange blos die

Frage von den Grohmannischen Schriften gewesen, die übrigens der Verfasser auch dem Könige und dem Justizministerio übergeben habe. Jetzt aber müsse er bemerken, daß es, so lange die Frage wegen der Todesstrafe überhaupt noch zweifelhaft sei, wohl unzeitig erscheinen dürfte, auf eine Suspension dieser Strafe anzutragen, oder solche auch nur der Regierung anheim zu stellen. Todesstrafen kämen jetzt nur in äußerst seltenen, ganz dringenden Fällen in Sachsen vor, und wenn auch die bestehenden Gesetze sie zur Zeit noch häufig zuließen, so ersetze doch die Maaßregel der Begnadigung einstweilen und bis zu einer neuen Gesetzgebung das, was man allerdings wünschen müsse. — Von der Aussetzung eines Preises verspreche er sich keinen Nutzen. — Die Sache sei in vielen Schriften bereits ausführlich erörtert, und überhaupt so vielseitig, daß sie ein einzelner Mann schwerlich zu erschöpfen vermöge. Uebrigens müsse er darauf aufmerksam machen, daß, wenn bei der neuen Criminal-Gesetzgebung auf die Preisschrift Rücksicht genommen werden solle, dies in das Beginnen und die Fortsetzung der Arbeit einen großen Aufenthalt bringen werde, da man die Schrift doch vor Allem haben müsse, und der Raum zu deren Ausarbeitung kein ganz kurzer sein dürfe.

Der Herr Präsident fragt nunmehr:

Soll der Vorschlag des Herrn Dr. Großmann, der Regierung die einstweilige Suspension der Todesstrafe anheim zu geben, zurückgewiesen werden?

Darauf erklären sich 20 Stimmen für, 8 gegen Zurückweisung.

Soll der Vorschlag des Herrn Dr. Großmann, wegen Aussetzung eines Preises für die beste Abhandlung über die Todesstrafe, der dritten Deputation zur Prüfung und Begutachtung übergeben werden?

Dies verneinen 15 Stimmen gegen 13.

Den 3. Mai 1833.

Auf den Sitzen der Minister und der Königl. Commissarien hatten sich eingefunden:

Sr. Excellenz Herr Staatsminister von Zezschwitz.

Sr. Excellenz Herr Staatsminister von Carlowitz.

Herr Oberster von Nostiz.

Herr Geheimer Justizrath Dr. Schumann.

Man wendete sich nunmehr zu dem auf der

Tagesordnung

stehenden zweiten Gegenstande, nämlich dem Protokollextracte aus der ersten Kammer vom 13. vorigen Monats, die vom Herrn Professor Dr. Grohmann zu Hamburg eingesendeten, auf die von selbigem in Antrag gebrachte Abschaffung der Todesstrafe Bezug habenden Schriften, und die darüber in der ersten Kammer Statt gefundenen Verhandlungen betreffend.

Da die zweite Kammer bereits in der Sitzung vom 22. Februar d. J. beschlossen hat, diese Schriften für jetzt beim Archive aufzubewahren, bei der ersten Kammer aber, die zuvor das Gutachten ihrer vierten Deputation darüber vernommen, im Wesentlichen dasselbe Resultat erlangt worden, so machte das Präsidium sowohl hierauf, als auch auf die Frage aufmerksam, ob es der zweiten Kammer angemessen erscheinen möchte, der von der ersten Kammer beschlossenen Dankbezeugung gegen Herrn Professor Dr. Grohmann beizutreten?

Hierauf erbat sich Herr Abgeordneter Eisenstuck das Wort und bemerkte, es scheine ihm nicht angemessen, diesen Gegenstand, der von der höchsten Wichtigkeit sei, sofort durch den Beschluß einer bloßen Dankbezeugung zu beseitigen.

Die Frage über die Rechtsgültigkeit der Todesstrafen habe seit Beccaria die scharfsinnigsten Köpfe beschäftigt, und in vielen Staaten, wie z. B. unter Leopold in Toskana, und in Oesterreich unter Joseph dem II. wäre die Todesstrafe gänzlich abgeschafft, über ihre Zulässigkeit auch in den neuesten Zeiten in Frankreich und England, so wie in anderen Staaten, in den Versammlungen der Volksvertreter debattirt worden.

Nach seiner Ansicht, wie er der Kammer mitzutheilen sich für verpflichtet halte, sei die Todesstrafe dem Begriffe des Rechts zuwider.

Der höchste Zweck des Staats sei die Sicherheit und der Schutz des Rechts, hier aber überbiete das Mittel für den Zweck den Zweck selbst; denn das höchste Recht, was der Mensch besitze, sei das Recht auf seine Persönlichkeit, dieses Recht dürfe er nicht als Mittel einsetzen, wenn er in den Staatsverband trete, sondern würde, um es zu sichern, sogar aus dem Staatsverbande herauszutreten haben.

Die Todesstrafe sei ferner der Moral und der Religion zuwider, wenn man nicht der, den Mysticismus begünstigenden Ansicht, daß mit dem Glauben alles abgethan sei, huldigen wolle.

Man berufe sich darauf, daß die Todesstrafe nothwendig sei, allein nie könne etwas für nothwendig erkannt werden, was unrecht sei.

Auch die Stellen der heiligen Schrift, aus denen man die Zulässigkeit der Todesstrafe gewöhnlich ableiten wolle, ließen sich nach richtiger Auslegung anders erklären, und das, was darüber namentlich im alten Testamente sich finde, stehe ungezweifelt mit der bei jenen Völkern gewöhnlich gewesenen sogenannten Blutrache in Verbindung, die aber schon Muhamed dem Beleidigten allein, ohne Einmischung des Staats, überlassen habe.

Eben so unhaltbar sei die Todesstrafe aus der Wiedervergeltung zu rechtfertigen, nur bei rohen Nationen könne man dies für Recht halten, gesittete Nationen müßten diesen Grund als unmoralisch verwerfen.

Auch die Abschreckung, die man als Grund der Todesstrafe anführe, sei unstatthaft, da die letztere nicht als Mittel für jenen untergeordneten Zweck dienen könne.

Die Absicht, den Verbrecher unschädlich zu machen, lasse sich auch durch strenge Haft oder durch Deportation erreichen. Wer übrigens der Vollziehung einer Todesstrafe beigewohnt habe, der würde es bestätigen müssen, daß der Eindruck auf die Zuschauer nur unbedeutend sei, und eine Abschreckung vor dem Verbrechen so wenig erreicht werde, daß vielmehr oftmals neue Verbrechen dabei begangen würden.

Selbst die Feierlichkeiten, mit denen man eine öffentliche Hinrichtung vollziehe, kämen aus dem dunklen Gefühl, daß man ein Unrecht begehe, die Vorstellung aber, die man in dem Verbrecher zu erregen suche, er falle als ein Opfer der Gerechtigkeit und zur Sicherheit des Staats, vermöge dies nicht gut zu machen. Aus gleichem Gefühl sei die Frage, ob nicht die Todesstrafe im geheim zu vollziehen, entstanden, und man habe für und wider diese Idee gesprochen.

Betrachte man die Staaten, in denen die Todesstrafe häufiger zur Vollziehung komme, so könne man nicht behaupten, daß in ihnen die Moralität zugenommen habe.

Die Todesstrafe sei und bleibe ein Ueberbleibsel barbarischer Zeit, und er stelle es daher der Entschließung der Kammer anheim, ob nicht an die Regierung der Antrag zu richten sein möchte:

bei der Abfassung des neuen Criminal-Gesetzbuches von der Todesstrafe gänzlich abzusehen.

Nur in sehr seltenen Fällen, schloß der Redner, könne er die Todesstrafe anwendbar finden, nämlich dann, wenn, wie z. B. bei dem Verbrechen des Hochverraths, der Verbrecher durch seine Persönlichkeit selbst die Sicherheit des Staats gefährde. Es trete solches ein bei einem Prätendenten, der dem Staate als Feind gegenüberstehe, in solchem Falle erfolge aber die Tödtung nicht als Strafe, sondern als Selbstvertheidigung.

Herr Abgeordneter von Thielau stellte dagegen Folgendes auf: aus dem, was der Redner vor ihm angeführt, glaube er gerade die entgegengesetzte Ansicht vertheidigen zu können. Unter die unveräußerlichen Rechte des Menschen gehöre die Freiheit eben so gut, wie das Leben, und wenn er ein Recht auf seine Persönlichkeit habe, so könne dieses Recht auch nicht in die Hände eines jeden, der es antasten wolle, gegeben werden; dasselbe sei der Fall mit Freiheit und Eigenthum.

Im Naturzustande gelte das Recht der Selbstvertheidigung unbeschränkt, im Staatsverbande übernehme der Staat den Schutz für die Rechte auf Leben, Freiheit und Eigenthum, es müsse demnach auch dem Staate die Gewalt zustehen, die außer dem Staatsverbande der Einzelne anzuwenden befugt sei. Wenn man selbst zugebe, daß beim Hochverräther die Todesstrafe als statthaft erscheine, so liege hierin ein Widerspruch, denn was einmal als Unrecht erscheine, sei allemal Unrecht. Die Sicherheit im Staate lasse sich nur dann erreichen, wenn derselbe die Rechte, die er übernommen, auch wirklich selbst in Ausübung bringe.

Die wechselnden Ansichten der Zeit könnten nicht entscheiden; es habe Zeiten gegeben, wo man die Todesstrafe abschaffen, und auch solche, wo man sie beibehalten wollen, und er müsse darauf zurückkommen, daß man, indem man gegen den Verbrecher human sei, gegen die rechtlichen Bürger inhuman werde, mithin vermöge er dem Antrage nicht beizustimmen.

Der Abgeordnete, Herr Sachse, verlangte, daß der Antrag des Herrn Eisenstuck, wenn derselbe dabei stehen bleibe, in Gemäßheit der Landtags-Ordnung schriftlich anzubringen sein würde. Der psychologische Gesichtspunkt, der bei Bestimmung der Todesstrafe in Frage komme, sei noch gar nicht berührt worden, und der Gegenstand sei überhaupt noch zu wenig erörtert, um darauf einen Antrag an die Regierung, wie er vorgeschlagen, zu begründen. Gehe man von einem dergleichen Antrage ab, so würde es auch genügen, dem Herrn Professor Dr. Grohmann den Dank der Kammer zu bezeugen.

Der Abgeordnete, Herr Axt, schloß sich der Bemerkung an, daß die Stellen des alten Testaments, die man für die Zulässigkeit der Todesstrafe anführe, anders zu erklären seien, fügte aber hinzu, daß auch der theologische Standpunkt zu berücksichtigen sei; aus diesem lasse sich die Todesstrafe durchaus nicht rechtfertigen.

Ununterbrochen fortgehende und steigende Veredlung und Vervollkommnung sei der Zweck des irdischen Lebens, und nie könne es also dem Staate, eben so wenig als dem Einzelnen, erlaubt sein, einen Menschen in diesem Streben, wider den Lauf der Natur, zu unterbrechen und ihm die Erreichung seiner Bestimmung unmöglich zu machen. Von der Rechtmäßigkeit der Todesstrafe könne daher niemals die Rede sein, ob es aber schon jetzt an der Zeit sei, mit deren gänzlicher Abschaffung zu verfahren, wolle er nicht entscheiden.

Nachdem annoch Herr Meisel sich dahin erklärt hatte, daß bei der Wichtigkeit der Debatte wohl zu vertagen sei, erklärte der anwesende Regierungs-Commissarius, Herr Geheimer Justizrath Dr. Schuman: die Frage, ob nicht die Todesstrafe gänzlich abzuschaffen sei, sei von der Regierung vor der Redaction des neuesten Entwurfs des Criminalgesetzbuches sorgfältig erwogen worden, das Resultat aber dahin ausgefallen, solche nicht gänzlich abzuschaffen, wohl aber sehr zu beschränken.

Bei der von der Regierung Revision dieses Entwurfs müsse diese Frage jedenfalls anderweit zur Sprache kommen, und sie werde derselben, wie er versichern könne, auch ohne besondere Aufforderung, die sorgfältigste Prüfung widmen, und das Ergebniß davon in dem künftigen Entwurfe den Kammern vorlegen.

Der Abgeordnete, Herr Roux, nahm hiervon Veranlassung, bemerklich zu machen, daß ein Antrag, wenn er jetzt gestellt würde, zu nichts führen könne, indem gegenwärtig die Todesstrafe doch nicht abzuschaffen sei, sondern nur im Zusammenhange mit einer neuen Criminal-Gesetzgebung, diese wichtige Frage sich lösen lasse, mithin bleibe nichts übrig, als die von der ersten Kammer gestellte zweite Frage vor allen Dingen zu entscheiden.

Der Vicepräsident, Herr Dr. Haase, ergegnete hierauf,

daß diese Frage in der zweiten Kammer bereits früher ihre Erledigung gefunden, indem dieselbe ebenfalls beschlossen, die Grohmannischen Schriften bis dahin zu asserviren, wo ein von der Regierung mitzutheilender Gesetzentwurf über die Bestrafung der Verbrechen Veranlassung geben würde, diese Angelegenheit weiter zu erörtern, ein Antrag, daß an die Regierung schon jetzt ein Gesuch hierüber gerichtet werde, würde besonders angebracht und motivirt auch besonders begutachtet werden müssen, sonach sei auf das jetzt in Deliberation stehende Protokoll der ersten Kammer nur die Frage zu entscheiden, ob man der Dankbezeugung gegen den Herrn Einsender der Schriften beitreten wolle.

Hiermit ward die Debatte geschlossen, und von dem Präsidium die Frage gestellt:

Will die zweite Kammer der ersten Kammer, welche beschlossen hat, dem Herrn Professor Dr. Grohmann für seine wohlwollende Absicht ihren Dank zu bezeugen, beitreten?

und sie ward durch alle Stimmen mit Ja beantwortet.

II.

Landständische Reden und Vorträge wider und für die Abschaffung der Todesstrafe.

(Außerordentliche Beilage zur Leipziger Zeitung 1833. No. 42. Nachrichten vom Landtage).

Vier und dreißigste öffentliche Sitzung der ersten Kammer, am 13. April 1833.

Man ging hierauf zu dem zweiten auf der heutigen Tagesordnung befindlichen Gegenstand über, nämlich zu dem Bericht der 4. Deputation über die vom Professor Dr. Grohmann in Hamburg an die Kammer eingesendeten beiden Schriften: Bürgermeister Ritterstädt, als Referent, betrat die Rednerbühne und verlas den Bericht, wie folgt:

Herr Professor Grohmann hat an die Kammer zwei Druckschriften eingesendet und deren gemeinsamer Berathung empfohlen.

Die eine, im vorigen Jahre gedruckt, enthält eine Abhandlung

„über das Princip des Strafrechts.“

Die andere, vom jetzt laufenden Jahre, ist überschrieben: „Bitte und Frage an die landständische Versammlung des Königreichs Sachsen, für die Abschaffung der Todesstrafe.“

In dieser vertheidigt der Verfasser jene erstere Schrift gegen die Beurtheilung, welche sie von seinen Gegnern erfahren habe, und empfiehlt die darin von ihm aufgestellten Grundsätze der Ständeversammlung zur Beherzigung.

Beide Schriften sind der unterzeichneten Deputation zur Begutachtung zugewiesen, und ihr zugleich eine in dem allgemeinen Repertorium der in- und ausländischen Literatur, im 2ten Stücke des Jahrganges 1833 enthaltene Recension jener ersteren Grohmannschen Schrift mit übergeben worden, welche von einem Mitgliede der Kammer, dem Herrn Professor Dr. Krug, beim Herrn Präsidenten für den Gebrauch der Deputation um deswillen eingereicht worden ist, weil jene an die Ständeversammlung gerichtete Grohmannsche Schrift dieser Recension Schritt vor Schritt folge, und daher die Deputation an jener, ohne diese, ein referens sine relato haben würde.

In der zuerst erwähnten Hauptschrift nun geht der Verfasser zuvörderst die zeither aufgestellten verschiedenen Strafrechtstheorieen, die Principien der Abschreckung, Prävention, Wiedervergeltung, des psychologischen Zwanges, der Compensation, nach einander prüfend durch, findet sie aber sämmtlich ungenügend und falsch, weil der nach selbigen aufgestellte Begriff der Strafe dem Begriffe und Bezirke des Rechts nicht angemessen sei. Er selbst stellt in dieser Beziehung hauptsächlich zwei Grundsätze auf:

1. Die Rechtsstrafe darf nicht dem Principe der Sittlichkeit entgegen sein, darf nicht die Rechte der Persönlichkeit der Menschennatur ausschließen, darf nicht Rechte, die sie schützen soll, selbst verletzen; und

2. Strafe soll bessern.

Aus diesen Grundsätzen leitet derselbe nun, nach einer ausführlichen Betrachtung, den endlichen Schluß ab:

daß die Todesstrafe unzweckmäßig, unrechtmäßig, und deshalb gänzlich abzuschaffen sei;

und dem gemäß richtet er am Schlusse der andern Schrift an

die landständische Versammlung des Königreichs Sachsen, als eines Landes, welches so viele Beweise der Cultur, der Reformation, der Aufklärung aufzuweisen habe, die Bitte und Frage: ist es nicht endlich dem Zeitgeiste, den Forderungen der Erkenntniß, der Rechtswissenschaft gemäß, die Todesstrafe abzuschaffen, sie als einen Rost verjährter Jahrhunderte aus den neu zu fertigenden Gesetz- und Strafrechtsbüchern zu verdrängen?

Auf das Wesentliche der vorliegenden beiden Schriften weiter einzugehen, würde nicht Sache der vierten Deputation sein, sondern es würde, wenn sie auf den Grund des Grohmann'schen Antrags ihrerseits einen Antrag an die Regierung zu stellen beschließen wollte, diese Angelegenheit alsdann zur weiteren Prüfung an die dritte Deputation zu geben sein. Allein die unterzeichnete Deputation ist der Ansicht, daß es dieser weiteren Maaßregel für jetzt nicht bedürfen, sondern die Sache sogleich von ihr selbst zur vorläufigen Erledigung zu bringen sein werde.

So hochwichtig nämlich die vom Herrn Professor Grohmann aufgeworfene Frage auch ist, wie wohl Niemand bezweifeln wird; so dürfte es doch wohl jetzt nicht an der Zeit sein, dieselbe zum Gegenstande weiterer Erörterungen in der Kammer und eines ständischen Antrags an die Regierung zu machen. Denn wollte man auch sagen, daß die Entscheidung dieser Frage, über welche von jeher die größten Weltweisen, die scharfsinnigsten Denker, die angesehensten Lehrer des Strafrechts, so sehr verschiedener Ansicht gewesen sind, keiner weiteren Vorbereitung durch gelehrte Untersuchungen bedürfe, sondern lediglich von dem durch sie ausgesprochenen Willen des Volkes selbst abhängig zu machen sei; so muß es gleichwohl bedenklich erscheinen, gerade jetzt einen einzelnen Gegenstand aus dem ganzen Systeme des Strafrechts heraus zu reißen, und darüber besondere ständische Verhandlungen anzuknüpfen, jetzt, wo nach verschiedenen, namentlich in der Thronrede, uns gegebenen Andeutungen und Zusicherungen, der Zeitpunkt doch nicht mehr sehr fern zu sein scheint, wo unsere verehrte Regierung den Ständen auch ein neues vollständiges Strafgesetzbuch im Entwurfe vorlegen wird. Bei dieser erfreulichen Aussicht scheint es gerathener, sich zur Zeit nicht auf weitere Erörterungen über eine einzige Strafart einzulassen, sondern lieber auch damit bis zu dem vorbemerkten Zeitpunkte anzustehen, wo sich dann das ganze System des einzuführenden neuen Strafrechts vollständig übersehen, und alle einzelne Theile desselben, nach festen und allgemeinen Grundsätzen, in Einklang bringen, namentlich aber auch die verschiedenen Strafen der Verbrechen, nach einer angemessenen Steigerung, und im Geiste des ganzen Systems, bestimmen lassen werden.

Von diesen Ansichten geleitet, und mit der Bemerkung, daß Herr Professor Grohmann selbst, nach Inhalt seines oberwähnten Antrages, der Meinung zu sein scheint, daß derselbe nur erst bei Einführung eines neuen Strafgesetzbuches berücksichtiget werden möge, erlaubt sich daher die Deputation den Vorschlag:

> daß, dafern nicht die Kammer gemeint sein sollte, die fraglichen beiden Schriften des Herrn Professor Grohmann annoch an die dritte Deputation zu näherer Prüfung abzugeben, solche vor der Hand zu künftigem Gebrauche bei der Kammer verwahrlich beigelegt, und sie, die Deputation, beauftragt werden möge, selbige eintretenden Falls der ersten Deputation, welcher die Prüfung des zu erwartenden Entwurfs eines Strafgesetzbuches übertragen werden wird, annoch besonders zur Berücksichtigung zu empfehlen, den genannten Verfasser aber von diesem Beschlusse der Kammer auf geeignete Weise in Kenntniß zu setzen.

Nachträglich, fuhr der Referent fort, muß ich noch bemerken, daß außer dem oben erwähnten Stücke des allgemeinen Repertoriums der in- und ausländischen Literatur, worin der Professor Krug, von dem es eingereicht wurde, sich gegen die Ansichten des Professor Grohmann ausgesprochen hat, der Deputation auch noch eine andere Schrift vom Professor

Heinroth in Leipzig vor Augen gelegen hat, welche in einem Beitrage zu der Hitzig'schen Zeitschrift für Criminalrechtspflege besteht, und sich ebenfalls gegen die Abschaffung der Todesstrafe erklärt. Die Deputation hat es aber nicht für zweckmäßig gehalten, näher auf den Inhalt derselben einzugehen, da sie den Vorschlag gethan hat, die Schriften des Professor Grohmann vor der Hand zu künftigem Gebrauche beizulegen.

Als Redner über diesen Gegenstand hatten sich Dr. Krug und v. Ammon einschreiben lassen. Da ersterer die Ständeversammlung bereits verlassen, betrat v. Ammon sofort die Rednerbühne, und ließ sich in folgender Rede vernehmen:

Höchst und hochzuverehrende Herren.

Indem ich die Ehre habe, vor Ihnen als Redner über einen Gegenstand aufzutreten, der an sich schon zu den wichtigsten, und dann auch zu den schwierigsten und vielbesprochensten der Zeit gehört, fühle ich vor Allem die Verpflichtung, den Schein der Partheilichkeit von mir abzuwenden, welchen die vorauszusetzende Verwandtschaft meiner Denkart mit den Grundsätzen meines Standes auf mich werfen könnte. Es ist wahr, daß die Kirche, welche weder blutdürstig ist, noch sein soll, auch in sofern als eine entschiedene Widersacherin aller Todesstrafen betrachtet werden muß, als sie die erklärte Gegnerin aller Verbrechen und Missethaten ist, welche diese furchtbare Vergeltung herbeiführen. Die Kirche klagt daher über jedes schuldig, sie seufzt über jedes unschuldig vergossene Blut; sie gefällt sich in dem menschenfreundlichen Glauben an die mögliche Abschaffung der Todesstrafe im Fortschreiten der menschlichen Bildung, mit einziger Ausnahme des vorsätzlichen Mörders, der sein Leben unwiderruflich vor dem Rechtsgesetze verwirkt; sie wünscht endlich in cultivirten Staaten auch hier, wo es nur geschehen kann, der Gnade ein siegendes Uebergewicht über das Recht, damit das blutige und unser Geschlecht so sehr demüthigende Schauspiel der öffentlichen

Hinrichtung eines Menschen so selten als möglich werde. Aber die Menschenliebe, die Humanität und das Mitleid weiter zu treiben, ist auch der Kirche nicht erlaubt; sie ist selbst zwischen Glauben und Pflicht, zwischen Verheißung und Drohung, zwischen Belohnung und Strafe gestellt; sie darf sich also nicht weichherzigen oder sophistischen Ansichten von der Natur der Strafe hingeben, die sie in ihrer ganzen Tiefe zu erforschen berufen ist, weil sie sonst auch die Belohnung der Tugend aufgeben, und die Sicherheit des moralischen Wirkens im Reiche Gottes gefährden würde, welche die erste Bedingung eines göttlichen und seligen Lebens ist.

Nach diesem offenen Bekenntnisse kann die Stellung eines evangelischen Geistlichen nicht mehr als unvereinbar mit der unbefangenen Beurtheilung der merkwürdigen Schrift erscheinen, die ein wohlwollender Philosoph an die hohe Ständeversammlung gerichtet hat: ich werde mich daher gegenwärtig darauf beschränken, das von einer verehrten Deputation abgegebene Gutachten ganz unabhängig von ihrer Ansicht genauer zu motiviren, um der hohen Kammer die eigene Beurtheilung zu erleichtern.

Der größte Theil der von der verehrten Deputation begutachteten Schrift beschäftigt sich zuerst mit den verschiedenen Theorieen der Rechtsgelehrten über den Endzweck der peinlichen Strafe, und wirft die bekannten Hypothesen der Vergeltung, der Prävention, der Territion und des psychologischen Zwanges gänzlich ab. Dieses Recht der freien Forschung und Beurtheilung dürfen und können wir ihm nicht streitig machen; denn da sich alle jene Voraussetzungen gegenseitig beschränken und aufheben, so ist es möglich, daß nur eine wahr sei, daß keine unter ihnen wahr und treffend, oder daß Wahrheit und Irrthum unter ihnen sämmtlich getheilt sei; es ist ferner möglich, daß alle jene Hypothesen aus der Meinung geflossen seien, der Gesetzgeber könne das Wesen des Gesetzes, des Rechtes, der Belohnung und Strafe nach eigenem Gutdünken bestimmen; es ist sogar wahrscheinlich, ein großer Theil jener Ansichten sei aus dem Dafürhalten hervorgegangen, der Zweck der peinlichen Strafe sei jenseits oder außer ihrem Begriffe zu suchen; da es doch in der Natur einer ächten gründlichen Untersuchung liegt, überall den Grund eines Dinges zugleich als Finalursache zu betrachten, theoretische und praktische Vernunft zu verbinden, und, was sich hieraus von selbst ergiebt, den Endzweck einer Handlung nie außer ihrem Begriffe zu suchen. Wir sehen dies deutlich und klar bei der Vergleichung der verschiedenen Gattungen von Strafen, der polizeilichen, peinlichen, Schul- und Klosterstrafen. Ihre Zwecke sind dressirend, reagirend, disciplinarisch, abbüßend, weil ihre Begriffe verschieden sind. Das ist indessen ein Gegenstand der Dialektik, welcher uns nicht beschäftigen kann, weil wir sonst die Kritik des Verfassers einer neuen Kritik unterwerfen müßten; daher wir den ganzen ersten Theil dieser Schrift seinem Schicksal überlassen können.

Größere Aufmerksamkeit verdient schon die eigene Straftheorie des Verfassers, die sich ganz kurz auf folgende Sätze zurückführen läßt: die Rechtsstrafe darf kein Recht des Menschen verletzen; nun hat aber jeder Mensch ein Recht zu leben, weil er ein moralisches Wesen ist, das sich seiner Persönlichkeit nicht entäußern soll; es ist folglich Unrecht, ja ein Verbrechen, den Menschen am Leben zu strafen. Die Todesstrafe muß also gänzlich abgeschafft und in bloße Correction verwandelt werden, weil Besserung der einzige und höchste Endzweck einer gerechten Strafe ist. Dieser Behauptung muß ich nun durch vier Hauptgründe in den Weg treten, die in folgenden bestimmten Gegensätzen enthalten sind: die Rechtsstrafe des Uebelthäters kommt nicht in Berührung mit seinem Rechte, sondern nur mit seinem Unrechte. Dieses Unrecht kann aber ferner so culminirend sein, daß es das Recht des Uebelthäters zu leben gänzlich aufhebt; in diesem Falle ist nun die Todesstrafe kein Verbrechen, sondern vielmehr die nothwendige Wiederherstellung des verletzten und gefährdeten Rechtes; die Rechtsstrafe kann und soll zwar die Besserung vorbereiten, aber ihr unmittelbarer Zweck ist doch nur in der Erhaltung der allgemeinen Freiheit und Sicherheit zu suchen; der höchste Endzweck der Rechtsstrafe kann demnach die Besserung des Uebelthäters dann erst sein, wenn das gestörte Gleichgewicht der Freiheit im Staate wieder festgestellt und die allgemeine Sicherheit begründet ist, ohne die sich weder Tugend noch Besserung denken läßt. Ich werde mich befleißigen, jede dieser Bemerkungen kürzlich in das Licht zu stellen.

Die Rechtsstrafe kann als solche das Recht des Uebelthäters gar nicht berühren, weil sie einzig gegen sein Unrecht gerichtet ist. Ganz rechtlos kann nämlich auch der verworfenste Mensch nicht werden, weil er nie aufhört, wenigstens theilweise, ein freies und vernünftiges Wesen zu sein. Wo aber die Vernunft zu dem Menschen spricht, da spricht auch die Pflicht, und wo diese den Willen auf ein sittliches Ziel verweist, da geht ihm auch das Recht, als äußeres Dasein der aufgegebenen Pflicht voran. Demnach hat auch der Missethäter ein unzweifelhaftes Recht, sich zu vertheidigen, den Schutz der Gesetze, so lange er noch nicht verurtheilt ist, für sich anzurufen, und sich gegen eine zu harte, mit seiner Verschuldung in keinem richtigen Verhältnisse stehende Strafe zu verwahren, und wenn das ohne Erfolg bleibt, seine Richter selbst vor das göttliche Gericht zu fordern, dessen Entscheidung eben so untrüglich, als nah und ergreifend ist. Mit allen diesen bestehenden Rechten und Befugnissen des Uebelthäters hat aber die Rechtsstrafe gar nichts gemein; sie wendet sich einzig und allein gegen das von ihm vollbrachte und ausgemittelte Unrecht. Wie der Delinquent das Recht des Andern geleugnet, und dafür sein Unrecht durch die That gesetzt hat, so bejahet die Strafe das verletzte Socialrecht, und verwirft dafür wie eine schmähliche Lüge und

Unthat das begangene Unrecht, indem es dasselbe dem Thäter auf sein Haupt zurückgiebt. Die Strafe ist nämlich eben so nothwendig als Reaction der bösen That, wie der Gegendruck eines gestoßenen Körpers. Dieser erfolgt nach dem Gesetze der Gravitation; jene nach dem Gesetze der Wechselwirkung, wo sich im Gebiete der äußeren Freiheit, mithin auch des Rechts, als einer Bewegung in einer abgemessenen Sphäre der freien Willkühr, Wirkung und Gegenwirkung gleich sind. So lange die irdische Themis Schuld und Strafe auf gleicher Wage abwägt, wird jeder Frevler sich vor den unvermeidlichen Folgen seines Unrechts fürchten, und wenn er ihnen auch zu entgehen weiß, so wird ihn die göttliche Gerechtigkeit ereilen, und ihm genau nach seiner That vergelten. Schon dadurch also hat die Abhandlung des Verfassers eine schiefe Richtung erhalten, daß er der Rechtsstrafe ein vermeintes Recht des Uebelthäters gegenüber stellt, da sich doch jene nur auf sein Unrecht beziehen kann.

Begreiflich kann nun das Unrecht des Verbrechers so groß und schwer sein, daß es sein Recht, in der menschlichen Gesellschaft fortzuleben, gänzlich aufhebt. Wenn der überfallene Wanderer sein Leben gegen einen Mörder vertheidigt und ihn zu Boden streckt, so wird niemand sagen, daß er ihm Unrecht gethan habe. Wenn der Fürstenmörder in den Pallast dringt, die erste und zweite Wache niederstößt, nun aber von der dritten gefangen genommen, und dann von dem Richter zum Tode verurtheilt wird, so würde ihn, wie Kant sagt, das Kind auf der Straße verspotten, wenn er klagen wollte, daß ihm Unrecht geschehe. Es giebt sogar Fälle, wo der Richter über große Verbrechen nur zwischen der Todesstrafe oder gänzlicher Straflosigkeit wählen kann, z. B. bei dem für immer an die Ruderbank geschmiedeten Galeerensclaven, der seinen Freund und Wohlthäter ermordet — hier hat sich die Gerechtigkeit in allen Freiheitsstrafen schon erschöpft, und das Leben ist die einzige Sühne, die er für seinen letzten Frevel darbringen kann.

Warum ist man nun in diesen Fällen darüber einverstanden, daß alle diese Verbrecher nicht mehr zu leben verdienen. Darum, weil die Rechtsordnung der Gesellschaft nichts anders ist und sein kann, als eine fortgesetzte Naturordnung. Wie hier die Coexistenz und Bewegung der Körper nur möglich wird durch die Gleichheit der Wirkung und Gegenwirkung; so wird im Staate eine allgemeine Freiheit nur möglich durch die Gleichheit der Action und Reaction bei der Bestrafung des Verbrechers. Die durch das Gesetz normirte Wirksamkeit dieser Reaction ist aber die einzige Garantie dieser allgemeinen Freiheit; denn würde diese Reaction erschlaffen, würde der Frevel den Unschuldigen treffen und nicht mehr auf das Haupt des Schuldigen zurückfallen, so würden die Verbrechen bald überhand nehmen, die blinde Gewalt der Leidenschaft, welche überall ihr Ziel ohne Rücksicht verfolgt, würde herrschend werden, und es würde um alle Sicherheit des Lebens und des Eigenthums geschehen sein. Ein Nachfolger der alten Pharaonen, Sabacco, ließ sich von ägyptischen Doctrinairen überreden, die Todesstrafe aufzuheben, und das Schiffziehen auf dem Nil an ihre Stelle zu setzen; da wurde das Reich nach wenigen Jahren eine Räuber- und Mörderhöhle, er selbst legte die Krone nieder, und sein Nachfolger fing die Regierung damit an, daß er die alte Ordnung wieder herstellte. Warum mußte vor einem Menschenalter dieselbe Erfahrung in den Jahrbüchern eines deutschen Volkes wiederkehren? Die Erinnerung ist klar und deutlich, daß es schwere Verbrechen, daß es vorsätzliche Mordthaten giebt, deren nothwendige Rückwirkung auf den Thäter, sein Recht in der Gesellschaft fortzuleben, gänzlich aufhebt.

Eine solche Todesstrafe ist aber kein Verbrechen, sondern die nothwendige Wiederherstellung des verletzten Rechtes. Unser Verfasser stellt zwar offenbar den Todschlag und die Todesstrafe auf eine Linie; die Richter des Meuchelmörders von Heinrich IV. sind ihm nicht viel besser als Ravaillac selbst; ja er giebt sogar zu erkennen, daß da, wo jetzt unter uns Hochgerichte stehen, die Nachwelt dereinst Sühnekapellen errichten müsse. Ein so hartes Urtheil ist psychologisch nur erklärbar aus einer Verwechselung der Begriffe, die bei einer unleugbaren Aehnlichkeit des Aeußern einander doch in ihrem Wesen vollkommen unähnlich sind. Allerdings ist die Todesstrafe eine Tödtung wie der Mord; sie ist eine gewaltthätige Handlung, wie der Einbruch des Feindes in ein friedliches Land, und die Vertreibung desselben mit gewaffneter Hand, weil beide oft gleich verheerend sind. Wer möchte aber wohl behaupten, daß deswegen beide gleich ungerecht seien? Wer möchte den Raufbold, der dem andern den Arm zerschmettert, dem Wundarzte gleichstellen, der ihn wieder einrichtet, weil die Zerschmetterung und die Einrichtung gleich schmerzlich sind? Offenbar sind sich beide Handlungen vollkommen entgegengesetzt, so groß auch ihre Aehnlichkeit in Rücksicht auf den äußeren Effect sein mag. Denselben Fehler läßt sich der Verfasser in Rücksicht auf das Moralgesetz zu Schulden kommen, welches er zu Gunsten des Todtschlägers aufruft. Es ist wahr, das Sittengesetz gebietet, du sollst nicht tödten; aber es gebietet auch, du sollst niemanden schlagen, einsperren, verachten, entehren oder ihm irgend ein Leid zufügen. Dennoch entwürdigt die Obrigkeit den Verbrecher, weil er sich selbst entehrt hat; sie wirft ihn in das Gefängniß, läßt ihm Ketten anlegen, schickt ihn in das Zuchthaus und auf die Galeere, weil er sich der Freiheit unwürdig gemacht hat, warum sollte sie ihn nun nicht tödten dürfen, wenn er das Recht zu leben durch die eigene Unthat verloren hat? Dürfte sie das nicht, so würde es ihr am Ende untersagt, vor lauter Menschenliebe und Humanität gar nicht mehr zu strafen und das Recht zu verwalten; es würde die bisher allgemein anerkannte Wahrheit umgestoßen werden, daß der Mensch zuerst ein Naturwesen, dann ein sociales Wesen, und nun erst ein sittliches Wesen ist und sein soll; daß er aus der Naturordnung zuerst in die Rechtsordnung, und dann erst in die sittliche Ordnung eintreten kann. Wollte die Obrigkeit, statt das Schwerdt zu führen, den Katechismus zur Hand nehmen, und dem Mörder moralische Lectionen geben, so würde sie aus ihrem Amte fallen; sie würde vergessen, daß sie ihr heiliger Beruf auf das Gebiet der äußeren Freiheit zwischen die Nothwendigkeit der Natur und der innern Freiheit des Geistes stellte; sie würde durch ein unweises Sentimalisiren und Doctriniren den Lauf der Gerechtigkeit aufhalten, und in der zusammenhängenden Ordnung des Menschenlebens eine Lücke offen lassen, die in kurzen Zwischenräumen die gänzliche Auflösung der körperlichen Gesellschaft zur Folge haben müßte.

Hieran reiht sich nun die letzte Gegenbemerkung: daß die Besserung des Verbrechers zwar der höchste sittliche, aber keineswegs der rechtliche Zweck peinlicher Strafen ist. Jedermann kennt und ehrt den weisen Spruch des Menschenfreundes Howard: Du hast sehr wenig gethan, wenn Du den Frevler strafst, wenn Du ihn nicht auch zu bessern suchst. Dazu haben sich nach dem Beispiele der Nordamerikanischen Freistaaten auch in Deutschland bereits würdige Vereine gebildet, und man muß wohl aufrichtig wünschen, daß das auch bald unter uns geschehen möge. Aber die wahre und gründliche Besserung des Sünders ist ein schweres Geschäft, an dem auch die Staatsgewalt scheitern wird, da sie nicht einmal der göttlichen Gnade überall gelingt. Die alten Rechtslehrer sagten: „Wer zweimal oder dreimal schlecht war in derselben Art der Schlechtigkeit, der ist schlecht für immer," und aus der gemeinen Erfahrung möchte diese Behauptung schwer zu widerlegen sein. Besserung kann daher schon darum nicht unmittelbarer Zweck des Gesetzgebers sein, weil er nur unmittelbarer Vernunftzweck für den ist, welcher der Besserung bedarf, nur der moralischen und disciplinarischen Strafe, aber nicht der peinlichen. Der nächste und unmittelbare Zweck der Rechtsstrafe ist demnach kein anderer, als Sicherheit, Zurückwerfung des Unrechtes auf den Thäter, Wiederherstellnng des Gleichgewichtes der verletzten Freiheit, öffentliche Ruhe und allgemeiner Friede, damit jeder

Bürger seinem Beruf obliegen und seine Pflicht gewissenhaft erfüllen könne. Nur dann, wenn die menschliche Ordnung die göttliche nachahmt, die eine Rächerin dessen ist, der da Böses thut, wird Recht und Gerechtigkeit im Bunde gehen, wird auch der rohe Sinnenmensch gezügelt und in den nöthigen Schranken gehalten werden; er wird zuerst das Böse nur fürchten, bald aber auch es verachten, hassen, und sich stufenweise zur Liebe des Guten, zur Liebe Gottes selbst heranbilden, welche die Quelle aller Tugend und Wohlfahrt ist.

Das führt mich zum Schluß noch auf die Behauptung unseres Verfassers, daß die Todesstrafe auch irreligiös und unchristlich sei. Der alte mosaische Spruch: Auge um Auge, Zahn um Zahn, ist ihm, wie vielen Andern, ein Greuel der Barbarei; er bricht den Stab nicht allein über Moses, sondern auch über Solon, Lykurg, Zaleukus, Charondas und das Zwölftafelgesetz der Römer; er nennt das gerechte Gesetz der Vergeltung Rache, und erinnert sich nicht eines weisen Senatschlusses der alten Thurier, daß es sich bei der vergeltenden Strafe nicht um die Identität des zugefügten Uebels, sondern um die Gleichheit (ἰσότης τῆς τιμωρίας) handele wie sie der Ausschlag der Zunge auf der unbestechlichen Wage der Themis bezeichnet. Dieses ewige Naturgesetz soll nun Christus aufgehoben haben, weil er lehrt: Ihr habt gehört, was den Alten gesagt ist, Auge um Auge, Zahn um Zahn; ich aber sage Euch, Ihr sollt nicht widerstreben dem Uebel, sondern so dir jemand einen Streich giebt auf den rechten Backen, so reiche ihm auch den andern dar. Dieser Exegese unseres Philosophen muß ich nun auf das Bestimmteste entgegentreten. Christus stellt in diesem ganzen herrlichen Abschnitte den mosaischen Rechtsgeboten das höhere Pflichtgesetz seiner Moral gegenüber, nicht um jene aufzuheben — denn er sagt ja ausdrücklich, er sei nicht gekommen, das Gesetz Moses und der Propheten aufzulösen, sondern um es zu erfüllen und zu vervollkommnen. Diesem Grundsatze gemäß lehrt er: Die Alten sprachen, du sollst nicht tödten, ich aber gebiete, du sollst nicht zürnen — das letzte Gebot hebt die Sünde des Todtschlags nicht auf, sondern macht sie unmöglich durch das Verbot des Zornes. — Diesem Grundsatze gemäß lehrt er: Die Alten sprachen, du sollst keinen falschen Eid thun, ich aber gebiete, du sollst allerdings nicht schwören — dadurch hebt er den Eidschwur nicht auf, denn er hat ja sich selbst von dem Hohenpriester beeidigen lassen — sondern die kleinen Eidschwüre der Juden im gemeinen Leben, welche die pharisäische Moral für unverbindlich erklärte. Er empfiehlt hier einfache Wahrhaftigkeit ohne Betheurung, damit die Heiligkeit des wahren Eides desto ehrwürdiger und unanbrüchlicher erscheine. Diesem Grundsatze gemäß hebt er in der vom Verfasser angeführten Stelle auch das mosaische Gesetz der Vergeltung nicht auf — denn sonst hätte ja unter den Juden jeder Diebstahl und Ehebruch unbestraft bleiben müssen — sondern die Privatvergeltung und Rache; es soll Niemand zu Gericht in seiner eigenen Sache sitzen; der christliche Gottesverehrer soll lieber Unrecht leiden, als dadurch, daß er eine Beleidigung zurückgiebt, zu neuem Unrecht reitzen. Alles wohl erwogen bestätigt vielmehr Christus das mosaische Gesetz der Vergeltung bestimmt und deutlich, wenn er sagt: mit welcherlei Gericht ihr richtet, werdet ihr gerichtet werden, und mit welcherlei Maaß ihr messet, wird euch gemessen werden. Was ihr wollt, daß euch die Leute thun sollen, das thut ihr ihnen auch. — Eben so die Apostel: Gott wird einem jeden vergelten nach seinen Thaten. — Rächet euch selbst nicht, sondern gebet Raum dem Zorn, denn es steht geschrieben, mein ist die Rache, ich will vergelten. — Was der Mensch säet, das wird er ernten. — In allen diesen Stellen ist das Princip der Isonomie zwischen Wirkung und Gegenwirkung, zwischen der Schuld und dem Strafübel so bestimmt und deutlich ausgesprochen, daß sich für die Einsperrungstheorie des Verfassers gewiß nichts aus ihnen folgern läßt. Gewiß will das Christenthum die möglichste Verminderung der Todesstrafe in allen Fällen, wo die allgemeine Sicherheit auf einem andern Wege erreicht werden kann; dem vorsätzlichen Mörder aber räumt es überall kein Recht ein, in der Gesellschaft fort zu leben, obschon seine Persönlichkeit wie die jedes Verunglückten unter Gottes mächtigem Schutze steht. Würde hier die Obrigkeit nicht thun, was ihres Amtes ist, so würde die Blutrache der Morgenländer mit allen ihren Greueln bald auch im Abendlande herrschend werden, und wir würden dann kaum mehr ein haltbares Princip für ein Gesetz finden, welches ihr steuern und sie in Schranken halten könnte.

Aus allen diesen Gründen und durch sie bewogen, muß ich in der Hauptsache dem Gutachten der verehrten Deputation beitreten und darauf antragen, daß man dem Verfasser der besprochenen Schrift zwar für seine gute und menschenfreundliche Absicht danken, sie selbst aber vor der Hand beilegen, oder sie doch der höchsten Behörde nur im Allgemeinen zur weitern Prüfung empfehlen möge.

Es nahm hierauf Dr. Großmann das Wort: Die so eben gehörte geistreiche Rede, begann er, hat allerdings manches gewichtvolle Wort gegen den Grohmannschen Antrag ausgesprochen, kann aber doch in der Hauptsache nicht erschöpfend genannt werden, indem sie nur auf die Ansichten des Verfassers, nicht auf die Sache selbst eingegangen ist. Es ist hier die Rede von der Rechtmäßigkeit der Todesstrafe, und das ist ein so reichhaltiges, bedeutendes und zeitgemäßes Thema, daß mir der Antrag auf Beilegung der Sache eben so vorkommt, wie die Antwort, welche der Landpfleger Felix dem Apostel Paulus gab: er möge zu einer andern, gelegenern Zeit wiederkommen. Die Gründe, die sich gegen die Beibehaltung der Todesstrafe anführen lassen, sind von der Art, daß sie uns bestimmen müssen, der Sache ein größeres Gewicht beizulegen. Die Grohmannsche Schrift scheint deren insbesondere folgende zu enthalten: Erstens, die Todesstrafe ist nicht nothwendig. Es ist allerdings nicht zu leugnen, daß die Erhaltung der öffentlichen Sicherheit der Hauptzweck der Strafe ist, und Besserung des Bestraften nur mittelbar damit erreicht werden soll. Allein haben wir denn nicht Mittel genug, einen Verbrecher auch auf andere Art unschädlich zu machen, haben wir nicht Gefängnisse, oder das Mittel der Deportation, wiewohl dieß in Deutschland noch nicht versucht worden ist? Allerdings hat der Mörder das Recht in der Gesellschaft zu leben verwirkt, aber darum ist er nicht mit dem Tode zu bestrafen, sondern eben durch Ausschließung von der Gesellschaft, und wo diese ohne Gefährdung der öffentlichen Sicherheit nicht möglich ist, mit Einschließung auf Lebenslang. Ein zweiter Grund liegt darin, daß die Grundlage aller Todesurtheile höchst unsicher und zweifelhaft ist. Sie beruhen meist auf Grundsätzen der Psychologie und Anthropologie. Beide Wissenschaften sind noch nicht so ausgebildet, daß sich ein entschiedenes, zuverlässiges Urtheil über die Zurechnungsfähigkeit des Verbrechens jemals darauf bauen ließe.

Wie aber, wenn ein vielleicht nur vorüberziehender Wahnsinn, ein unglücklich verwirrtes Gemüth die Veranlassung zur Mordthat gab? Wer will es erforschen, und wer ein solches mit dem Tode bestrafen? Wenn ein Ziegel vom Dache fällt und mich verwundet, so wird es niemand vernünftig finden, den Ziegel aus Empfindlichkeit über den Schmerz zu schlagen und zu stoßen. Wenn wir also keine entscheidenden Zeugnisse über Zurechnungsfähigkeit haben können, wenn es unerklärliche Beweggründe giebt zur Vollbringung der verbrecherischen That, wie wenn ein junger lebensfroher Mensch die fröhliche Gesellschaft seiner Genossen froh verläßt, und hingeht, sich das Leben zu nehmen, so gestehe ich, daß ich die Gründe, welche die Entscheidung über das Leben des Verbrechers herbei führen sollen, für sehr unsicher halten muß. Drittens ist der Nutzen der Todesstrafe im Ganzen sehr gering. Im einzelnen Falle ist es oft genug vorgekommen, daß während der Hinrichtung des einen Mörders neue Mordthaten verübt wurden. In unserm Vaterlande haben wir vor einiger Zeit das traurige Beispiel erlebt, daß in der Nähe von Borna, während die Hinrichtung geschah, in einem nahen Dorfe ein Mord begangen wurde, der nur durch das Zuströmen aller Dorfbewohner zum Orte der Hinrichtung möglich, und wohl darauf berechnet war. Im Ganzen ist diese Strafe vielleicht für den sinnlichen Menschen abschreckend, allein auch hier läßt sich ohne tiefe historische Forschung zu keinem sichern Resultate gelangen. Ein vierter Grund gegen die Todesstrafe ist der, daß ihre Zweckmäßigkeit immer sehr zweifelhaft bleibt, welches Princip man auch zu Grunde legen möge. Soll die Strafe abschrecken, so fragt es sich, ob um dieses Zwecks willen ein Mittel gebraucht werden darf, welches das physische, und mit ihm das geistige Leben des Menschen zerstört, eine heilige Habe, über die kein Sterblicher Macht hat. Soll Prävention der Zweck der Strafe sein, so ist sie ungerecht, denn sie bezieht sich dann nicht auf das begangene Verbrechen, sondern auf die Verhütung künftiger. Soll ihr Zweck Wiedervergeltung sein, so fragt sich, ob diese immer ohne Leidenschaftlichkeit sein, ob sie das rechte Maaß finden werde. Das Bild, welches der geehrte Redner von der Action und Reaction in der Bewegung der Körper hergenommen, ist allerdings sehr blendend, ist aber doch immer nur ein Bild. Endlich fünftens liegt auch in der Geschichte der Todesstrafe ein Grund gegen dieselbe. Ihr Ursprung verliert sich in die Zeiten der Rohheit und Barbarei, wo Absolutismus oder vielmehr Sultanismus herrschend, die Sclaverei an der Tagesordnung war, und Blutrache den ganzen Orient beherrschte, und selbst die väterliche Gewalt in noch größerer Ausdehnung als nach dem römischen Zwölftafelgesetze bestand. Allein im Fortgange der Civilisation haben alle jene Verhältnisse, aus welchen die Todesstrafe damals entsprang, die größten Modificationen erlitten. Schon Plato unterschied zwischen Fürsten und Tyrannen, und der Despotismus ist der Abscheu aller gebildeten Völker geworden. Die Blutrache wurde schon durch Moses beschränkt durch die sechs Freistätten, die er im jüdischen Lande eröffnete, und woraus der Verbrecher nach dem Tode des Hohenpriesters ungestraft hervorgehen konnte. Auch unter den Heiden wurden Asyle in den Tempeln eröffnet. Hinsichtlich der väterlichen Gewalt waren zwar die XII. Tafeln immer noch sehr hart; allein Moses (5. B. 21. L.) bindet das Recht des Vaters, den undankbaren und ungehorsamen Sohn zu ermorden, an den Consens der Mutter, und ehe das Mutterherz in die Ermordung des Sohnes willigt, können wohl Jahrhunderte vergehen. Auch die Sclaverei sank in ihrem Ansehen vor der Majestät der Menschenrechte, von welcher die Stoiker lehrten, und welche durch das Evangelium sanctionirt wurde. So hat der Geist der Civilisation alle jene mit der Todesstrafe analog stehenden harten bürgerlichen Einrichtungen nach und nach gemildert, daß sie jetzt beinahe gänzlich verschwunden sind. Warum sollte es also nicht möglich sein, auch die Todesstrafe möglichst zu beschränken oder auch ganz aufzuheben?

Ein Hauptgrund des Zweifels, ob die Todesstrafe gänzlich zu verwerfen sei, liegt in der Natur der menschlichen Gesellschaft. Sie soll Güter vermitteln, beschützen, ausbreiten, die höher sind, als das Leben. Höher als das Leben aber steht eine sittliche Ordnung der Dinge, die Erkenntniß der Wahrheit, innere und äußere Freiheit. Nun aber geht der Krieger freudig in den Tod, um der Gesellschaft diese Güter zu erretten, zu erhalten, warum soll also nicht auch der Verbrecher den Tod erleiden, um diese Güter sicher zu stellen. Freilich ist der Fall nicht ganz derselbe; dort geht Einer für Alle, hier durch die Obrigkeit Alle gegen Einen; dort ist ein erklärter Zustand der Gewalt, hier ein erklärter Zustand des Rechts; dort herrscht die Leidenschaft, hier ruhige Besonnenheit. Daher bleibt es immer noch zweifelhaft, ob hieraus eine Folgerung für die Beibehaltung der Todesstrafe gezogen werden könne.

Wenn nun aber die Gründe wider die Rechtmäßigkeit der Todesstrafe sehr wichtig und beinahe überwiegend sind, wenn die Vollstreckung eines Todesurtheils bei dem gegenwärtigen Zustande der Cultur mindestens eine sittlich sehr zweideutige Handlung ist, und wegen dieser Zweideutigkeit von der christlichen Lehre verdammt wird: „was nicht aus dem Glauben, d. i. aus der innigsten Ueberzeugung kommt, ist Sünde;" so sind wir es dem Interesse der Humanität und des Christenthums schuldig, bei einer hohen Staatsregierung darauf anzutragen, daß sie, wo nicht die Todesstrafe, mit einziger Ausnahme des Hochverraths, suspendire, doch wenigstens einen Preis von mindestens 100 Louisd'ors auf die beste Schrift, welche diesen Gegenstand einer gründlichen Recension unterwirft, aussetze. Bei Bearbeitung dieser Schrift müßte der Gesichtspunkt des Staats und der Gesellschaft vorzugsweise festgehalten, und die Ergebnisse der Geschichte sorgfältig beobachtet, und zur Prüfung und Entscheidung über die eingegangenen Schriften eine Deputation von Staatsmännern, Rechtsgelehrten, Philosophen und Theologen niedergesetzt werden. Wie nun auch eine hohe Kammer über diesen Antrag denken mag, so muß ich mich doch gegen den Vorschlag, eine so höchst wichtige Sache beizulegen, unbedingt erklären.

Nostiz und Jänckendorf bemerkt, daß die Deputation keineswegs schlechthin auf Beilegung der Sache angetragen habe, sondern daß sie, dafern die Kammer nicht gemeint wäre, sie an die dritte Deputation zu näherer Prüfung abzugeben, später erst wieder vorgenommen werden möchte.

v. Carlowitz: So sehr er das Gehaltreiche der vernommenen Reden anerkenne, so könne er doch nicht verschweigen, daß beide geehrte Redner den Gesichtspunkt verfehlt zu haben scheinen, auf den es heute ankomme. Wenn der eine für das Gutachten der Deputation, der andere dagegen sich ausgesprochen habe, so schienen doch beide den Grund der Deputation nicht gehörig gewürdigt zu haben. Diesem trete er so vollständig bei, daß er glaube, man könne von jeder ferneren Prüfung so lange absehen, als nicht ein neues Gesetzbuch vorliege. Man dürfe nicht einen Gegenstand, der fast in jedes einzelne Feld der Strafgesetzgebung einschlage, besonders herausreißen. Daher bis dahin die Schriften beizulegen wären, wo denn auch die Reden an ihrer Stelle sein dürften. Was die Preisaufgabe anlange, so glaube er nicht, daß dieß zum Zwecke führen würde, da es nicht auf eine theoretische Beleuchtung, sondern auf Beantwortung der Frage ankomme, wie sich die Verhältnisse praktisch durch Aufhebung der Todesstrafe gestalten würden; darüber könne aber die Erfahrung mehrerer Jahrzehnten allein Aufklärung geben.

Prinz Johann erklärt sich gegen den Antrag auf Suspension der Todesstrafe; wäre sie wirklich unrechtmäßig, so wäre sie sofort abzuschaffen, weil sonst jede Vollstreckung der Strafe bis dahin ein Justizmord sein würde. Zwar sei er für die Rechtmäßigkeit, allein eine andere Frage sei, ob sie nothwendig sei? Deshalb würde er darauf antragen, diese Frage der dritten Deputation zur Beantwortung vorzulegen.

v. Carlowitz entgegnet, daß eine Strafe, die sich auf ein Gesetz gründe, kein Unrecht enthalte, und mithin auch, so lange das Gesetz nicht abgeschafft sei, nicht Justizmord genannt werden könne.

Dr. Großmann: Theoretische Erörterungen seien durchaus nicht weniger Gegenstand der Berathungen der Kammer, als der Deputation. Es gelte, das theoretisch als wahr Erkannte in das Leben einzuführen. Ein Gegenstand, der mit dem Gewissen selbst unserer erhabenen Fürsten so eng verflochten sei, sei eines Preises wohl werth, und kein Aufwand des Staates könne besser angewendet werden, als zu einer solchen Preisaufgabe. Woher solle Licht und Aufklärung kommen, wenn es nicht von den vereinigten Ansichten aller Denker der deutschen Nation zu erwarten wäre? Die Idee des Rechts stehe allerdings unwandelbar fest, aber die Gesetzgebungen, die sie realisiren sollten, müßten die Farbe der Zeit tragen. Von den Richtern unseres Vaterlandes sei es aber zu erwarten, daß sie nicht im Carpzov'schen Sinne entscheiden, und den

Rücksichten der Humanität und des Christenthums die Achtung schenken würden, die sie verdienten.

Der Präsident erklärte sich ebenfalls für die Beilegung der Sache bis zum Erscheinen eines Strafgesetzbuches, und zwar um deswillen, aber auch nur um deswillen, weil kein Theil der Gesetzgebung, besonders kein so wichtiger, aus dem systematischen Ganzen derselben herauszureißen sei, indem nur durch systematisches Fortarbeiten Einklang in alle Theile derselben gebracht werden könne.

Bürgermeister Ritterstädt fand in dem Antrage auf eine Preisaussetzung eine Uebereinstimmung mit den Anträgen der Deputation, indem dadurch ebenfalls nur eine Vorbereitung einer künftigen vollständigen Strafgesetzgebung bezweckt werden könne. In sofern stimme er diesem Antrage bei; denn die Kammer werde sich künftig doch immer auf theoretische Erörterungen einlassen müssen, und dann werde es wünschenswerth sein, daß eine gründliche, umfassende Schrift vorliege.

Das Präsidium stellte hierauf die Frage: Sollen die Schriften des Dr. Grohmann der 3. Deputation zur Prüfung übergeben werden? Dieß ward von 22 Stimmen verneint. 2) Sollen sie einstweilen beigelegt, und beim Erscheinen eines neuen Strafgesetzentwurfs der 1. Deputation übergeben werden? Dieß ward einstimmig bejahet. 3) Soll der Verfasser von diesem Beschlusse durch ein geeignetes Dankschreiben in Kenntniß gesetzt werden? Auch dieß ward einstimmig bejahet.

Hierauf nahm Staatsminister v. Könneritz das Wort: Er habe, begann er, Bedenken getragen, an der Discussion Theil zu nehmen, und etwanige Bedenken auszusprechen, weil es sich bisher nur um das Formelle gehandelt habe. Was aber den Antrag auf Suspension der Todesstrafe anlange, so dürfte diese noch nicht an der Zeit sein; denn es sollte ja eben erst erörtert werden, ob die Todesstrafe unzweckmäßig, unrechtmäßig, überflüssig wäre; so lange dieß noch unentschieden sei, könne man auch nicht auf Suspension derselben antragen.

Dazu komme, daß die Todesstrafe in neuerer Zeit in Sachsen nur in den dringendsten und sehr wenigen Fällen executirt worden sei. Dieß sei bis jetzt allerdings nur Sache der Gnade gewesen, und würde dann Sache des Rechts werden; allein der Zweck sei doch auch erreicht worden. Was die Preisschrift betreffe, so glaube er, daß sie den beabsichtigten Zweck nicht erreiche. Die Behörde, welche das neue Gesetzbuch bearbeite, habe ja Gelegenheit genug, die bereits vorhandenen Schriften über diesen Gegenstand zu prüfen. Von einem Manne würde übrigens der Gegenstand nicht erschöpft werden können, weil er von Seiten der Philosophie, Religion, des Rechtes und der practischen Erfahrung betrachtet sein wolle. Außerdem würde doch zur Vollendung einer solchen Preisschrift ein bedeutender Zeitraum nachgelassen werden müssen, und die mit der Bearbeitung des Strafgesetzbuchs beauftragte Behörde, wenn sie darauf Rücksicht nehmen wolle, darin weiter vorzuschreiten, gehindert werden.

Prinz Johann und Dr. Deutrich waren der Ansicht, daß beide Anträge des Dr. Großmann, auf Suspension der Todesstrafe oder auf Stellung einer Preisaufgabe darüber, als ständische Petition zu betrachten, und daher nach §. 116. der Landtagsordnung entweder als ungeeignet zurück, oder zur weiteren Prüfung an die 3. Deputation zu weisen wären. Die Majorität der Kammer erklärte sich bei der Abstimmung rücksichtlich beider Anträge für das Erstere.

Hiemit ward die Sitzung nach 2 Uhr geschlossen.

Fünf und dreißigste öffentliche Sitzung der ersten Kammer, am 15. April 1833.

Es entsteht nunmehr die Frage, ob der Grohmannsche Antrag wegen Abschaffung der Todesstrafe durch Protocollextract an die 2. Kammer zu geben sei, wobei sich eine Meinungsverschiedenheit offenbart, und der Prinz Johann und Andere bemerkten, daß dieser Antrag bereits an die 2.

Kammer gelangt, und dort beizulegen beschlossen worden sei, wie aus den gedruckten Protocollen hervorgehe.

Der Secretär Hartz verweist auf den Schlußsatz des §. 118. der Landtagsordnung, worin es heiße: „Eingaben der Unterthanen, welche ohne nähere Bezeichnung einer Kammer, unter der allgemeinen Benennung der Stände eingehen, werden so angesehen, als ob sie an die 1. Kammer gerichtet wären, und sind zunächst bei derselben zu verhandeln; jedoch, daß auch in dem Falle, wenn das Anbringen dort unzulässig und unbegründet befunden würde, solches doch noch zur Kenntniß der 2. Kammer gebracht werde, welche denn damit ihrer Seits wie mit den gleich anfangs an sie gelangten verfährt."

Dr. Großmann äußert, der Gegenstand sei von allgemeinem Interesse für die Humanität und für das Christenthum, daher solle man den Begriff von Unterthan nicht so streng nehmen, dann sei aber auch der Professor Grohmann ein geborner Sachse, nämlich der Sohn des Superintendenten in Querfurt, welches früher zu Sachsen gehört habe, und sei daher derselbe nicht so ganz als Fremdling zu betrachten.

Die Kammer beschloß die Berathung über diese Frage bis zur nächsten Sitzung auszusetzen.

Vierzigste öffentliche Sitzung der ersten Kammer, am 3. Mai 1833.

Man ging hierauf zur Tagesordnung über; auf derselben befand sich die Berathung über den von der ersten Kammer mitgetheilten Protocoll-Extract, die Berathung über den Bericht ihrer 4. Deputation über die vom Professor Dr. Grohmann in Hamburg eingesendeten beiden Schriften, über die Aufhebung der Todesstrafe, betreffend. Vicepräsident Dr. Haase verlas diesen Protocoll-Extract, dessen Inhalt sich aus der Vergleichung der in Nr. 42. d. Bl. enthaltenen 34. und 35. öffentlichen Sitzung der ersten Kammer ergiebt.

Nach Vorlesung desselben erbat sich der Abgeordnete Eisenstuck das Wort und sprach ungefähr Folgendes:

Die Grohmannschen Schriften sind gleichzeitig bei der ersten und zweiten Kammer eingereicht worden. Die zweite Kammer beschloß gleich damals, dieselben beizulegen, ein Beschluß, den auch die erste Kammer gefaßt hat, indem sie dem Verfasser bei Bekanntmachung desselben zugleich einen Dank für seine menschenfreundliche Absicht aussprechen will, dem sich die 2. Kammer anschließen soll. Die Kammer ist es aber sich selbst und ihrer Würde schuldig, einen Gegenstand von solcher Wichtigkeit nicht mit einem bloßen, leeren Danke abzufertigen. Schon Beccaria hat sich für die Aufhebung der Todesstrafe erklärt, und die Leopoldinische Gesetzgebung hob sie in Toscana wirklich auf, während sie Kaiser Joseph in Oesterreich nach 2 Jahren wieder einführte. In beiden Staaten hat aber die Erfahrung nicht Zeit genug gehabt, um ein sicheres Urtheil über die Zweckmäßigkeit dieser Maaßregel zu begründen. Auch in England und Frankreich hat man diese Frage wieder aufgenommen, die geistreichsten Männer haben darüber geschrieben, und ich wundere mich, wie man einen Antrag auf eine Preisaufgabe in dieser Hinsicht hat stellen können, da bereits in Paris und Lausanne Preisaufgaben darüber gestellt worden sind, und in beiden Academien Lucas den Preis gewonnen, und dieser sich gegen die Todesstrafe erklärt hat. Wenn man die Frage, ob die Todesstrafe zulässig sei oder nicht, beantworten will, so muß man davon ausgehen, ob sie dem Rechte gemäß ist? und dem ist sie nicht gemäß. Man muß unzweifelhaft annehmen, daß der Staat auf der Idee des Vertrags beruhet. Ist aber auch als höchster Zweck dieses Vertrags die allgemeine Sicherheit anzuerkennen, so ist es doch mit allgemeinen philosophischen Grundsätzen nicht vereinbar, daß das Mittel für den Zweck den Zweck überbieten soll. Wenn es nun ausgemacht ist, daß über das Recht auf seine eigene Persönlichkeit kein Mensch gebieten kann, und in dieser Rücksicht, wie Kant sehr wahr sagt, der Selbstmord das sträflichste Verbrechen ist, so darf auch niemand, um seine eigene Sicherheit, als Zweck, zu erreichen, seine

Persönlichkeit als Mittel einsetzen, und muß lieber außer dem Staate leben, als einen solchen Vertrag eingehen. Dieser ein- fache Rechtssatz hat mich schon seit meinem 16. Jahre be- stimmt, mich gegen die Todesstrafe zu erklären. Es ist auch nicht zu leugnen, daß es eine unmoralische, unreligiöse Strafe ist. Wenn ich mich frei halten will von allem mystischen Hinbrüten, und mich nicht den crassesten Begriffen von der Versöhnungslehre hingeben will, so muß ich doch sagen: der Mensch wird einst nach seinen moralischen Handlungen, nach- dem was er Gutes oder Böses gethan hat, gerichtet werden. Wie vermag ich nun eine Strafe vor der Religion zu rechtfer- tigen, welche eingreift in den höchsten Rath des Richters, und dem Sünder den Weg abschneidet, sich mit der ewigen Ge- rechtigkeit zu versöhnen. Der Glaube ist freilich sehr bequem, daß mit dem blinden Glauben schon alles abgethan sei; aber mit solchen Begriffen darf der Staat nichts gemein haben, und er befördert sie durch die Todesstrafe. Dem allen setzt man entgegegen: sie sei nothwendig, und beruft sich sogar auf ein göttliches Gebot. Nie aber kann etwas nothwendig sein, was unmoralisch und unrechtlich ist; und über die Stelle des alten Testaments „wessen Schwerdt Menschenblut vergießt, des- sen Blut soll wieder vergossen werden" ließe sich noch man- cher Zweifel hinsichtlich der Richtigkeit ihrer Auslegung erhe- ben. Schon die hebräische Wortbildung läßt eine doppelte Erklärung zu, indem das Futurum sowohl durch „soll" als durch „wird" übersetzt werden kann. Es heißt also mit an- dern Worten: den Mörder wird die Nemesis erreichen, und es hängt dieß auch mit der orientalischen Blutrache sehr genau zusammen. Soll aber der Staat diese Blutrache überneh- men? Dieß hat selbst Muhamed verworfen; denn der Co- ran sagt ausdrücklich, daß der Staat sich nicht hineinzumi- schen habe, wenn der, dem die Blutrache obliegt, keinen Ge- brauch davon machen will. Wenn man hin und wieder der Abschreckung wegen die Verbrechen häufiger mit dem Tode geahndet hat, so frage ich, wie es sich rechtfertigen läßt, abgesehen davon, daß diese ganze Abschreckung ein leerer Wahn ist, wie es sich rechtfertigen läßt, daß jemand, um den Andern zum Beispiel zu dienen, mit dem Leben büßen soll? Um ferner den Verbrecher unschädlich zu machen, ist es allerdings das bequemste Mittel, wenn man ihm den Kopf abschlägt, aber ist es darum recht? Man mache ihn durch lebenslängliche Haft, durch Deportation unschädlich. Wendet man dagegen ein, daß dann doch immer eine Besorgniß seiner Befreiung übrig bleibe, so ist das dieselbe Antwort, die der Aufseher eines englischen Gefängnisses gab, als er gefragt wurde, warum die Gefangenen gefesselt wären? „Es ist doch so sicherer." Kann das aber ein Grund sein? Es wird übrigens, das ist noch wohl zu bemerken, niemand, der einer Execution beigewohnt hat, gefunden haben, daß sie auf die neugierige Menge einen Eindruck gemacht habe, der einer Abschreckung nur irgend ähnlich sähe; im Gegentheil wird sie als die schönste Gelegenheit zum Diebstahl und anderen Verbrechen benutzt. Es liegt auch ein dunkles Gefühl von der Ungerechtigkeit der Todesstrafe in den Förmlichkeiten und Feierlichkeiten, die sie begleiten. Man hat dadurch dem Verbrecher glauben machen wollen, er falle als ein Opfer der Gerechtigkeit. Auch die Ergötzlichkeiten, die man ihm noch am letzten Tage seines Daseins zu gute gehen läßt, sollen ihn zu einer Art Opferthier machen. Man hat deshalb den Vorschlag gemacht, die Hinrichtung im Geheimen vornehmen zu lassen, und nur etwa durch einen Kanonenschuß den Moment anzugeben, wenn der Verbrecher büßt; allein abgesehen davon, daß auch dieß viel gegen sich hat, so ist es der beste Beweis, daß der große Effect, den man sich von der Hinrichtung versprochen, nicht erfolgt ist. Ob übrigens die Moralität in denjenigen Staaten, wo die Todesstrafe häufiger vollstreckt worden ist, größer war als in andern, diese Frage beantwortet die Erfahrung wohl nicht zu Gunsten der Todesstrafe. Ich hege daher die innigste Ueberzeugung, daß diese Strafe als ein Ueberbleibsel barbarischer Zeiten in unserer Zeit unzulässig erscheine, und es ist daher nicht ein bloßer Dank an den Verfasser jener Schriften, sondern der Wunsch von der Kammer auszusprechen, daß die Regierung bei einer künftigen, in der Thronrede verheißenen verbesserten Strafgesetzgebung von der Todesstrafe gänzlich absehen möge. Möchte man sich doch in unserer Zeit von der festwurzelnden Idee der Nothwendigkeit der Todesstrafe trennen. Diese Nothwendigkeit kann höchstens in dem einen Falle des Hochverraths eintreten, wenn ein Prätendent der Krone die Ruhe und Sicherheit des Staats gefährdet, und nur mit seiner Persönlichkeit diese Gefahr zu beseitigen ist. Hier ist der Staat im Zustande der Selbstvertheidigung.

Abgeordneter v. Thielau: Ich muß mir denn doch einige Bemerkungen gegen den Antrag des geehrten Sprechers erlauben. Die Motiven dazu scheinen mir nicht genug entwickelt, und es kommt mir vor, als ließe sich die gegentheilige Ansicht mit den eignen Worten desselben vertheidigen. Der geehrte Sprecher stellt die Persönlichkeit als das höchste Recht dar, was der Mensch habe. Er müsse es daher vorziehen, außerhalb des Staatsverbandes zu leben, ehe er dieses Recht auf seine Persönlichkeit aufgäbe. Wenn aber kein Recht vorhanden ist, die Persönlichkeit aufzugeben, wie kann man seine Persönlichkeit in die Hände eines jeden legen, der sie angreifen will? Und ist denn der Unterschied zwischen Freiheit und Leben so groß? Wenn das Leben ein Gut ist, worüber niemand verfügen kann, ist es nicht auch die Freiheit? Und ist nicht der Tod in tausend Fällen dem Verluste der Freiheit vorzuziehen? Aus gleichem Grunde müssen also auch die Freiheitsstrafen unrechtlich sein. So wie aber außerhalb des Staates jeder Einzelne von Natur berechtigt ist, sich selbst gegen die Eingriffe in seine Rechte zu schützen, so hat innerhalb des Staates, wo dem Einzelnen das Recht, sich aller Mittel, die ihm Natur und Kunst an die Hand geben, zu bedienen, abgeschnitten ist, der Staat, indem er jenes Recht übernommen hat, auch die Pflicht übernommen, dasselbe für den Einzelnen und im Namen desselben auszuüben. Die Praxis ist übrigens ohne Zweifel für die Todesstrafe. Aber gerade in dem Falle, wo sie der geehrte Redner selbst für nöthig hält, muß ich dieß bezweifeln; denn ich weiß nicht, ob irgend ein Fall des Hochverraths denkbar ist, wo die Todesstrafe eintreten müßte, wenn sie überhaupt nicht statt finden sollte. Oder ist blos der Angriff auf den Thron und die Person des Regenten todeswürdig? Ich sehe keinen Grund, warum das Leben der Andern in gar keinem Verhältnisse mit dem des Regenten stehen sollte. Ich kann daher keineswegs für den Antrag stimmen, daß die Todesstrafe bei einer neuen Gesetzgebung gänzlich wegfallen sollte. Die obwaltenden Zeitverhältnisse haben auf diese Ansichten immer viel Einfluß gehabt; bald hat man sich mehr für die Abschaffung der Todesstrafe, bald mehr für das Gegentheil erklärt. Jetzt glaubt man in der Humanität nicht weit genug gehen zu können, und alles, was dieser Philanthropie entgegen ist, nennt man Barbarei. Aber ich muß hier wiederholen, was ich schon bei einer andern Gelegenheit äußerte, indem man gegen die Verbrecher human ist, ist man gegen die, die es nicht sind, inhuman.

Abgeordneter Sachße war der Meinung, daß der Antrag des Abgeordneten Eisenstuck, als eine Petition eines Mitgliedes der Ständeversammlung schriftlich einzureichen, und an die dritte Deputation zur Begutachtung zu geben sein würde, ehe die Kammer einen Beschluß darüber fassen könne. Denn durch das, was die beiden Abgeordneten gesprochen, sei die Sache doch keineswegs erschöpft. Insbesondere sei der psychologische Gesichtspunkt gar nicht zur Sprache gekommen. Für die vom Abgeordneten Eisenstuck statuirte Ausnahme könne er sich aber nicht erklären, da gerade auf politische Verbrechen die Todesstrafe am allerwenigsten gesetzt werden müsse. Uebrigens trage er darauf an, die Frage dahin zu stellen, ob die 2. Kammer dem Beschluß der 1. beitreten wolle?

Abgeordneter Axt erklärt sich in der Hauptsache für die Ansichten des Abgeordneten Eisenstuck. Die angeführte Stelle des A. T. könne allerdings, wegen der doppelten Bedeutung des hebräischen Futuri, nichts beweisen. Im übrigen dürfte vielleicht rücksichtlich der gegenwärtigen Stufe der Volksbildung die Todesstrafe jetzt nicht abzuschaffen sein, in der Idee könne sie aber, vom teleologischen Standpunkte aus betrachtet, nie gerechtfertigt werden. Der Grundzweck des Menschenlebens sei unstreitig immer steigende Vervollkommnung. Wenn nun aber nie nachgewiesen werden könne, daß der Verbrecher absolut vollkommen sei, so habe auch der Staat nicht das Recht, demselben die Zeit zur Erreichung höherer Vollkommenheit abzukürzen, und ihn mit einem Schwerdtstreiche ungebessert künftiger Rechenschaft zu unterwerfen.

Abgeordneter Meisel theilt ebenfalls die Meinung des Abgeordneten Eisenstuck, spricht sich aber aus den vom Abgeordneten Sachße angegebenen Gründen für die, von demselben vorgeschlagene Fragstellung aus.

Abgeordneter Nostitz und Jänckendorf fürchtet, daß die Kammer auf dem Wege sei, eine Inconsequenz zu begehen. Wir haben, sagt er, früher beschlossen, die fraglichen Schriften zu asserviren bis zu einem Zeitpunkte, wo anderweitige wichtige Momente eintreten, welche die Wiederaufnahme der Sache rechtfertigen. Ich sehe daher nicht ein, warum wir jetzt gerade davon abgehen wollen; denn die bloße Wichtigkeit der Frage kann kein Moment sein, da uns diese auch damals nicht fremd war.

Königl. Commissar Dr. Schumann: Es sei der Gegenstand bereits im Jahre 1825, als man den Ständen den Entwurf eines Strafgesetzbuches vorgelegt habe, reiflich erwogen worden. Die Commission sei damals zu dem Resultate gekommen, daß man die Todesstrafe nicht gänzlich abschaffen, wohl aber auf wenige Fälle beschränken dürfe. Dieser Gesetzentwurf müsse nun einer neuen Revision unterworfen werden. Bei dieser Revision würden die Gründe für und wider ebenfalls zu erwägen sein, und es biete sich daher, wenn das Resultat der Kammer vorgelegt werde, die beste Gelegenheit zur Wiederaufnahme der Discussion.

Abgeordneter Eisenstuck: Einem Mißverständniß muß ich noch begegnen. Wenn ich sage, daß selten Fälle eintreten können, wo der Staat von dem Rechte der Selbstvertheidigung Gebrauch machen und die Todesstrafe vollziehen könne, und als ein Beispiel den Hochverrath anführte, so habe ich dadurch keineswegs eine Begünstigung der Person des Regenten aussprechen wollen. Der Fall, den ich mir dachte, war der, wenn ein Prätendent, eine Art falscher Sebastian, auftritt, und durch seinen Tod einzig Ruhe und Sicherheit im Staate wieder hergestellt werden kann, weil, so lange er existirt, sich immer Böswillige genug finden, die seine Persönlichkeit gleichsam mißbrauchen, um ihre rebellischen Absichten daran zu knüpfen. Eine Inconsequenz kann ich übrigens auch nicht darin finden, wenn wir von dem frühern Beschlusse, die Sache bis zur Vorlegung eines Strafgesetzbuches beizulegen, in etwas abgehen; denn es sind später Mittheilungen geschehen, woraus zu sehen, daß für jetzt ein solches Gesetzbuch nicht zu erwarten ist, und schon dadurch hat die Sache einen andern Standpunkt erhalten.

Abgeordneter Roux trug auf Abstimmung über die Frage an: ob man dem Beschlusse der ersten Kammer beitreten wolle?

Das Präsidium stellte die Frage in dieser Maße, und die Kammer trat dem einstimmig bei.

III.

Prüfung der von Ammon'schen Rede.

In dieser glanzvollen Rede, die aber doch mehr blendet als belehret, ist also mit einem Male der Stab über eine der wichtigsten Fragen der Menschheit, über eins der heiligsten Probleme gebrochen! Dieses Problem ist gelöst, „der Staat hat ein unbedingtes Recht, — wenn er nicht untergehen, der Immoralität nicht freien Lauf lassen, nicht am Ende die Blutrache sich über die Erde wieder ausbreiten lassen will, — den Verbrecher zu Tode zu bringen!" Der Redner appellirt zwar an die früher schon geltende Satzung der Kirche, daß diese nicht nach Blut dürste; aber Gottes Gerechtigkeit müsse walten, auch die in der Religion gültige Gerechtigkeit müsse auf der Erde ihre Stätte finden, die Machthaber des Staates, als die Vollzieher des göttlichen Willens, haben ein unbestreitbares Recht das Schwert zu führen, und über die Missethaten der Menschen strenges Gericht zu halten. Was nach anderen Untersuchungen der menschlichen Denkkraft so ungemein schwer ist zu erweisen, das fällt dem Kirchenthume unseres Redners so leicht, mit einem Streiche zu durchschneiden, und als ein kirchliches und juridisches Dogma aufzustellen für die Staatenlehre, daß es ein unbedingtes Recht, eine unbedingte Pflicht gebe, den Verbrecher vom Leben zum Tode zu bringen. Er erhebt sich leicht über die schweren Mahnungen und Fragen, ob es wahrhaft mit der Moral und Religion übereinstimme, vor dem gewöhnlichen Termine der Natur mit Gewalt ein Menschenleben abzukürzen, und, wie aus dem Mutterschooße eine unzeitige Frucht, in jenes Leben zu fördern; er achtet nicht alle diese Bedenklichkeiten und Gewissensfragen, sondern weiß sie durch das infallible Wort der Kirche zu umgehen, daß, nachdem sie ihr Wort für das Recht der Todesstrafe über den Mörder gegeben habe, das übrige dann, was die Besserung und die wahre Vergeltung des Verbrechers betreffe, dem ewigen Gerichte des Allwaltenden anheim zu stellen sei. Wir bedauern, daß der Redner mehr solche dogmatische Glaubensartikel einer festbestehenden kirchlichen Norm, als die ewigen Gesetze der Vernunft und der reinen, allgemeinen Religion zum Grunde legte, das Richtschwert irdischer Urtheile zu schärfen, welches wir so gern um der Rechte der Menschheit willen den irdischen, wenn auch den mächtigsten Händen zu entwinden gesucht hätten. Ist es doch, indem wir uns in dieser Rede vor das Tribunal des Herrn v. Ammon hingestellt sehen, als gingen wir, der Beurtheilte, zum ersten Male in die Schule, als begönnen wir zuerst und jetzt nur erst unsere philosophische Laufbahn; denn in einem solchen Grade erhebt sich die Rede zu einem sehr beredten Selbstvertrauen, daß sie, nur wie aus Milde, dem Verfasser eine wohlwollende Absicht, einen etwanigen Dank für seine Bemühung, Schriften dem landständischen Vereine eingesendet zu haben, zuerkennt, übrigens aber vornehm-richterlich, auf eine absprechende Weise, ihn der häufigsten Fehler und Fehlschlüsse bezüchtiget. So stehet denn, wie es Herr v. Ammon nennt, einer merkwürdigen Schrift auch eine, nach unserer Meinung, merkwürdige, ja wohl wunderbare, Rede entgegen.

Es scheint als habe sich der Redner nicht die Mühe geben wollen, mit näherer Aufmerksamkeit die Principien, von welchen die der Petition beigegebene Schrift, „daß der Staat kein Recht habe am Leben zu strafen," handelt, zu prüfen. Er würde dann seiner Rede leicht eine andere, wenigstens mildere Richtung verliehen, nicht so apodictisch über Sätze, die eine so mannigfaltige Erörterung bedürfen, und kurzweg abgesprochen haben, sondern in das Wesen des Gegenstandes eingegangen, die höhere Seite unserer Frage und Untersuchung wahrgenommen, und so sich als einen Gegner gezeigt haben, dessen Worte und Gründe einer reiflichern Erwägung würdig sind. Es thut uns leid, in den einleitenden Worten des Redners ein Selbstvertrauen zu finden, das weder der Bescheidenheit einer Rede, noch dem Kreise der gebildeten und aufgeklärten Staatsmänner, noch endlich dem hohen Berufe, nicht voreilig dem ruhigen Gange eines sich prüfenden Urtheils und eines sich vorbereitenden Entwurfs neuer Strafgesetze vorzugreifen, angemessen ist; das zu hohe und kühne Vertrauen meinen wir, das sich in folgenden Worten des Redners ausspricht: „Ich werde mich daher gegenwärtig darauf beschränken, das von einer verehrten Deputation abgegebene Gutachten, ganz unabhängig von ihrer Ansicht genauer zu motiviren, um der hohen Kammer die eigene Beurtheilung zu erleichtern." Wenn, fragen wir, diese Erleichterung vielleicht nur darin bestände, von ihr zum größten Glück der Untersuchung und des freien Ganges der Aufklärung — keinen Gebrauch machen zu können?

Kaum sind wir im Stande mit dem Redner einige entscheidende Worte über die höchsten und wichtigsten Fragepunkte zu wechseln; denn in dem größten Contraste stehen seine und unsere Ansicht. Er gründet das Recht zu strafen auf das allgemeine Reactionssystem der ganzen Natur. Wie sich zwei Billardkugeln begegnen, so weicht Stoß dem Stoße, und die eine Kugel wird in das Grab getrieben, oder wie der Ziegelstein von dem Dache fällt, so prägt er nach dem Gesetze von Ursache und Wirkung, oder der Wechselwirkung, seine Spuren der Erde ein; darauf, auf diesem Gleichgewicht des Drucks, der mechanisch treibenden, stoßenden, schneidenden Elemente, gründet Herr v. Ammon das unbestreitbare Recht des Staats, wieder zu vergelten was der Mensch verbrochen hat, um so im treuen Bunde zu verbleiben mit der rohen und sinnlichen Naturgewalt. Wir erkennen dem Staate eine höhere Macht, ein höheres Recht, eine höhere Bedeutung zu; wir erkennen in ihm die Macht der Vernunft, die sich über die Gewalt der wilden Naturordnung erhebt, die zwar auch den Richterstab einer ewigen Vergeltung oder den Maaßstab einer waltenden Reaction führt, aber einer Reaction, die der Vernunft gemäßer, nicht nach Stock und Prügel, nicht nach Staupbesen und Brandmal richtet, nicht das Verdammungsurtheil zum Tode spricht, und die fürchterliche Hinrichtung und Schaustellung des Verbrechers auf dem Hochgerichte, sondern die Vergeltung übet an denjenigen Gütern und Bedingungen des bürgerlichen Lebens, mittelst welcher der Mensch Theilnehmer und Mitglied des Staats ist. Wir machen es zu einem der ersten und unbedingten Grundsätze des Strafrechts, keine Strafe zu vollziehen an demjenigen, was dem Staate nicht gehört, und ohne welches selbst der Staat, wie ein Wesen ohne Wesen, in einen nichtigen Begriff zurückfallen würde. Diese beiden Gegenstände sind nämlich das Leben als Erscheinung und als Numen, oder das Leben in seiner äußeren, weltlichen Erscheinung, und das Leben in seinem inneren, intelligibeln Kreise. Diese beiden Lebenssphären sind und müssen dem Staate heilig sein, er darf nicht seine Macht über sie ausbreiten, als nur zu ihrem Schutz und Heil; er darf sich nicht weder an dem sinnlichen noch übersinnlichen Leben des Menschen vergreifen, um zu sühnen und zu strafen; der Begriff, das Wesen, der Umfang der Rechtsstrafe ergiebt sich und muß sich ergeben aus dem Begriffe des Vernunftrechts, wie dieser Begriff seine nächste und unmittelbare Wurzel in der Vernunftfreiheit hat. Die Vernunftfreiheit ist das Gesetz und das Palladium der großen gesellschaftlichen Vereine, der Staaten. Vernunftfreiheit, wie und sobald sie sich als Erscheinung zeigt, oder ihr waltendes Gesetz für die gesellige Ordnung des

Menschen geltend macht, ist der Staat, sie ist, in wiefern sie ihr eigener Wille ist, und die ewige Macht in sich selbst enthält, das freie Leben des Staates in seinen Gesetzen und Bestimmungen. Diese Vernunftfreiheit führet aber auch einen Zwang in und mit sich; denn sie will und soll über die wilden Triebe der Natur siegen. Dieser Zwang ist nun die Strafe, durch welche die Vernunft ihre Freiheit geltend macht, die willkührlich gekränkten und beleidigten Gesetze schützet, die Willkühr unter die höhere Aufgabe des Zwanges stellt, um so die Freiheit durch die Beschränkung der Willkühr vernunftgemäß und rechtlich zu erzwingen. Die Strafrechtslehre gehet gewöhnlich über den Begriff der Strafe hinaus, sie hat, so möchten wir sagen, die Strafe an ein mannigfaltiges Material von körperlichen Züchtigungen oder Uebeln an Leib und Leben gleichsam angeheftet, wie leider in den früheren Satzungen des kirchlichen Lebens die Kirche auch die Religion außerhalb der Religion an sinnlichen Bildern und Materialien suchte. Und so ist das Strafrecht, indem es den Vernunftbegriff der Strafe verkörperte, den Zwang in sinnlichen, äußeren Materialien suchte, wo die Raffinerie der Strafe zur größten Grausamkeit, zur boshaftesten Lächerlichkeit ausartete, ein Gemenge voll sinnlichen Strafübeln geworden, unter denen auch jetzt noch die gefallene Menschheit in ihren Vergehen und Verbrechen durch die harten und ungeziemenden Ahndungen der Strafübel seufzet. Getraut sich Herr v. Ammon die älteren und auch bisweilen neueren Strafrechtsbücher in ihren willkührlichen und harten Strafbestimmungen zu vertheidigen, wo dort auf kleine Vergehen große Strafen, auf Verbrechen Strafübel gesetzt sind, die außer den Grenzen aller Billigkeit und Gerechtigkeit liegen, und wo der Verbrecher nach der Schmach der Strafe kaum mehr gesund an Körper, noch weniger gesund an Sitte und Gemüth, in die öffentliche menschliche Gesellschaft zurückzukehren fähig ist. Es sind dieses nicht Uebertreibungen einer rednerischen Darstellung. Denn immer noch sind Spuren solcher alten Strafübel in unserm Rechtssysteme vorhanden, Spuren, die an die sinnlichste, rauheste Zeit erinnern, und wo der gerechte Ausdruck zur Bezeichnung dieser Strafen nur der der Barbarei ist. Unser Redner führt ja selbst in der Vertheidigung seines Strafsystems ein solches Beispiel an; es ist die Galeere. Will aber der Redner diese unmenschliche, harte Strafe vertheidigen? Getrauet er sich den Verbrecher anzuklagen, der in der Verzweiflung solcher Strafe vielleicht, wie es Herr v. Ammon nennt, seinen besten Freund und Wohlthäter mordet? Harte, unmenschliche Strafen sind die Drachenzähne der Rache und der Verbrechen. Es entstehen aus der Ueberbietung der Strafe neue und immer größere Verbrechen. Und an wem liegt die Schuld? An den Strafgesetzen behaupten wir, weil enorme Strafen auch die Rache zu enormen Verbrechen führen. Wenn je einer Wissenschaft und einer praktischen Lehre eine totale Reform bevorstehet, so ist und muß es dem Strafrechte sein, daß dieses den Gesetzen der Vernunft genähert, mit den Rechten und der Freiheit des Menschen in Einklang gebracht, die körperlichen materiellen Strafübel abgeschafft, und der Begriff der Strafe zu dem Rechtsbegriffe des Zwanges erhoben wird. Die Strafe, als Rechtszwang, ist nichts anderes, als der Rechtsbegriff der Freiheit selbst, indem diese analog der moralischen Nöthigung dasjenige erzwingt, was auf eine freie, gesetzliche Weise da sein soll, daß nämlich durch den angewendeten Zwang, durch Beschränkung der Willkühr die heiligen Rechte der Menschheit geschützt und gesichert werden. So liegt in dem Begriff der Rechtsstrafe auch zugleich der nothwendige Begriff der Besserung, zwar nicht als Zweck, sondern als inneres Merkmal, wie es in dem Begriffe, z. B. des Dreiecks liegt, daß es drei Seiten und drei Winkel hat. Unsere Gegner, wie auch Herr v. Ammon, haben mich eines großen Fehlers bezüchtigt, den ich nicht begangen habe. Ich setze nicht den Begriff der Besserung als Zweck der Rechtsstrafe, sondern leite ihn der Einheit des Begriffs gemäß, wie es die wissenschaftliche Begründung fordert, als inneres Merkmal, als ohne welche innere Bedingung keine Rechtsstrafe als solche bestehen kann, aus dem Vernunftbegriffe der Freiheit und des Rechts selbst ab. Was soll ich aber nun zu den Apostrophen sagen, zu welchen sich der Redner in der Lebendigkeit seiner Rede verleiten läßt? wie folgende: „Wollte die Obrigkeit statt das Schwert zu führen, „den Catechismus zur Hand nehmen, und dem Mörder mo„ralische Lectionen geben, so würde sie aus ihrem Amte fal„len; sie würde vergessen, daß sie ihr heiliger Beruf auf das „Gebiet der äußern Freiheit, zwischen die Nothwendigkeit der „Natur und der innern Freiheit des Geistes stellte; sie würde „durch ein unweises Sentimentalisiren und Doctriniren den Lauf „der Gerechtigkeit aufhalten, und in der zusammenhängenden „Ordnung des Menschenlebens eine Lücke offen lassen, die in „kurzen Zwischenräumen die gänzliche Auflösung der bürgerli„chen Gesellschaft zur Folge haben müßte." Wir geben dem Redner zu, daß die Obrigkeit nicht mit dem Catechismus in der Hand Verbrechen sühnen und ausgleichen kann. Aber außer dem Catechismus der Moral giebt es auch einen Catechismus des Vernunftrechts, der eben so heilige Pflichten enthält, das unverletzliche nicht zu verletzen, und über die Urrechte des Menschen keine Strafe zu verhängen.

Der Redner sagt: „Es ist wahr, das Sittengesetz gebie„tet, du sollst nicht tödten, aber es gebietet auch, du sollst „niemanden schlagen, einsperren, verachten, entehren, oder ihm „irgend ein Leid zufügen. Dennoch entwürdigt die Obrigkeit „einen Verbrecher, weil er sich selbst entehrt hat; sie wirft ihn „in das Gefängniß, läßt ihm Ketten anlegen, schickt ihn in „das Zuchthaus und auf die Galeere, weil er sich der Freiheit „unwürdig gemacht hat, warum sollte sie ihn nun nicht töd„ten dürfen, wenn er das Recht zu leben durch die eigene „Unthat verloren hat? Dürfte sie das nicht, so würde es ihr „am Ende untersagt, vor lauter Menschenliebe und Moralität „gar nicht mehr zu strafen und das Recht zu verwalten, es „würde die bisher allgemein anerkannte Wahrheit umgestoßen

„werden, daß der Mensch zuerst ein Naturwesen, dann ein „sociales Wesen, und nun erst ein sittliches Wesen ist und „sein soll, daß er aus der Naturordnung zuerst in die Rechts„ordnung, und dann erst in die sittliche Ordnung eintre„ten kann."

Der Redner ordnet hier gewisse Stufen für die Cultur, die wir freilich wohl in der historischen Entwickelung des Menschengeschlechts finden, Stufen, die aber nicht mit der heiligen inneren Welt der Vernunft übereinstimmen, denn hier gebietet die sittliche Ordnung überall, hier waltet die Rechtsordnung ohne Anfang und Ende; beide sind das Erbtheil der Menschheit, welche immer gegen die Naturgewalt kämpfen und über dieselbe siegen. Würde der Redner mit einem aufmerksameren Blicke die Weltgeschichte beachtet haben, so würde er finden, wie schon in den ersten Aeußerungen, in dem ersten Erwachen des Menschengeschlechts die Regungen der Sittlichkeit und Rechtsordnung liegen. Er würde dann die wahre und höhere Geschichte des Menschen in's Auge gefaßt haben, daß die sittliche Ordnung und die Rechtsordnung fast zuerst den Menschen in die Naturordnung einführen, um die Freiheit, die von oben kommt, durch den Widerstand gegen die tiefere und niedere Naturnothwendigkeit zu bewähren. Ueberdies müssen wir den Begriff, den der Redner von dem Staate und dem Strafrechte hat, zu reinigen suchen. Der Staat straft nicht, oder soll nicht strafen, um zu entehren, nicht durch Verachtung, nicht durch bloßes Zufügen eines Leids, er soll nicht entwürdigen, vielmehr wendet er alle diese Mittel der Barbarei ab, er ehret, achtet, erhebt den Menschen, indem er ihn aus seinen Verschuldungen durch die gerechten Mittel der Bestrafung — und diese sind der Zwang der Freiheit — zur vernünftigen und freien Rechtsordnung zurückbringt. Dem Redner gebricht es an einer genaueren Untersuchung dieses Begriffs der Rechtsstrafe. Der Gewahrsam des Verbrechers in dem Gefängnisse ist keine Beraubung seiner Freiheit, sondern vielmehr eine Erstattung und Rettung derselben; jener Gewahrsam ist nur Beschränkung der Willkühr unter der Curatel der Freiheit oder unter der Garantie des Staats. Die Todesstrafe ist aber eine völlige Privation der Rechte und der Freiheit, sie bringt den Menschen zum Tode, als wenn an ihm durchaus kein Recht, keine Freiheit, keine Vernunft wäre.

„Die Rechtsstrafe kann aber — meint der Redner — „als solche das Recht des Uebelthäters gar nicht berühren, „weil sie einzig gegen sein Unrecht gerichtet ist. Mit allen „den bestehenden Rechten und Befugnissen des Uebelthäters „hat die Rechtsstrafe gar nichts gemein; sie wendet sich ein„zig und allein gegen das von ihm vollbrachte und ausge„mittelte Unrecht. Wie der Delinquent das Recht des Andern „geleugnet, und dafür sein Unrecht durch die That gesetzt hat, „so bejahet die Strafe das verletzte Socialrecht, und verwirft „dafür wie eine schmählige Lüge und Unthat das begangene „Unrecht, indem es dasselbe dem Thäter auf sein Haupt zu„rückgiebt. Die Strafe ist nämlich eben so nothwendig, als „Reaction der bösen That, wie der Gegendruck eines gestoße„nen Körpers; dieser erfolgt nach dem Gesetz der Gravitation, „jene nach dem Gesetze der Wechselwirkung, wo sich im Ge„biete der äußeren Freiheit, mithin auch des Rechts, als einer „Bewegung in einer abgemessenen Sphäre der freien Will„kühr, Wirkung und Gegenwirkung gleich sind." — Hier haben wir ein schönes Vernunftrecht! Wenn der Eine lügt, darf ich ihn wieder belügen? Denn das Unrecht fällt, so recht wie Stoß und Gegenstoß, auf das Haupt des Lügners zurück. Aber indem wir so durch eine Gegenlüge die Lüge des Andern bejahen, lügen wir denn nicht auch? Und ist denn diese Lüge nicht auch eine Verneinung der Wahrheit? Entweder ist hier eine bloße Spiegelfechterei mit Worten, ein Verstecken der Wahrheit im Winkel, oder es giebt eine Irrlehre, welche an die gefährlichsten Sätze einer geheimen Insinuation erinnert. Wie der wahre Gegensatz der Lüge nur Wahrheit ist, so ist auch der wahre Gegensatz des Verbrechens nur diejenige Strafe die nicht Unrecht mit Unrecht, nicht Lüge mit Lüge, nicht durch einen mechanischen Gegenstoß vergilt, sondern durch die höhere Macht des Geistes und der Wahrheit, wo das Recht, die Freiheit die Verbrechen ahndet, und durch die Beschränkung der verbrecherischen Willkühr die Vernunft wieder in ihre Ordnung und Regierung einsetzt, dadurch, daß der Staat den Verbrecher als einen Unmündigen bevormundet, und ihn unter die Gesetze des Rechtszwanges stellt. Wir vermögen bei aller unserer Anstrengung der Denkkraft nicht, das zu erdenken, was dem Herrn v. Ammon so leicht fällt, daß nämlich die Rechtsstrafe ganz allein das Unrecht des Uebelthäters, ohne sein Recht, berühre. Denn so würde von Strafe gar nicht die Rede sein können. Das Thier straft man nicht, sondern man schlägt es nur, oder bringt es, ohne weiteres Rechtsurtheil, zum Tode. So wie von dem Menschen, und wenn er auch der größte Uebelthäter wäre, die Rede ist, treten die Gesetze und Rechte der Menschheit auf, die auch selbst, wenn das Unrecht an dem Verbrecher gestraft wird, an ihm geehrt und geachtet werden müssen, und die nun eben die Strafe als solche auf eine höhere Art bedingen, die gewöhnlichen, barbarischen Strafübel verdammen, und statt derselben würdige, sich auf die Anerkennung des Vernunftwesens beziehende Strafarten, als die allein dem Staate und dem Rechte zukommenden oder geziemenden Strafen anordnen und billigen. Wie in dem Wahnsinnigen die Rechte der Menschheit geehrt werden müssen, wie auch in dem Kinde das noch nicht der Freiheit und der Vernunft fähig ist, die Menschenwürde anerkannt werden muß, ja wie selbst diese heilige Achtung der Persönlichkeit der menschlichen Natur den Menschen bis über das Grab begleitet, daß die Gräber heilige Stätten eines höheren Andenkens sind; so dürfen auch in dem Verbrecher die Rechte von dem, was er verbrochen hat, nicht in dem Grade und in der sonderbaren Theilung geschieden werden, daß gleichsam nur der Körper gezüchtigt und gestraft würde, sondern die Rechte der Menschheit müssen auch hier in dem Grade anerkannt werden, daß sich in der Strafe des Unrechts das Recht und die Würde der Menschheit zu erkennen gebe. Eine, mit diesen Grundsätzen nicht übereinkommende Strafe entehrt weit mehr den Staat und das Strafrecht, als den Schuldigen oder Verbrecher; denn dieser muß sich leider unter das bestehende Gesetz beugen, jener ist aber der Gesetzgeber, der Verwalter, der die Strafe aufstellte und verfügte. Ziehen wir eine Parallele zwischen dem Morde, welches in der That das gräßlichste Unrecht ist, und der Todesstrafe, welche kalt, abgemessen, nach positiven Strafbestimmungen den Mörder trifft, so möchte leicht diese Todesstrafe als kalt ausgedachte, als mit Vorsatz ersonnene Rache erscheinen, sie nähert sich selbst in dieser Hinsicht dem Vorwurfe des Unrechts und der Ungerechtigkeit. Wenn der Mörder in blinder Leidenschaft gemordet hat, so tödtet der Strafrichter wie in fester Ruhe eines zwar bestehenden, aber doch nicht vernunftgemäßen Systems von Gerechtigkeit und Freiheit. Der Redner klage uns nicht an, daß wir so vielleicht den Königsmörder Ravaillac lieber vertheidigen möchten, als die Richter desselben rechtfertigen, oder er sage nicht in einer Emphase seiner Rede, daß ich wünschte, es möchten jetzt da, wo uns Hochgerichte stehen, von der Nachwelt für diese Hochgerichte Sühne-Kapellen errichtet werden. Wir wünschen und hoffen in der That, daß einmal ein Jahrhundert diese Hochgerichte, diese schimpflichen Denkmale der Barbareien eines früheren Strafrechts verbannen und zerstören möge; wir hoffen und wünschen, daß ein künftiges Strafrecht die Grenzen der Vernunft, des Rechts und der Freiheit genauer beachten, und nicht Brandmale einbrennen, nicht das Leben als solches zur Strafe ziehen, und hochnoth als peinlich über den Menschen richten werde. Aber darum bringen wir den Mörder und den Richter nicht in ein und dieselbe Rangordnung, wir erkennen in dem Mörder den gräßlichen Verbrecher an, ohne über ihn nach der Anklage des Herrn v. Ammon sentimentalisiren zu wollen; wir erkennen aber auch zugleich in dem Richter denjenigen Anwald der Menschheit, der wider die

Gesetze und Rechte der Menschheit nicht sündigen und strafen müsse. Denn eine vernunftwidrige Strafe ist nicht minder das größte Unrecht, wie ein jedes Verbrechen auch die größte Ungerechtigkeit und Missethat ist.

Der Begriff der Gerechtigkeit ist zwar der oberste und höchste Grundsatz des Rechts, und also auch des Strafrechts. Vergeltung, Wiedervergeltung, die allgemeinen höchsten Normen jeder Strafbestimmung. Aber daß wir nicht so wie Herr v. Ammon bei blos allgemeinen Begriffen und Bestimmungen stehen bleiben! Denn eben dieses erzeugt sowohl theoretisch als praktisch, sowohl in der Wissenschaft als auch in der Anwendung, die Unthat übereilter Urtheile, das Mißverständniß halber oder falscher Begriffe, es verleitet zu unrichtigen Ansichten in dem Rechte und Strafrechte. Vergeltung, Wiedervergeltung ist zwar ein Vernunftbegriff, es muß aber näher bestimmt werden, in welcher Art und Weise, oder was denn die Vergeltung wirklich sei. Wenn eine frühere Dogmatik dem Sünder mit ewig brennenden Höllenqualen drohte, so würden wir es gern unternehmen, den Sünder zu vertheidigen, und die Hölle selbst vor das Gericht zu ziehen, weil hier zwar Vergeltung, aber eine Vergeltung nach den rohesten, sinnlichsten, willkührlichsten Begriffen unaufgeklärter Vernunft und eines mystischen Verstandes ist. Der ewige Richter wird wohl anders zu strafen und zu vergelten wissen, als nach dem Maaßstabe irdischen Feuers und Zunders. Welches ist nun das Princip der Gerechtigkeit, der Vergeltung für das Strafrecht? Es ist und kann kein anderes sein, — so wie nur die Vernunft oder der Verstand richtig philosophirt, — als die Wiedervergeltung durch den Zwang der Freiheit, daß der Rechtszwang — und dies ist eben die Rechtsstrafe — die begangene Willkühr des Verbrechers durch Aufsicht, Zucht, Bevormundung, durch Beschränkung, Arbeit, Gewahrsam, und welches die rechtmäßigen Strafmittel weiter sind, zügle, ihn für ein ferneres Staatsleben empfänglich und fähig mache, oder, wenn dieses nicht möglich sein sollte, ihn durch die Zucht des Rechtes und der Freiheit immer unter dem Gehorsame einer engeren Beschränkung halte. Eben dieser Rechtszwang, in sofern der freie Wille ihn nicht sich selbst auflegt, sondern dieser Zwang von der Macht des Staats dem Schuldigen und Verbrecher aufgelegt wird, ist die Strafe, und auch der allein würdige Maaßstab jeder rechtmäßigen Strafbestimmung. Verbrechen und Strafen gleichen sich so nach diesem höheren Begriffe vernunftgemäßer aus, als nach dem blos mechanischen Verhältnisse sinnlicher oder körperlicher Strafübel, wo das begangene Verbrechen gleichsam nach Stockschlägen, die verübte Uebelthat nach der Zahl von 1, 2, 4 oder 6 Zuchthausjahren taxirt wird. Eine solche Numerirung und Maaßgeltung ist eben so viel, als jene Jahrzahlen der Wilden in den Kerben des Holzes, oder als die Gebirge und Thäler, welche als Naturgrenzen die Freiheit, die Ruhe der Völker sichern sollen. So lange der Maaßstab der Strafbestimmung sich nicht dem intelligiblen Begriffe des Rechtszwanges nähert, wird die Strafbestimmung, die Ausgleichung zwischen Verbrechen und Strafe immer ein willkührliches, eigenmächtiges Spiel des unberechtigten Urtheils bleiben. Dieser intelligible Maaßstab kann allein die von Herrn v. Ammon gerühmte Gleichheit, *ἰσότην τῆς τιμωρίας* geben, denn der Zwang des Rechtes steht entgegen dem Begriffe des Unrechts. Die Willkühr des Verbrechers hat sich gegen die Freiheit vergangen, und die Freiheit, als Zwang, bezüchtiget nun die Willkühr. So ist die geforderte Gleichheit zwischen dem zu bestrafenden Verbrechen und der Rechtsstrafe recht und vernunftmäßig.

Der Redner läßt sich beigehen zu behaupten: „Ein Nach„folger der alten Pharaonen, Sabacco, ließ sich von ägyp„tischen Doctrinairen überreden, die Todesstrafe aufzuheben „und das Schiffziehen auf dem Nil an ihre Stelle zu setzen; „da wurde das Reich nach wenigen Jahren eine Räuber- und „Mörderhöhle, er selbst legte die Krone nieder, und sein Nach„folger fing die Regierung damit an, daß er die alte Ord-

„nung wieder herstellte. Warum mußte vor einem Menschen„alter dieselbe Erfahrung in den Jahrbüchern eines deutschen „Volkes wiederkehren? Die Erinnerung ist klar und deutlich, „daß es schwere Verbrechen, daß es vorsätzliche Mordthaten „giebt, deren nothwendige Rückwirkung auf den Thäter sein „Recht, in der Gesellschaft fort zu leben, gänzlich aufhebt." — Was ich von bewährten Schriftstellern über die Thatsachen und Zeiten, wo die Todesstrafe z. B. in Rom, Toscana, Oesterreich, Rußland abgeschafft war, gelesen habe, ist ein ganz anderes Resultat, als das von Herrn v. Ammon angeführte. Die Staaten blühten, der Verbrechen wurden weniger, die Sitten wurden milder, kurz die Abschaffung der Todesstrafe hatte nicht allein keinen nachtheiligen, sondern vielmehr wohlthätigen Einfluß. Es würde aber zu weit führen, statistische Tabellen hierüber aus Schriftstellern hier beizubringen. Ueberhaupt thut ja dieses nichts zur Entscheidung über die Frage, von der es sich handelt, ob oder vielmehr daß der Staat kein Recht habe am Leben zu strafen. Empirische Thatsachen und Belege können in Vernunftfragen nichts entscheiden. Und Herr v. Ammon hat der Geschichte viel zu viel Gewalt angethan, wenn er das Reich der Pharaonen blos dadurch, daß Sabacco die Todesstrafe aufhob, zur Räuber- und Mörderhöhle werden läßt. In den orientalischen Reichen ist auch ohne solche Bedingnisse der Wechsel des Staatslebens etwas sehr gewöhnliches, wenigstens nichts seltenes.

Der Redner bringt am Ende seines beredten Vortrags auch eine andere biblische Exegese bei, als nach welcher ich, den Erweisen und Lehren des Christenthums gemäß, Zweifel und Bedenklichkeiten gegen die Todesstrafe erhoben habe, und der Redner, so gern ich seiner historischen Kenntniß der Dogmen traue, hat mich von der Wahrheit seiner Behauptung, daß die Todesstrafe mit den Aussagen, dem Geiste des Christenthums nicht streite, auf keine Weise überzeugt. Es ist erstlich dem Geiste der von Christus gepredigten Lehre durchaus zuwider, Auge um Auge, Zahn um Zahn rc. Christus hebt zwar die Zurechnung, die Vergeltung und Strafe nicht auf, aber er weiset auf solche Strafen hin, die den Gesetzen der höheren Liebe, dem Rechte und der Freiheit der Vernunft gemäß sind; er will zwar das alte mosaische Gesetz, die jüdischen Strafgebote nicht aufheben, aber das alte Gesetz soll vervollkommnet, veredelt werden, es soll nicht mehr zu Tode gesteinigt, nicht an's Kreuz geschlagen werden u. s. w., die sinnlichen heidnischen Strafübel sollen einer christlichen Welt- und einer höheren Stufe der Vernunftordnung weichen. Aber zweitens würde auch, nach der v. Ammonschen Auslegung, die Schrift anders lauten, es würde heißen müssen: „Ja, „Auge um Auge, Blut um Blut, wie das Mosaische Gesetz „befiehlt, aber ich sage euch auch noch, ihr sollt nicht blos „nicht tödten, sondern auch nicht zürnen, denn es giebt nicht „blos ein oberstes Gericht der irdischen, sondern auch der göttlichen und jenseitigen Strafe für die unsichtbaren Sünden „des Herzens." Religiöse, moralische und Rechtsgründe bestimmen mich, nicht mit Herrn v. Ammon übereinstimmen zu können. Meine Rechts- und Vernunftlehre ist eine andere als die Seinige. Ich sehe den Staat für den höchsten Ausdruck der Vernunft in der äußeren Erscheinung an, und die Macht der Vernunft ist die Majestät des Staats und der Staatsrechte. Ich verehre in dem Staate die Freiheit und Würde des Menschenlebens, welches eben in demselben nach einer ewigen Anordnung der Freiheit seine unverletzliche Garantie findet. Die Gesetze des Staats sind Gesetze der allgemeinen Vernunftfreiheit überhaupt, die in jedem einzelnen Menschen eben so ebenbürtig, wie in dem Sein und Wesen des ganzen Menschengeschlechts ist. Jene Freiheitsgesetze sind die göttlichen Aussprüche der Vernunft, sie führen einen jeden Menschen der geselligen Ordnung des Staats zu, oder der Staat wird mit jedem einzelnen Menschen geboren und wiedergeboren, denn er ist die Tochter, die Pflegetochter des Himmels. Jene Freiheitsgesetze sind aber auch zugleich, ohne daß sich ihre Natur, ihr Wesen ändere, Zwang- und Strafgesetze. Wenn der an sich frei geborene Mensch, sich nicht den Gesetzen der Vernunft füget, dann tritt der Staat als heiliges Zwangs- und Strafrecht auf, beugt die Uebelthäter, die Verbrecher unter den Zwang der Strafe und der Freiheit, sie werden dann wie von der äußeren Rechtsintelligibilität bevormundete, unter Aufsicht gehaltene, durch Mittel des Zwanges besserungsfähige Kinder oder Wesen. Wir wissen, was die religiöse Seite unserer Ansicht betrifft, keinen besseren Stützpunkt zu finden, um uns, wenn einmal mit Autoritäten, auf welche wir aber nicht so viel halten, gestritten werden soll, als einen Schleiermacher anzuführen, der sich in einer Predigt folgendermaßen über die Sünde der Todesstrafe ausspricht. Was der einzelnen Theile und Rücksichten in der v. Ammonschen Rede mehre sind, die mich zu einer Entgegnung auffordern könnten; so übergehe ich sie gern mit Stillschweigen, da diese Widerlegung oder Entgegnung schon mehr Raum eingenommen hat, als ich wünschte. Ueberdies ist ja auch die gute Sache von anderen landständischen Männern mit wissenschaftlichem freien Geiste vertheidigt und gerettet worden. Wir bedauern nur, daß Herr v. Ammon die so feierliche und höchst wichtige Gelegenheit, die ihm die landständischen Verhandlungen boten, so eilfertig benutzte, als Redner aufzutreten wider unsere Petition und Untersuchung, daß die Todesstrafe in meinem Vaterlande, dem Lande der Aufklärung, der Reformation, des religiösen, ächt protestantischen Geistes der Freiheit und Freimüthigkeit in jeder Sache wohlwollender und ernster Bestrebungen abzuschaffen sei, nur benutzte, um Maximen und leichte Sätze wie aus dem Aermel zu schütteln, als wäre eine merkwürdige Schrift, wie er die meinige zu nennen beliebt, auch nur um desto mehr der merkwürdigsten Rede werth, einer Rede, die fast aus dem Stegreif gehalten worden zu sein scheint, so gehaltlos, nichtig, von der äußersten Oberfläche irgend eines Gedankens abgeschöpft — daß wir diesen redlich-offnen Ausdruck brauchen, ist ihr Inhalt. Was thut Herr v. Ammon um mich zu widerlegen? Nichts, durchaus nichts, als daß er alte, verjährte Maximen vorbringt, die ich eben in meiner Schrift über das Princip des Strafrechts widerlegt hatte. Er spricht nur ab, und zwar auf eine sehr vornehm leichte Weise. Philosophie ist nicht sein Fach — wenigstens diese Rede beweiset es nicht. Sonst würde er eine heilige Angelegenheit des Ernstes auch ernster und der tieferen Erforschung würdiger gefunden haben. Wir können auch von Herrn v. Ammon eine Tiefe philosophische Erkenntniß, genauerer Erkundigung über das, wovon die Rede ist, über die staats- und strafrechtlichen Principien der Vernunft nicht erwarten. Aber desto mehr hofften und erwarteten wir von ihm solche Lehren zu vernehmen, die seinen Beruf verkündigen — edle, sanfte Worte — nicht der Verzeihung oder der Sündenerlassung, aber doch der Berücksichtigung mancherlei Schwächen, Fehle, die den Verbrecher zur Verschuldung, zum Verbrechen mit verleitet haben konnten — wir erwarteten von ihm eine solche Berücksichtigung psychologischer Momente, — eine Berücksichtigung tieferer und höherer Thatsachen, eine beachtenswerthe Rücksicht auf die Stimme des Zeitgeistes selbst, welcher auf Veredlung des Kriminalrechts dringt. Kurz wir erwarteten in ihm den Religionslehrer der Sanftmuth, der göttlichen Ausgleichung — Friedensworte, welche zur genauen und immer genaueren Untersuchung der in Rede und Zweifel stehenden Frage auffordern. Aber von allem dem nichts! Herr v. Ammon entscheidet in einem Pathos von Rede — nach den alten, verjährtesten Sätzen einer kaum mehr gültigen Kriminalpolitik — der Mörder sei kurzweg vom Leben zum Tode zu bringen, sonst würde bald wieder die alte Blutrache die Erde mit Blut beflecken. Der unpartheiische Leser prüfe die Rede v. Ammon's für das Recht und die Beibehaltung der Todesstrafe, und urtheile dann, ob Herr v. Ammon Recht hat. Bringt Herr v. Ammon künftig ein besseres Material von Gründen und Beweisen für die Rechtmäßigkeit der Todesstrafe vor, dann erst ist es an der Zeit, mit Herrn v. Ammon auf eine erfreuliche und belehrende Weise zu philosophiren, und sich mit ihm rechtens über das Recht zu erkundigen. Der Ernst der Frage und Untersuchung über das Recht der Todesstrafe wird hoffentlich durch die leichte, oberflächliche Art, mit der der Redner diese ganze Sache wie im Fluge abfertigte, nicht leiden. Eine solche Art der Abfertigung und der Peroration für die Beibehaltung der Todesstrafe, kann kein Motiv für einen nächsten Entwurf des Strafrechts sein, die leichte Abfertigung und oberflächliche Darstellung des Redners in einer der bedenklichsten, schwersten Untersuchung über die Gesetze und Grenzen des Rechts sich zum Muster und zur Nachahmung zu wählen. Würde Herr v. Ammon nicht bei seinem so mechanischen Begriffe des Rechts und der Gerechtigkeit, als einer gleichsam handwerksmäßigen Reaktion von Stoß und Gegenstoß stehen geblieben sein, sondern tiefer in den Begriff des Vernunftrechts und der geistigen Gerechtigkeit, daß ich sie so nenne, mit seiner Untersuchung eingegangen sein, so würde er wohl gefunden haben, wie nahe die Gerechtigkeit mit der Billigkeit verwandt ist, ja daß wohl die Billigkeit ein noch höheres Princip, ein noch höherer Rechtsbegriff, als der des strengen Rechts selbst ist. Wir wissen wohl, daß dieser Satz mit den Kantschen Lehrsätzen des Naturrechts streitet. Aber es ist nicht alles wahr was Kant sagte: Und auch Kant faßte das Vernunftrecht von einer sehr materiellen, realen Seite, — wie Besitz und Eigenthum, als eine Sache des äußeren Mein und Dein auf. Man sehe und lese nur Kant's Grundsätze über die vernunftrechtlichen Gesetze und Verhältnisse der Ehe. Doch wir haben es ja nicht mit Kant, sondern mit Herrn v. Ammon zu thun, dessen subjektive Ansichten verschieden sind von jeder objektiven Bestimmung der Philosophie. Wir hören nun lieber die Worte eines Schleiermacher über die Sünde der Todesstrafe!

IV.

Predigt am Sonntage Judica 1833, über die Sünde der Todesstrafe, von Dr. F. Schleiermacher.

Lied: 10, 1—4. 198.

Text: Apostelgesch. 2, 23. „Denselbigen (Jesus von Nazareth) nachdem er aus bedachtem Rath und Vorsehung Gottes ergeben war, habt ihr genommen durch die Hände der Ungerechten und ihn angeheftet und erwürget."

M. a. Z. Die gemeinschaftliche Richtung unserer diesjährigen Passions-Betrachtungen geht davon aus, daß der Erlöser der Welt während seines ganzen Lebens, und namentlich während seines öffentlichen Wirkens, die Sünde der Welt getragen, daß also auch sein ganzes thätiges Leben zu gleicher Zeit das Leiden durch diese Sünde gewesen sei. Wenn wir aber nun diese letzten Ereignisse, die sein irdisches Leben zum Beschluß brachten, auf eine besondere Weise als die Zeit seines Leidens ansehen, und uns genauer vor Augen stellen: so muß denn dabei auch dieses unsere Meinung sein, daß er in dieser Zeit auf eine besondere Weise, so wie es aus jenen Umständen hervorging, und durch das, was in diesem Zusammentreffen die besondere Kraft und Gewalt der Sünde war, gelitten habe. So haben wir ihn denn begleitet durch die wesentlichen Augenblicke eben dieses seines Leidens, und haben heute mit einander zu reden von dem über ihn gesprochenen Urtheil, von dem Urtheil des Todes, und dem was dabei das besondere Leiden des Erlösers gewesen ist.

Die verlesenen Worte des Apostels Petrus aus seiner ersten öffentlichen Verkündigung am Tage der Pfingsten fassen hier beides zusammen. Es war zuerst der hohe Rath seines Volkes, der das Urtheil des Todes über Jesum aussprach, indem der Hohepriester sagte, Wir haben Alle die Gotteslästerung gehört, was dünket euch? Und sie insgesammt sprachen, Er ist des Todes schuldig (Matth. 26, 65. 66). Aber es war dann auch Pilatus, der römische Landpfleger, welcher jenes Urtheil erst bestätigen mußte, und ihn überantworten, daß er gekreuzigt würde (Matth. 27, 26). Dies beides faßte der Apostel zusammen, indem er zuerst sagt, Ihr — denn damit redet er nun das Volk an, dessen Wille und Meinung jener hohe Rath aussprechen sollte, und welches sich auch zum großen Theil zu demselben bekannt hatte — ihr habt diesen Jesus von Nazareth genommen, und habt ihn verurtheilet und erwürget, und dann fügt er hinzu, durch die Hände der Ungerechten, d. h. mit der Hilfe und durch die Gewalt des heidnischen Volkes, dem ihr selbst unterworfen seid. Aber die Worte unseres Textes unterscheiden zugleich zweierlei, was wir überall in dem Gebiete menschlicher Dinge eben so sehr unterscheiden müssen, als auch wieder beides auf einander beziehen. Petrus sagt nämlich: Ihr habt das gethan, nachdem dieser Jesus durch den Rath und die Vorsehung Gottes dazu ergeben war. Dieses, m. a. Z., sind die beiden so oft verwechselten, aber, wenn wir uns in unserem Gewissen nicht verwirren wollen, so bestimmt zu unterscheidenden Dinge, der göttliche Rathschluß und die menschliche That.

Jener ist überall und in allen Fällen das Werk der allmächtigen göttlichen Liebe — denn Allmacht und Liebe können wir in dem höchsten Wesen nirgend und in keiner Beziehung von einander trennen — und der Höchste weiß auch die verderbte, auch die seinem Gebot widerstrebende menschliche That zu dem Ziele hinzuführen, unter welches er Alles beschlossen hat. So war es auch mit dem Rathschluß Gottes, durch den der Erlöser ergeben war, damit er durch Leiden und Tod vollendet, und mit Ruhm und Preis gekrönet würde. Aber das andere, das ist die menschliche That, die, abgesehen davon, wozu der göttliche Rathschluß sie hinführt, an und für sich ihrem inneren Gehalte, ihrem geistigen Werthe, und dem Verhältnisse nach beurtheilet werden muß, in welchem sie zu dem gebietenden göttlichen Willen steht, welchen Jeder in dem Innern seiner Seele vernimmt. So unterscheidet der Apostel. Wenn wir uns nun fragen, worin haben wir denn das Leiden des Erlösers in diesem Augenblick, als das Urtheil des Todes über ihn gefällt wurde, zu suchen? War es der göttliche Rathschluß, der ihn leiden machte, oder war es die menschliche That? Wenn der Apostel sagt, Ihn der durch Rath und Vorsehung Gottes ergeben war: so müssen wir dieses Ergeben auch auf ihn selbst, durch sein eigenes Gefühl, auf seine vollkommene Uebereinstimmung mit dem Rathschlusse Gottes beziehen. Die hatte er ja auch oft und vielseitig ausgesprochen, indem er sagte: das Weizenkorn, wenn es nicht erstirbt, bleibt es allein; so es aber erstirbt, so bringet es viel Frucht (Joh. 12, 24), und in dem Zusammenhange dieser Rede seinen Tod wegen der Frucht, die davon ausgehen würde, zugleich als seine Verherrlichung ansieht. So hatte er auch noch kurz vorher zu seinen Jüngern gesagt: es ist euch gut, daß ich hingehe; denn wenn ich hingehe, so will ich euch den Tröster senden, den Geist der Wahrheit, der nicht kommen würde, wenn ich nicht hinginge (Joh. 16, 7). Und eben diese gänzliche Ergebung hatte er ja auch ausgesprochen, selbst indem er das schwierige seines Todes, die heilsamen Früchte, welche daraus, wenn er noch länger bei seinen Jüngern bliebe, entstehen könnten, in seiner Seele überlegte, immer aber damit schloß, doch nicht mein Wunsch sondern dein

Wille geschehe! So würden wir denn wohl sagen müssen, m. a. Z., der göttliche Rathschluß ist kein Ursprung irgend eines Leidens in der Seele des Erlösers gewesen, und hat es auch nicht sein können. In den war er nicht nur ergeben, sondern wie überall, so auch da, war der Wille seines Vaters sein eigener Wille; aber die menschliche That, die lasset uns betrachten, und uns dann fragen, was war auch diese, und in dieser besonders das Leiden des Erlösers?

Wir werden aber dabei zweierlei zu unterscheiden haben, zuerst den unmittelbaren, augenblicklichen Ausspruch, die That selbst dieses Urtheils, welches zwiefach über den Erlöser gefällt wurde; aber dann auch zweitens die Nachwirkungen und die Folgen dieser That müssen angesehen werden, in sofern sie dem Erlöser in diesem Augenblick gewiß eben so gegenwärtig sein konnten als das, was unmittelbar geschah.

I.

Zuerst also, m. a. Fr., lasset uns auf das erste Urtheil selbst sehen, welches der hohe Rath seines Volkes zum Tode über ihn aussprach, und dann wie auch der römische Landpfleger nach mancherlei Kämpfen und manchem Widerstreben jenes erste dennoch zuletzt bestätigte durch das seinige; dieses laßt uns zuerst unmittelbar betrachten, und uns fragen, was dabei das Leiden des Erlösers sein konnte und mußte.

Aber wie könnten wir uns hiervon eine anschauliche Vorstellung machen, wenn wir nicht eben diese Handlung auch in ihrer Allgemeinheit betrachten. Was ist es allemal für ein Augenblick, m. a. Fr., wenn ein Mensch dem andern das Urtheil des Todes ankündigt von Angesicht zu Angesicht! Einer spricht zu dem Andern, diese Werkstätte, in welcher der Geist gearbeitet hat, soll zerbrochen werden, dieses Gebäude in welchem die Erkenntniß Gottes einen Sitz hatte, werde zerstört! Keine Wirksamkeit des göttlichen Gesetzes gehe weiter von hier aus! Und nicht nach dem Gesetz der Natur, sondern durch meinen Willen und meinen Beschluß soll dies geschehen; der Geist soll in diesem Leibe aufhören zu walten, die Seele soll ausgetrieben werden aus demselben, er ist dem Tode verfallen! Freilich waltet hierbei nicht die Willkühr des einzelnen Menschen; der so spricht thut es immer in dem Namen des Gesetzes. Aber diese Gesetze, sind sie nicht auch das, wenn gleich gemeinsame, wenn gleich durch langes Alter ehrwürdige, aber immer doch wieder das Werk der Menschen? Und woher, woher kommt unter Menschen dem Einen diese Gewalt über den Andern? Ich weiß wohl, m. a. Fr., daß diese Frage und der Wunsch, welcher daran hängt, daß eine Zeit kommen möge, wo Keiner mehr einen solchen Augenblick belebt mit einem Anderen, ich weiß es, daß dieses von Vielen als eine Verweichlichung dargestellt wird, wie denn oft dem Menschen das wahre und rechte zu streng ist; und daß gesagt wird, man thue unrecht diese Gewalt zurückzuführen auf menschliche Gesetze, weil es ja ein altes göttliches Gesetz sei, der Mensch der Menschenblut vergießt, aber freilich kein Anderer, dessen Blut soll wieder vergossen werden. Aber fragen wir uns doch genauer, woher ist dieses Gesetz, das wir als ein göttliches ehren? So steht freilich geschrieben in den Schriften des alten Bundes, aber so steht es nicht in den ersten Erzählungen von den Anfängen des menschlichen Geschlechts! Denn der Herr schonte selbst den Kain, daß ihn keiner am Leben strafte wegen des Mordes, der er an seinem Bruder begangen hatte; und in dem Gesetz Moses steht dieses Gesetz, wer Menschenblut vergießet, des Blut soll wieder vergossen werdeu, neben so vielen Anderen, die unser innerstes Gefühl uns niemals gestatten, sondern sich gewaltsam dagegen auflehnen würde, sie für göttliche Gesetze zu erkennen, welche für alle Zeiten gelten sollen. Denn es stehet auch geschrieben, wer am Sabbath arbeitet, der soll sterben; und als am Sabbath ein Einzelner vor das Lager des Volks hinausging um Holz zu sammeln, so ging Moses in die Hütte des Herrn, und holte die Entscheidung, er müsse sterben. Und ähnliche Todesgebote giebt es dort noch viele. Daher könen wir füglich von allen diesen sagen, was Christus selbst von einem anderen mosaischen Gebote sagt, daß Moses es so gestellt um der Herzenshärtigkeit des Volkes Willen, und eben so wenig als dieses können wir auch jene ansehen als ewige, für alle Zeiten und Völker gültige göttliche Einrichtungen.

Demnach werden wir freilich sagen müssen, schon diese Herzenshärtigkeit, die es nothwendig oder wenigstens natürlich machte, daß eine solche Gewalt über Leben und Tod damals noch bestand, und noch so lange bestehen konnte; schon diese machte den Erlöser, indem sie ihm so nahe trat, leiden. Allein das bei weitem Bitterere entstand ihm doch aus der Anwendung dieses Gesetzes auf seine Person. Hierbei walteten Verhältnisse ob, die wir uns auch nur in ihrer Allgemeinheit vorstellen dürfen, damit wir in jenem Wunsch, den ich ausgesprochen habe, auf das kräftigste bestärkt werden. Denn nicht nur zeigen menschliche Gesetze überall auch die Spuren der menschlichen Unvollkommenheit, sondern das Uebel zeigt sich erst ganz, wo es darauf ankommt, daß das Gesetz angewendet werden soll auf einzelne Fälle. Ach da ist es oft nicht die Unvollkommenheit der Einsicht, nicht nur die Verblendung des Verstandes, nicht nur der zufällig sich einschleichende Irrthum, nein, es ist oft recht eigentlich das verderbte, das von Leidenschaften zerrissene Herz, welches die Anwendung schon der umsichtigsten, der Zeit angemessensten und weisesten Gesetze verdirbt, wieviel mehr noch in seiner ganzen Verwerflichkeit erscheint, wenn es auch solche Gesetze betrifft, die nicht mehr bestehen sollten. Pilatus, nach allen Fragen, die er an den Erlöser richtete, nach allen Ueberlegungen zwischen der Klage und der Vertheidigung, zwischen dem Eindruck, welchen die ihrem ganzen Thun und Treiben nach wohlbekannten Männer, als sie gegen Jesum aufstanden, auf ihn machten, und dem, welcher von der Person des Erlösers selbst auf ihn ausging, sprach: ich finde an diesem Menschen keine Schuld. War denn die Unschuld so wohlfeil und so häufig zu jener Zeit, auch nur nach dem dürftigen Begriff, den dieser römische Richter von ihr hatte, daß er den Unschuldigen doch hernach so leichtsinnig konnte in den Tod geben? Und es war in seinem Munde schon viel in jenem Worte enthalten. Denn da die Herrschaft, welche die Römer über das jüdische Volk ausübten, keine der Natur gemäße, nicht einmal eine wohl erworbene, sondern eine gewaltsam aufgedrungene war, so war sie auch keine ruhige; und darum war es die natürliche Richtung der römischen Obrigkeit, überall umherzuspähen nach allen Bewegungen in dem Volke, alles wodurch es aufgeregt werden konnte, ängstlich zu beachten, bei allen Menschen, die einigen Einfluß auf die Menge ausübten, nach den Gesinnungen die sie hegten zu forschen, und sich der Bewegungsgründe, von denen sie getrieben wurden, zu versichern. Denn dies war damals, wie es unter ähnlichen Umständen auch immer gewesen ist und sein wird. Wenn Pilatus nun von dem Erlöser sagt: ich finde keine Schuld an dem Menschen; so liegt nicht nur das Urtheil darin, daß seine Ankläger keine bestimmte Thatsache, keine Handlung von ihm nachgewiesen hatten, vermöge deren er eine Strafe der Gesetze verwirkt hätte, sondern er sagte dadurch auch, daß er nichts an Christo finde, nichts in seinen Gedanken und Gesinnungen, in den Aeußerungen seines Innern, wodurch er ihm als ein gefährlicher Mensch erscheinen könnte. Denn über einen solchen würde er freilich zum Besten der Uebrigen kein Bedenken tragen, das Urtheil des Todes zu sprechen; aber, sagte er, ich finde keine Schuld an diesem Menschen. Wie ließ er sich nun dennoch zuletzt bewegen, das Urtheil des Todes, welches die Hohenpriester gefällt hatten, zu bestätigen, ohnerachtet er ihre Beweggründe wohl durchschaute? Was war es also, das den Eindruck der Unschuld bei dem Pilatus so überwog? Wie wenig hatte er sich doch bestechen lassen durch die Einflüsterungen der Ankläger! Wie unbefangen schien er sowohl das Schweigen, als auch die schlichte, reine Rede des Erlösers aufgefaßt zu haben. Was kann es gewesen sein, was ihn so plötzlich umgeändert hat? Aber so wenig heilig war der Mensch dem Menschen, daß der römische Landpfleger den, welchen er selbst für unschuldig hielt, dem Tode überantwortete, sich selbst freilich von der Schuld frei sprechend, aber dazu hatte er das Recht nicht mehr, nachdem er sich in die Untersuchung der Sache eingelassen; denn nun mußte er auch sein eigenes Urtheil geltend machen! Und er that es nur aus Feigherzigkeit um einer Beschuldigung zu entgehen, mit welcher der hohe Rath ihn bedrängte. Wenn er diesen losließe, sagten sie, sei er des Kaisers Freund nicht; als einen solchen wollten sie ihn darstellen, der nicht aufrichtig und von ganzem Herzen an der Sache seines Herrn hinge, von dem er gesandt war. Eine Drohung, durch welche ein gutes Gewissen keinen Augenblick wäre zum Wanken gebracht worden. Aber freilich das hatte er nicht, und das verunreinigte, das belastete Gewissen fand nun hier auch seine Vollendung, und vollbrachte sein Maaß! Und welche Tiefe des Verderbens liegt darin! Wie mußte darin der Erlöser die Sünde der Welt tragen, daß ein so beflecktes Gewissen konnte als Verwalter des Gesetzes jene schauderhafte Gewalt an dem Unschuldigsten üben, wie es sich zeigt in diesem Urtheil des Todes, welches Pilatus über den Erlöser sprach.

Aber wie war es nun mit dem hohen Rath des jüdischen Volkes, vor dem der Erlöser stand? Vor diesem stand er nicht nur als Mensch, sondern als Genosse desselben Volkes und Stammes; er trug die verwandten Züge an sich, er konnte sein Dasein auf denselben Ursprung wie sie zurückführen, er stand mit ihnen in der engen Verbindung des abgeschlossenen Lebens, wodurch dieses Volk sich von allen andern trennte, und vermöge dessen alle Einzelnen unter sich genauer zusammenhingen und hielten, als anderwärts der Fall war, wo man sich leichter den Fremden vermischt. So in dieser verwandtschaftlichen Natur, so in dieser Angehörigkeit, stand er vor ihnen; und außerdem nicht wie jeder Andere, sondern wie ein Ausgezeichneter. Außerhalb des gewöhnlichen Ganges, ohne durch die damals bestehenden Schulen sich hindurch gelernt zu haben, ohne auf dem gebahnten Wege zu einer genauen Kenntniß des göttlichen Wortes gelangt zu sein, war er doch ein Lehrer geworden, dessen Weisheit das ganze Volk pries und bewunderte, und war außerdem berühmt in demselben durch eine Menge von wohlthätigen, und noch dazu wunderbaren Handlungen, in denen sie hätten den Finger Gottes erkennen sollen. Aber noch mehr; er stand vor ihnen als derjenige, der sie selbst oft und vielfältig noch vor kurzem gewarnt hatte vor dieser Stunde, welche, wie er ihnen sagte, die Macht der Finsterniß sei und die Stunde ihres Gerichts; er hatte sie erinnert an die Art, wie ihre Vorfahren umgegangen waren mit den Propheten des Höchsten, und hatte ihnen gesagt, daß sie das Maaß ihrer Väter erfüllen würden. Dieses Wort hatte er warnend noch wenige Tage vorher gegen sie ausgesprochen, er hatte es ihnen an's Herz gelegt, wie die Schuld alles unschuldigen Blutes, das von Anfang an vergossen wäre, und wovon die Schrift Zeugniß ablegte, eben mit diesem, was sie zu vergießen in Gefahr waren, voll würde gemacht werden in ihrem Maaße. So stand er vor ihnen, und indem er wohl in diesem Augenblick selbst sich seiner Worte erinnern mußte, fühlte er sich, daß ich so sage, als das letzte Glied von dieser Kette, welche er hinaufführte bis zu dem ersten unschuldigen Blute, das von Menschenhänden vergossen war, und er machte keinen wesentlichen Unterschied zwischen dem, was in dem Aufbrausen des Zornes, in der Heftigkeit der Leidenschaft, von dem Einzelnen geschehen sei, und was in dem Namen des Gesetzes von denen geschehen war, die es verwalteten. Und sie sollten dieses alles vergessen haben? Sie sollten sich nicht auch seiner Worte über sich erinnert haben? Und wenn dies, dann sollte nicht die frevelnde Rede gehemmt worden sein von ihrem Gewissen? Was war es also, was bei ihnen die demüthigende Kraft dieses Eindrucks überwog? Immer noch dasselbige, was ihre ersten Schritte gegen ihn geleitet hatte, die Worte des Hohenpriesters, die uns Johannes in seinem Evangelio berichtet. Es ist besser daß ein Mensch sterbe, als daß das ganze Volk in's Verderben gestürzt werde. Diese wirkten immer noch fort, und diese brachten auch hier das Urtheil des Todes hervor. Aber was war das Verderben, das sie besorgten? Es konnte ein Zustand entstehen, der ihnen ganz fremd war, und indem sie fürchteten nicht viel gelten zu können. Hätte es indeß dazu einen so gewaltthätigen Uebergang gegeben, wie sie fürchteten: so, wußte man, war der Erlöser frei davon, und hatte keinen Theil daran; und so hätten sie sich auch an ihm nicht halten sollen. Und was war denn nur das Gute, das sie nicht wollten untergehen lassen? Es war nichts anderes als der Zustand des Volkes, wie er damals war, den sie doch selbst nicht anders ansehen konnten als daß es ein Zustand des tiefen Verfalls sei, dessen Ende sie selbst auf das sehnlichste herbei wünschten, und von einer Zeit zur andern hofften, der Herr werde sein Volk wieder in Gnaden heimsuchen. Wenn es nun nicht ihre eigene Macht und ihr eigenes Ansehen gewesen wäre, was an dem damaligen Zustande der Dinge hing: wie würden sie nicht ihre Wünsche vereinigt haben mit dem, was sie leicht als das geistige und göttliche Ziel des Erlösers erkennen konnten, und dann in eine ganz andere Bahn des Lebens und Wirkens hineingeführt worden sein! Aber so wie es bei dem Pilatus die Selbstsucht war, welche sich die Besorgniß und die Furcht vor dem ungewissen Ausgang einer Beschuldigung ersparen wollte: so war es bei ihnen die Selbstsucht, daß sie die Macht und das Ansehen, welches sie durch Gewohnheit erlangt hatten, nicht wollten fahren lassen, was den Eindruck, den der Erlöser auf sie machen mußte, was die innere Stimme des Gewissens übertäubte, und das Urtheil des Todes sprach. O wie sollte also dieser ganze Zustand und die daraus hervorgegangene That nicht ein tiefes Leiden für den Erlöser gewesen sein! Schon sehen wir aus früheren Reden, welche ich in Erinnerung gebracht habe, wie ihm das unschuldig vergossene Blut früherer Zeit schwer auf der Seele lag. Und nun sollte das Maaß der Schuld sich füllen durch das, was ihm selbst geschah! Ihm, der gekommen war, lediglich damit er den Menschen diene, der gekommen war das verlorene zu suchen und selig zu machen, der sich selbst ganz und gar dem Dienste und dem Wohle desselben Volks geweiht hatte, welches ihn jezt in die Hände der Ungerechten überlieferte. O wie genau läßt sich das Beides mit einander vereinigen, die reinste Ergebung in den göttlichen Willen, die völligste Zustimmung seines Herzens den Kelch zu trinken, den sein Vater ihm zu trinken gab, in sofern er nämlich von ihm kam, und dabei das tiefste Gefühl von der Last der Sünde, ja und hier können wir wohl sagen, auf eine besondere Weise der Sünde der ganzen Welt, welche er trug! Denn eben schon jenes, daß Menschenblut vergossen wird durch Menschen im Namen und in Folge ihrer Ordnungen, ach! das ist eine Macht der Sünde, nicht nur in denen welche Handlungen begehen, auf denen dieser Fluch des Gesetzes ruht, sondern es ist auch eine Macht der Sünde in der menschlichen Gesetzgebung selbst, es liegt dabei eine Rücksicht zum Grunde auf die Härtigkeit des Herzens, es ist ein sich Anschließen der öffentlichen Macht an die aufgeregte Leidenschaft der Beleidigten, welches zeigt wie wenig sie noch ihre rechte Stellung genommen hat; es ist ein trauriges Zeichen davon, wie wenig noch der Mensch in sich selbst das Ebenbild Gottes erkennt, denn wie könnte er es sonst in einem Anderen zerstören wollen! Nur so ist es zu erklären, daß noch ein solcher feindseliger Ausspruch im Namen des Gesetzes über die Lippen eines Menschen kommen konnte! Aber nun war es nicht nur die Herzenshärtigkeit des Gesetzes selbst; sondern es ist die schauderhafteste Wirkung der Selbstsucht, wenn sie, wie hier die Anwendung eines solchen Gesetzes so vergiftet! Dieses innerste Herz der Sünde, aus welchem alle ihre verderblichen Zweige hervortreiben, das war die unmittelbare Ursache an dem Tode des Herrn! Denn wenn die Selbstsucht nicht wäre, könnte in den Menschen nichts herrschen als die Liebe; und wenn die Selbstsucht nicht das Auge trübe machte und schielend, könnte nichts aus den Menschen handeln und sie treiben, als der reine Geist der Wahrheit. Das war das Gewicht der Sünde, welches auf der Seele des Erlösers lag in dem Augenblick, wo über ihn das Urtheil des Todes gesprochen wurde.

II. *).

*) Hier fängt der zweite Theil der Predigt an, der aber nicht weiter zu unserem Thema gehört.

V.

Bemerkungen über die Schatten- und Lichtseite unserer Zeit.

Zwei Predigten *) in erweiterter Form herausgegeben von Franz Georg Ferdinand Schläger, Pastor prim. und Senior ministerii in Hameln.

Die Gerechtigkeit ist bei größerer Milde strenger geworden. Diese Behauptung haben wir zu beweisen, was uns nicht schwer fallen soll. Hierin liegt, wie es scheinen könnte, kein Widerspruch, sondern eine ermunternde Wahrheit. Ist der Mensch noch roh und ungebildet, so folgt er blind seiner Begierde und Leidenschaft, ist sein eigener Richter in seiner eigenen Sache, und kann nur durch grobsinnliche, erschütternde Mittel gebändigt werden. Da hält sich Jeder für völlig unabhängig und vergilt Böses mit Bösem. Ein Volk, das noch auf einer niedrigen Stufe der Kultur steht, und zu einer gewissen Ordnung sich vereinigt, wird nur durch Strenge, durch schwere Strafen gezügelt, und durch die Furcht

*) Hannover 1830. In Kommission der Helwingschen Hof-Buchhandlung.

von der Störung des Gesetzes abgeschreckt. Todesstrafen sind etwas Gewöhnliches, und die Herrscher sehen sich genöthigt einzelne Glieder, welche sich nicht fügen wollen, aus dem Wege räumen zu lassen. Und doch lehrt die Erfahrung, daß, je strenger und härter die Gesetze sind, desto mehr Verbrechen begangen werden. Die Gefängnisse sind schaudererregend, und doch sind Diebstahl und Raub und Mord häufig. Wie hat sich dieses Alles in unserer Zeit zum Besseren verändert. Die größere Aufklärung hat auch die Gesetze milder gemacht, und eine freundliche Menschlichkeit leuchtet auch aus den Strafen hervor. Man ist auf's ernstliche bemüht, durch mehr Aufmerksamkeit auf die Erziehung der Jugend, auf geschäfts- und heimathslose Menschen künftige Verbrechen zu verhüten; man verwandelt die öffentlichen Strafanstalten mehr in Schulen, wo das erstorbene sittliche Leben der Unglücklichen durch Thätigkeit, Ordnung, Unterricht und Religion wieder immer zweckmäßiger geweckt wird; man behandelt die Sträflinge als Menschen, die durch schlechte, gewissenlose Eltern, durch den Drang widriger Umstände, durch Verführung, und oft auch durch die Nachlässigkeit und den Unverstand ihrer Vorgesetzten den Weg des Guten verließen; man wendet Alles an, um sie zu überzeugen, daß sie nicht besser für sich sorgen, sich nicht zärtlicher lieben können, als wenn sie thun, was Gewissen und Pflicht von ihnen fordern. Wir wollen, statt vieler Belege, unseren Lesern mittheilen, was die Ueberlieferungen von Zschocke 1833 im Novemberheft hierüber sagen.

Das Motto, welches der Verfasser eines neulich zu Paris erschienenen Werks über die Gefängnisse an die Spitze desselben stellte: „Als Verirrter geht man hinein, als Schuldiger wieder heraus!" ließe sich noch über zahllose Gefängnisse, Zuchthäuser und Strafanstalten setzen. Seit der edelsinnige John Howard durch seine Reisen und Schriften die Regierungen der Europäer auf den gewöhnlichen, schauderhaften, Gesundheit und Sittlichkeit mordenden Zustand der Kerker, der Gefangenschafts- und Zuchtanstalten aufmerksam gemacht hat, ist wenigstens zur menschlicheren Behandlung der Sträflinge, und besonders rücksichtlich der Gesundheitspflege viel Löbliches gethan worden. Es ist nur zu bedauern, daß erst ein menschenfreundlicher Privatmann aus England kommen, und Regierungen civilisirter Nationen auf eine ihrer Pflichten hindeuten mußte, die sie bei ihrem Anspruch auf Weisheit, Menschlichkeit und Religiosität, ohne fremde Mahnung hätten kennen und üben sollen.

Mit der physischen Verbesserung der Gefangenen, Züchtlinge und Sträflinge, hat aber die moralische nicht gleichen Schritt gehalten, sogar in England nicht; und gerade der Zweck aller Strafe, die Besserung der Fehlbaren, wird meistens nirgends mehr, als in den Strafanstalten selbst zu Grunde gerichtet. So widersinnig sind noch immerdar viele Einrichtungen in unseren Staaten, die sich mit ihrer Civilisation brüsten.

Es war abermals eine Person brittischer Herkunft, und wiederum eine Person aus dem religiösen Vereine der Quäker, dessen fromme Grundsätze verhältnißmäßig mehr, denn die aller anderen Kirchen, zur thätigen, opferreichen Tugend im bürgerlichen Leben zu begeistern scheinen — es war ein Frauenzimmer, welches in unseren Tagen die allgemeine Aufmerksamkeit auf moralische Verbesserungen der Gefangenen hinleitete.

Frau Elisabeth Fry ließ es schon seit mehreren Jahren ihre liebste Beschäftigung sein, die weiblichen Gefangenen in dem großen Londner Gefängniß Newgate zu besuchen, und die sittliche Verdorbenheit derselben durch religiöse Belehrungen zu heilen. Sie benahm sich bei dieser Arbeit mit ungemeiner Menschenkenntniß und Vorsicht, und brachte in den verwilderten Gemüthern so außerordentliche Sinnesveränderungen hervor, daß die Art ihres Verfahrens und Lebens unter den Gefangenen endlich ein Gegenstand allgemeiner Aufmerksamkeit und Bewunderung werden mußte. Sie erschien unter den weiblichen Gefangenen wie eine liebende, harmvolle, doch nicht hoffnungslose Mutter unter fehlbaren Kindern, und zog durch ihre Liebe die Herzen dieser Unglücklichen und deren Vertrauen so innig an sich, daß sie über die Gemüther eine wunderbare Gewalt üben konnte.

Die Menschenfreundin blieb nicht lange allein. Sie nahm Gehülfinnen zu sich, und vertheilte die Arbeit unter dieselben, um den Wirkungskreis ihrer Liebe erweitern zu können. Sie ließ es nicht bei den Gefangenen, während des Aufenthalts derselben in Newgate, bewenden, sondern setzte die Verbindung mit denselben, wenn sie nach Botany=Bai gebracht, oder der bürgerlichen Welt zurückgegeben wurden, liebreich fort. Sie machte mit ihrem Bruder, Joseph Gurney, eine Reise durch England und Schottland, einzig um die Gefängnisse und Strafanstalten zu besichtigen. Sie stiftete in jeder Stadt, wohin sie kam, Frauenvereine, um die weiblichen Gefangenen zu besuchen und zu bessern. Diese Vereine dauern noch fort und leisten sehr viel Gutes.

Als sich im Februar 1818 das Unterhaus des Parlaments mit dem Zustande der Gefängnisse beschäftigte, fand man es nöthig, sich nicht nur über das Streben der Frau Fry zu unterrichten, sondern sie selbst vor einen Ausschuß des Unterhauses zu berufen, um ihre Meinung über die Beschaffenheit von Newgate zu vernehmen. — In Irland haben sich, nach dem Muster der englischen, ähnliche Vereine zur Versittlichung der Gefangenen gebildet. Eben so in Rußland, wo zu diesem Zwecke der erste Frauenverein in Petersburg zusammengetreten ist, und Frauen vom ersten Range, wie die thätige Fürstin Meßchersky, sich es zur Ehre rechnen Mitglieder zu sein, und die Gefangenen ihres Geschlechts persönlich zu besuchen. Derselbe Fall findet in Turin statt.

Am 4. Juni 1821 ward in London die erste allgemeine Versammlung der dort befindlichen Mitglieder des Frauenvereins gehalten. Die Gesellschaft gab sich hier die Benennung: British Society, eine feste, innere Ordnung und Gestalt, sowohl zu ihrem Zwecke, Versittlichung weiblicher Gefangenen, als zu ihrer Verbindung mit inländischen und ausländischen Vereinen gleichen Zweckes. Die zweite allgemeine Versammlung ward am 21. Mai 1822 in der Kapelle der Freunde, Bischofsgate Street, Nachmittags um 4 Uhr gehalten.

Es ist nicht ganz gleichgültig, im Allgemeinen den Gang zu kennen, welchen jene wohlthätigen Verbindungen zu wählen pflegten, um ihre Absicht zu erreichen. Nachdem sie sich mit den betreffenden Behörden darüber in Einverständniß gesetzt haben, schaffen sie, durch gesammelte Beiträge, Stoff und Werkzeuge zur Verarbeitung desselben an, um den weiblichen Gefangenen unterhaltende und nützliche Beschäftigung zu geben. Sie unterrichten dieselben in der Arbeit, und führen eine strenge Tagesordnung ein. Eine solche Ordnung bei unordentlichen Weibern und Mädchen dieser Art einzuführen, schrieb die Marquise Colbert de Barol aus Turin an die brittische Gesellschaft im Jahre 1822, war hier und ist wohl überall das Schwierigste, und für dergleichen Personen einer harten Strafe gleich. Doch jetzt führen sie sich schon gut auf, sie sehen mich schon gern kommen, und bezeigen mir eine Art Zuneigung.

Die Arbeitsstunden sind festgestellt. Es wird bei dem Arbeiten Todtenstille beobachtet. Täglich, Morgens, Mittags und Abends werden, wo nicht gleich Anfangs mit Andacht, doch mit Beobachtung äußeren Anstandes, auserwählte rührende Gebete und Betrachtungen über religiöse Wahrheiten vorgelesen, oder frei, und auf die Verhältnisse oder Begebenheiten unter den Gefangenen Bezug habend, vorgetragen. Die Besseren empfangen kleine Vorzüge und Vortheile, die Schlechteren bei jedem Vergehen eine zweckmäßige Strafe.

Der reine Gewinn von den verarbeiteten Waaren gehört wenigstens zum Drittel, oder zur Hälfte, den Gefangenen; ein Theil des Gewinnes wird ihnen für die Zeit aufbewahrt, da sie das Recht haben, die Anstalt zu verlassen. Es ist aber dabei Grundgesetz, daß die von den Gefangenen gelieferten Arbeiten nicht in einem so niedrigen Preise verkauft werden, der dem Gewerbsfleiße der Armen in der Nachbarschaft schädlich werden könnte.

Jede der Gefangenen muß eine Handarbeit erlernen, durch die sie sich dereinst, wenn der Tag der Befreiung erscheint, zur Noth selbst erhalten kann. Außerdem wird regelmäßig alle Tage eine gewisse Zeit zum Unterrichte im Lesen, Schreiben und Rechnen geweiht.

Gegenwärtig ist nun auch in Frankreich der Anfang zur Gründung solcher Vereine zur Versittlichung weiblicher Gefangenen gemacht. Frau Adele du Thon wandte sich dafür vor allen an die barmherzigen Schwestern (soeurs de charité), deren Bestimmung so wie seine Verwandtschaft mit den Zwecken des brittischen Frauenvereins zu bezeichnen, theilen wir zum Schluß einen sehr merkwürdigen an Frau du Thon gerichteten Brief mit:

Plashethouse, den 30. Tag des 9. Monats 1821.

Ich höre, meine liebe Freundin, man will in Paris etwas von unseren Anstalten in Newgate bekannt machen. Wäre es wahr, so würde es mir höchst wichtig sein, weil ich denke, das wäre ein Mittel, die Aufmerksamkeit auf die Gefangenen bei einer so mächtigen und gewandten Nation zu ziehen, die dann den Nachbarvölkern zum Vorbild dienen könnte, damit auch diese endlich die Gefangenschaften und Strafanstalten zu Besserungshäusern der Verbrecher machten, folglich mit Verminderung der Verbrecher selbst die öffentliche Sicherheit vermehrten.

Wir haben nun bei uns die Erfahrung, daß man in dieser Hinsicht mehr leisten kann, als man anfangs glaubt, ja selbst bei den verstocktesten Verbrechern. Wir müssen daher recht lebhaft wünschen, daß man auch in anderen Ländern, zumal in dem durch seine Lage so bedeutsamen Frankreich, dieselben Mittel anwende, wie wir. Aber mir wäre doch lieb, daß man mich in Allem, was man etwa darüber schreiben möchte, nicht zu sehr hervorzöge. Man hat mir schon so viel Gutes zugeschrieben, das ich nicht gethan. Denn sobald ich in Newgate zugelassen wurde, unterstützte mich sogleich ein Verein von Frauen, die in mehreren Hinsichten weit fähiger zu diesem wichtigen Geschäft waren, als ich.

Uebrigens rührt mich's tief, den Segen zu sehen, welchen der Herr über unsere Bemühungen hat verbreiten wollen, und ohne welchen wir niemals so viel geleistet haben würden. Ich möchte also, wenn denn etwa Lob gespendet werden soll, daß es nicht uns, die wir es gewiß nicht verdienen, sondern einzig ihm gegeben werde, dem es allein gebührt.

Grüße herzlich unsere Freunde zu Thornhouse, und halte mich liebe Adele, für Deine, Dich wahrhaft liebende Freundin.

Elisabeth Fry.

Welche Segnungen hat ein solcher Eifer bewirkt! Allenthalben sucht man das Versäumte nachzuholen, und man darf der freundlichsten Zukunft entgegensehen *). Man faßt die Bedeutung der Strafe immer mehr auf, und strebt darnach, durch sie den Verblendeten zu bessern. Man weckt den Geist durch einen zweckmäßigen Unterricht, welchen man den Sträflingen ertheilen läßt; man weckt das Gefühl für die Religion **); man sucht das Gefühl für wahre Ehre immer zweckmäßiger zu entzünden. Ueberhaupt werden die Einrichtungen für die allgemeine Sicherheit immer zusammenhängender, und greifen nicht allein in einem Lande, sondern auch in den gebildeten Ländern unter sich in einander. Die groben Verbrechen, von denen die Untersuchungsacten früherer Zeiten voll sind, vermindern sich. Die Strafen werden milder, weil bei den verfeinerten Sitten auch die leichteren Strafen schon schwer drücken. Verbesserungshäuser legt man an, sowohl um

---

*) S. Julius herrliches Werk über Strafanstalten. Berlin.

**) Der Bußfertige, ein Erbauungsbuch für Sträflinge von Schläger, soll auf Befehl des Königlichen Kabinets-Ministerii in Hanover, allen Sträflingen bei ihrer Entlassung in die Freiheit als ein Geschenk mitgegeben werden, wo es für angemessen befunden wird.

die Brodlosen zu beschäftigen, als auch die aus den Zuchtanstalten Entlassenen nach und nach wieder in die menschliche Gesellschaft aufzunehmen. Ist also unsere Behauptung nicht gegründet, wenn wir erklären, daß die öffentliche Gerechtigkeit bei größerer Strenge milder werde? Die Todesstrafen kommen immer seltener vor. Wie man die Torturen für unabänderliche Uebel hielt, und Tausende schuldlos marterte, später aber sie als unmenschlich abschaffte: so werden die Todesstrafen auch verschwinden. In Nordamerika haben sie nicht mehr statt. In England und Frankreich gewinnen die Stimmen immer mehr Gehör, welche die Hinrichtungen als unzweckmäßig darstellen. Man darf zur Ehre unseres Geschlechts hoffen, daß nach und nach Niemand mehr werde zum Tode verurtheilt werden, sondern daß man die Verbrecher wie Verirrte, wie Wahnsinnige behandeln lerne, welche unfähig gemacht werden sollen, ferner zu schaden, und welche für die bürgerliche Gesellschaft noch wieder gewonnen werden können.

VI.

Beantwortung einiger anderer Bedenklichkeiten der landständischen Versammlung, die Todesstrafe abzuschaffen, oder zu suspendiren.

Man hätte der so wichtigen Frage über die Abschaffung der Todesstrafe einiges Recht wiederfahren lassen können durch den Versuch, die Strafe auf einige Zeit zu suspendiren, um ein Experiment über die Zweckmäßigkeit der gänzlichen Abolition derselben anzustellen. Allein man umging diesen Versuch durch die Bedenklichkeit, daß, wenn die Todesstrafe rechtmäßig sei, auch die einstweilige Suspension derselben als Versuch nicht statt haben könne. Kein Staat eignete sich so glücklich zu einem solchen Experiment oder Versuche, als dasjenige Land, dessen Volkszahl sich leichter übersehen läßt, wo ein solcher Versuch stillschweigend, ohne weitere Oeffentlichkeit, angestellt werden kann, wo die Cultur überhaupt eine solche Stufe der Sittlichkeit und Aufklärung erstiegen hat, daß auch die Ideen sich leichter realisiren lassen, und überhaupt auch das öffentliche Leben nicht so viele Beispiele von Verbrechen zeigt, daß es gleichsam nothwendig ist, nach jenem juristischen Ausdrucke, Exempel zu statuiren und Verbrecher zu enthaupten. Die landständischen Bedenklichkeiten zeigen, daß man entweder mit einer gewissen Eile über die wichtigste Frage der

Menschheit hinwegging, um Raum für nützlichere Dinge zu finden, oder um theoretischen Fragen auszuweichen, welche die Wissenschaft nicht genug vorbereitet hatte, oder in Erwartung eines bald anzufertigenden Gesetzbuches, welches aber doch schon ein vorläufiges nothwendiges Princip, eine Einheit der Berathung über dasselbe voraussetzte, oder endlich, weil man glaubte, mit leichten Antworten ein schweres Problem lösen zu können. Alle diese Antworten fanden zwar in den vortrefflichen Reden eines Großmann und Eisenstuck ihre Entgegnung. Aber die Pluralität der Stimmen gewann, und so wurde die Frage — bis auf die Zeit der Wünsche und Hoffnungen — zurückgelegt. Unter solche Antworten gehört, daß die Strafe, also auch die Todesstrafe, die sich auf ein Gesetz gründe, kein Unrecht enthalte, und mithin auch, so lange das Gesetz nicht abgeschafft sei, nicht Justiz-Mord genannt werden könne. Man vergaß wahrscheinlich bei einer solchen Antwort die Geschichte. Denn waren die ehemaligen Torturen, ob sie schon gesetzlich zur Auffindung der Wahrheit, zur Erpressung der Geständnisse eingeführt waren, nicht lautes, schreiendes Unrecht des Rechts? Waren die Scheiterhaufen, auf welche man sonst Hexen und Zauberer verbrannte, darum nicht Justiz-Morde, weil diese Strafen in dem Gesetzbuche angeordnet waren? Wie kann ein Gesetz als solches ein Privilegium sein, das Unrecht zum Recht zu stempeln, und wie können sich positive Gesetzformen, wenn sie nicht mit den Grundsätzen des Rechts übereinstimmen, sich als Staatsgesetze geltend machen, wider welche die Vernunft keine Einrede habe! Es wurde zwar in der landständischen Versammlung von mehreren ehrenwerthen Mitgliedern, denen die höhere Angelegenheit der Menschheit am Herzen lag, eine Preisfrage vorgeschlagen, um dem Gegenstande der wichtigsten und schwersten Untersuchung ferneren Raum zu geben, und nicht eine Frage so geschwind abzuschneiden, welche die Philosophie und die Rechtslehre so viel Jahrhunderte schon beschäftigt hatte. Wir stimmen darin überein, daß durch eine solche Preissetzung für die wahre Entscheidung nicht viel würde gewonnen worden sein. Denn wo man einmal zweifeln will, da zweifelt man immer; und wenn man einmal sich fürchtet, einer Angelegenheit Eingang in das Leben zu verschaffen, da geht man auch ferner auf den Spitzen und Nadeln der Bedenklichkeit. Uebrigens lagen ja auch schon genugsam solche Beantwortungen vor, sie erwiesen sich in den bekannten Stimmen verdienstvoller Denker und Gelehrter; die Antwort lag schon in dem allgemeinen Zeitgeiste und seiner Aufklärung, in dem Fortschreiten des besseren Wissens, das alte untaugliche abzustreifen, und eine höhere Humanität und Gerechtigkeit geltend zu machen. Allein jene Preisfrage, wenn sie beschlossen zu werden das Glück gehabt hätte, wäre doch immer ein Erweis von dem hohen Interesse der landständischen Versammlung, und ein wichtiges Document einer künftigen bestimmteren Entscheidung für die Gesetzgebung gewesen, weiteren Bedenklichkeiten nicht nachzugeben, sondern sich kräftig und durchgreifend zu entschließen. Eine andere dergleichen Antwort war, um der ferneren Discussion über die Zulässigkeit der Todesstrafe zu entgehen, oder sie wenigstens für das Vaterland weniger erheblich und dringend zu machen, nämlich: „daß die Todesstrafe in neuerer Zeit in Sachsen nur in den dringendsten und sehr wenigen Fällen executirt worden sei." Wir erkennen in dieser Antwort den hohen Werth, den unser Vaterland für den Stand der Cultur, für die Wissenschaft, für eine weise Mäßigung hat. Aber bei alle dem, wenn von dem Rechte die Rede ist, gilt doch ein Tropfen Bluts, der vielleicht nicht ganz mit Fug und Recht vergossen worden ist, eben so viel, als jene Ströme der Gewalt, die sich auf den Schlachtfeldern umherlagern, und ein Land der Aufklärung und der Weisheit dringt immer gern vorwärts, die Gerechtigkeit im ganzen Umfange zu erfüllen. Ferner entgegnete man: „Jetzt glaubt man „in der Humanität nicht weit genug gehen zu können, und „alles, was dieser Philanthropie entgegen ist, nennt man Bar„barei. Aber ich muß hier wiederholen, was ich schon bei ei-

„ner anderen Gelegenheit äußerte, indem man gegen die Verbrecher human ist, ist man gegen die, die es nicht sind, inhuman." — Auch hier finden wir wieder den Vorwurf des unzeitigen Sentimentalisirens, mit welchem so oft schon die Frage für die Abschaffung der Todesstrafe bezüchtigt worden ist. Es handelt sich aber nicht, wie wir so oft schon diesen Vorwurf zurückgewiesen haben, um eine bloße Gefühlssache, sondern um das Recht. Indem wir das tiefste Gefühl des Beileides gegen den Gemordeten haben, den größten Schauder gegen die Missethat, fragen wir dennoch nach dem Rechte, mit welchem der Mörder wieder getödtet werden könne, und glauben in dieser Hinsicht keine blos sentimentale Frage, sondern eine der wichtigsten Rechtsfragen aufgestellt zu haben. Derselbe geehrte Sprecher sagt: „Wenn aber kein Recht vorhanden ist, die Persönlichkeit aufzugeben, wie kann man seine „Persönlichkeit in die Hände eines jeden legen, der sie angreifen will? Und ist denn der Unterschied zwischen Freiheit und „Leben so groß? Wenn das Leben ein Gut ist, worüber niemand verfügen kann, ist es nicht auch die Freiheit? Aus „gleichem Grunde müssen also auch die Freiheitsstrafen unrecht sein."

Wenn der Verbrecher zum Tode gebracht wird, wird ihm zwar Freiheit genug gegeben, diese ist aber die übersinnliche, jenseitige, über welche der Staat nicht zu verfügen, und deren Herbeikommen er auch nicht zu beschleunigen hat. Sie ist ein Dominium über seine Sphäre hinaus. Durch die Freiheitsstrafe wird aber nur die Willkühr des Verbrechers gestraft, und die Freiheit ihm gegeben, indem er durch Zucht und Gewahrsam für die Rechtsgüter empfänglich gemacht wird, in welchen sich die Freiheit des bürgerlichen Lebens offenbart. Strafe ist und kann nur sein Zwang der Freiheit zur Freiheit, oder Anwendung des Vernunftzwanges gegen verübte Rechtsverletzungen zur Ahndung. Es zeigen sich in den landständischen Verhandlungen viele Wünsche, daß die Frage über die Todesstrafe, über Verbrechen und Zurechnung auch mehr psychologisch möchte untersucht oder geprüft worden sein. Allein es fehlt unserer Literatur nicht an einer Reichhaltigkeit von solchen Untersuchungen, wo die Psychologie und gerichtsärztliche Kunde solche Fortschritte gemacht hat, daß von dieser Seite kaum mehr ein Zweifel über die Unrechtmäßigkeit der Todesstrafe statt finden kann; es liegen hier die vollständigsten Arten aufgeklärter Untersuchungen vor in den Schriften eines Horn, Nasse, Friedreich, Groos, andere mehrere verdienstvolle Männer, welche Licht über die psychologischen und gerichtsärztlichen Kenntnisse verbreiteten, hier nicht zu erwähnen. Wir nennen jene verdienstvollen Männer, ohne einer Furcht uns hinzugeben, als könnten wir um freundlicher Worte willen getadelt werden, mit welchen die Verfasser unseren eigenen Bemühungen beifällig gewesen sind. Wir nennen hier die Allgemeine Diagnostik der psychischen Krankheiten, von Dr. J. B. Friedreich, und auch die frühere Nasse'sche Zeitschrift für Anthropologie und psychische Heilkunde. Schriften, welche allgemein gelesen werden sollten, da ja die Menschenkunde überhaupt eins der wichtigsten Mittel weiterer Aufklärung ist. Wir verweisen auch namentlich hier auf die philosophischen und psychologischen Schriften eines Groos und Mehring hin, so daß unsere Zeit nicht Mangel an derjenigen Literatur hat, welche die Frage zum Abschluß bringen kann: es sei psychologisch, gerichtsärztlich, und der Philosophie des Rechts nach, unzweckmäßig, von der höchsten Bedenklichkeit, ja selbst unrecht, den Menschen am Leben zu strafen.

Der Beschluß der landständischen Versammlung war: „Wir haben beschlossen, die fraglichen Schriften zu asserviren „bis zu einem Zeitpunkte, wo anderweitige wichtige Momente „eintreten, welche die Wiederaufnahme der Sache rechtfertigen;" und von dem Königlichen Commissar: „es sei der Ge„genstand bereits im Jahre 1825, als man den Ständen den „Entwurf eines Strafgesetzbuches vorgelegt habe, reiflich er„wogen worden. Die Commission sei damals zu dem Resul-

„tate gekommen, daß man die Todesstrafe nicht gänzlich abschaffen, wohl aber auf wenige Fälle beschränken dürfe. Dieser Gesetzentwurf müsse nun einer neuen Revision unterworfen werden. Bei dieser Revision würden die Gründe für „und wider ebenfalls zu erwägen sein, und es biete sich daher, wenn das Resultat der Kammer vorgelegt werde, die „beste Gelegenheit zur Wiederaufnahme der Discussion." — Wir geben aber zu bedenken, wie schwer nun eben über die wenigen Fälle, auf welche die Todesstrafe beschränkt werden soll, zu entscheiden ist. Es sind entweder Fälle, über welche psychologische und gerichtsärztliche Gutachten eingeholt werden müssen; aber in allen solchen Fällen kann kein einziger aufgeklärter Gerichtsarzt den Punkt bestimmt aufzeigen oder angeben, ob und bis zu welchem Grade die That zurechnungsfähig sei. Ein jedes solches Urtheil wird nur nach Möglichkeit oder höchstens Wahrscheinlichkeit entscheiden können, und will man an einen solchen Faden das Richtschwert der Strafe hängen? Oder es sind Fälle, wo die Missethat aus freiem Vorsatze hervorgegangen zu sein scheint, und dennoch war sie eine von äußeren oder inneren Bedingungen gebundene, und wie aus Instinct bewußtlose Handlung; oder auch, wir wollen das Aeußerste setzen, es war die Missethat eines wahrhaft boshaften Willens. Aber auch hier muß das Urtheil der Entscheidung schwanken. Es giebt Gemüthszustände, wo die Verstandeskräfte in ihrer gehörigen Integrität sind, und dennoch der Wille, das Begehrungsvermögen, entweder krankhaft, oder durch natürliche Anlagen und Abnormität auf einer nur niedrigen Stufe der Passivität und Thierheit steht. Soll hier nun das Gesetz entscheiden und mit Tode strafen, wo die That des Verbrechers so unfrei durch die Nothwendigkeit der Natur, so thierisch durch die thierische Anlage war? Ist hier Verwahrungshaus, Gewahrsam nicht gerathener und gerechter, als das Hochgericht? Endlich sind es vielleicht Fälle, wo die Vernunft eine leichtere Entscheidung zu finden glaubt, es sind Thaten, Blutschulden, die auf Empörung, Revolution, auf Grausamkeit und Zügellosigkeit hinweisen, Handlungen eines öffentlichen empörenden Sinnes. Solche Rasereien finden sich leicht nach kriegerischen Zeiten, wo ein allgemeinerer Umsturz der Dinge einzelne Schwache oder Leichtsinnige ergreift, die, wie jene Knaben nach der Darstellung der Schillerschen Räuber auf der Bühne, den Entschluß fassen, eine ähnliche Tragi-Comödie im Kleinen, im wirklichen Leben aufzuführen. Allein ein rechtswissenschaftliches Urtheil wird auch hier Bedenken tragen, die Entscheidung so geschwind zu fällen. Es giebt nicht blos eine physische Raserei, sondern auch eine moralische; und es fragt sich hier wieder, soll dieser Wahnsinn mit dem Schwerte oder mit dem Arbeits- und Zuchthause gestraft werden. Welches sind nun die wenigen Fälle, auf welche die Todesstrafe zu beschränken ist? Es könnten nur solche sein, wo gar nicht Strafe als Strafe eintreten kann, sondern nur Nothwehr und Nothrecht, wo also mitten in dem Attentate der Uebelthat diese durch die Gewalt des Schwertes könnte und müßte abgewehrt, oder, wie sich die v. Ammonsche Rede so gern ausdrückt, negirt und zugleich affirmirt werden, indem Recht und Unrecht sich decken, oder Tödtung und Tödtung eine ἰσότην τῆς τιμωρίας bilden. Wir gestehen aufrichtig, wir können uns ein solches Strafrecht in dieser höchsten strafrechtlichen Instanz nicht als wahr und vernunftgemäß denken, es gleicht dem alten Systeme, Schlag um Schlag, Backenstreich um Backenstreich, um nach der neueren Auslegung durch das Recht zu affirmiren, was das Unrecht negirt, oder die Schuld auf das Haupt des Schuldigen zurückzuwälzen. Ein vernunftgemäßes Strafrecht muß des Princips eingedenk sein, die Strafe zu dem Maaßstabe der Freiheit zu erheben, und durch den rechtlichen Zwang, welcher die Willkühr oder die Schuld trifft, den Schuldigen der Freiheit und des vernunftgemäßen Handelns wieder empfänglich zu machen. Die Rechtsstrafe als solche führt zwar nicht, wie wir dieses schon früher erwähnten, die mögliche Besserung als Zweck, aber doch als nothwendiges inneres Merkmal des Begriffs in sich; keine Strafe ist gerecht und billig, als die selbst mit dem Begriffe der Freiheit und Sittlichkeit übereinstimmt.

Wir übergehen andere Bemerkungen, durch welche wir das Recht unserer Petition auf die Abschaffung der Todesstrafe vertheidigen könnten, wir begnügen uns, hier nochmals auf die allgemeinen und höchsten Principen der Vernunft aufmerksam gemacht zu haben, bei der Hoffnung, daß es nicht blos eine fromme und gut gemeinte Vertröstung sei und bleiben möge, die man für einen künftig aufzustellenden Entwurf eines Strafrechts gegeben hat. Die Besorgniß, die sich auch in den landständischen Aussprüchen mancher Redner andeutet, die todeswürdigen Verbrechen würden sich mit der Abschaffung der Todesstrafe häufen, läßt sich leicht beschwichtigen durch den Gedanken, daß der Mensch doch nicht von Natur so böse ist, um nur durch Todesstrafe von den Verbrechen des Mordes abgehalten zu werden. Wir sehen es vielmehr als einen Fehlgriff der früheren Zeiten an, die Strafen bis zu dem höchsten Grade gesteigert zu haben, weil dadurch die Verbrechen gleichsam selbst überboten, und durch ein solches Strafsystem die ganze menschliche Natur wie demoralisirt wird. Ein Hülfsmittel Verbrechen zu mindern, dem Menschen Achtung vor Menschenblut beizubringen, ist auch die Schonung des Menschenblutes in den Gerichten; das Volk, welches bei dem Anblicke der Hinrichtung das Hochgericht, den Rabenstein umlagert, wird von seinen menschlichen Gefühlen entwöhnt, unmittelbar zu einem Gefühle der Rache geleitet, es sieht Blut, und wird daher auch weniger den Schauspielen des Blutvergießens abgeneigt. Das Volk, welches den Schandpfahl umlagert um den Staupenschlag, das Brandmarken zu sehen, wird unmittelbar von den edleren Gefühlen der Menschlichkeit zu härteren Ausdrücken gewöhnt, das Schauspiel selbst schon läßt nicht gut die Strafe von der Rache unterscheiden. Denn die rechtmäßige Strafe stäupt nicht, brennt nicht, verstümmelt nicht, macht nicht den Leib zur Leibeigenschaft, sondern bringt die Seele, das Gemüth des Schuldigen, oder die Freiheit des

Gehorsams unter den Zwang der Gesetze, indem der Schuldige, der seiner Freiheit nicht mächtig war, durch den Zwang der Strafe, der Arbeit und Beschränkung u. s. w., von dem richtigen und wahren Gebrauche der Freiheit belehrt wird. Die Strafmittel des Zwanges sind so unmittelbar die Lehrmeister der Freiheit. Und wir können uns keinen Verbrecher denken, der, indem die peinigenden Strafen entwürdigen und erbittern, nicht durch den edleren Zwang der Strafe sollte zu einem besseren und wahren Bewußtsein seiner selbst gebracht werden können. Das Strafrecht, indem es durch harte Strafen von Verbrechen abschrecken will, hat nicht bedacht, welchen unendlichen psychologischen Nachtheil diese Strafen auf den Charakter des Volkes haben! So bessere und veredele sich also das Strafrecht selbst, wenn es eine bessere Periode der Menschheit, wo die Strafen weniger nothwendig sind, vorbereiten will; ohne eine solche Selbstveredlung des Strafsystems vermag kein Hülfsmittel das zu leisten, was man sich verspricht, auch die bessere Erziehung, eine richtigere Ausbildung des kindlichen Gemüths, würde das nicht leisten was man wünscht und hofft. Denn die Beispiele des Guten und Edlen müssen auch öffentlich in dem Systeme der Strafen sein.

Auch über die Verbesserung der Schulen ist in den würdigen Versammlungen der Landstände Sachsens, besonders auch in Hinsicht auf Veredlung und Sicherstellung des öffentlichen Lebens gesprochen worden. Es mag uns erlaubt sein, was den Volksunterricht betrifft, und die Klasse von Subjekten, aus welcher zunächst und am allermeisten Verbrechen und Vergehen empor zu kommen pflegen, nur eins und zwar ganz vorzüglich zu erwähnen, nämlich daß bei jenem Volksunterrichte immer nur zu viel auf die allgemeinen Lehren des Catechismus gehalten wird, ohne daß die Tugenden, diejenigen guten Eigenschaften besonders und ganz eigenthümlich erläutert werden, welche so recht in das Leben des Volkes eingehen sollten, um an dem rechten Maaßstabe des Handels, welcher wie auf dem Markte getrieben wird, an der so nothwendigen Treue des Wortes, welche auch in den alltäglichsten und kleinsten Dingen geübt werden muß, eine höhere und allgemeinere Moral zu lernen. Wir meinen, es sei ein großer Fehler in den Volksschulen, nur meistens allgemeine Moral zu lehren, ohne daß der Lehrer diese Moral auf die täglichen Beschäftigungen, auf den Beruf, auf die Dienstreue, auf den Gehorsam des künftigen Dieners, Arbeiters und Handwerkers anwendbarer macht.

Man fürchtet auch, daß die Abschaffung der Todesstrafe schon an sich eine Gelegenheit zur Vermehrung der Verbrechen geben werde, und auch dieses haben die Vertheidiger der Todesstrafe mit einigem Rechte anführen zu müssen geglaubt, um nicht durch voreilige Abschaffung derselben noch mehr Verbrechen entstehen zu sehen, als bisher durch den Schrecken vor dieser Strafe verhütet werden. Daß jene Furcht aber ungegründet sei, lehren die Zeugnisse aller Zeiten, in welchen periodenweise, wie in Rußland, Toskana, Oesterreich u. s. w. die Todesstrafe abgeschafft war. Es würde hier zu weitläuftig sein, die Documente zu sammeln, die einstimmig zu dem Resultate führen, daß die Abschaffung der Todesstrafe nicht allein nicht Verbrechen gemehrt, sondern vielmehr sie gemindert habe. Ich führe deshalb hier nochmals eine weitläuftige und wichtige Abhandlung: Ought the punishment of death to be abolished? aus dem litterary review. London, October 1825 an, in welcher viele Listen über das Verhältniß der Verbrechen zu den Zeiten ohne Todesstrafe und in den Zeiten, wo sie galt, beigebracht sind.

Eine andere nothwendige Frage, welche mit der Abschaffung der Todesstrafe in Verbindung steht, und auch in den Versammlungen der Königlich Sächsischen Landstände erörtert worden, ist die, der Verbesserung der Gefängnisse, die angemessenere Einrichtung der Arbeits- und Zuchthäuser, und zugleich auch die Annahme des sogenannten Penitentiarsystems.

Wie viel für das Letztere in den neueren Zeiten in Genf und Lausanne gethan ist, weiß jedermann. Ich habe die errichteten Besserungshäuser an Ort und Stelle untersucht, und gefunden — wie viel da noch in unserem Vaterlande zu thun ist. Eine gleiche Anstalt lernte ich in Paris kennen, sie wurde von Lucas, der den de Sellon'schen Preis für die Abschaffung der Todesstrafe erhielt, „La Maison pénitentiaire pour les jeunes Détenus" gestiftet. Ich unterließ nicht, auf meinen kleineren und weiteren Reisen die Heilanstalten für die leidende Menschheit, Irren-, Arbeits- und Strafhäuser näher kennen zu lernen, und Beobachtungen zu sammeln, welche psychologische und ärztliche Behandlung wohl die bessere sei; und überall fand ich bestätigt, daß die mildere und sanftere Behandlung der ehemaligen so harten und strengen vorzuziehen sei, überall fand ich es durch die Aussagen der Aufwärter und Vorsteher bestätigt, daß die mildere Zusprache mehr fruchte, als die sonstige, mit äußeren Zuchtmitteln und Schlägen. Und doch möchte nun hier in Frage stehen, ob nicht eine härtere Disciplin, ein zu strenges Regimen immer noch viel zu viel in manchen Strafhäusern herrsche? Besonders ist auch in dieser Hinsicht die genaueste Sorgfalt anzuwenden, daß die unmittelbare Aufsicht über die Sträflinge nicht Subjecten anvertraut werde, die meistens selbst äußerst roh und verwildert sind, sondern solchen die mit Ernst auch eine weise und menschenfreundliche Mäßigung verbinden. Die Krankenstuben in den Strafhäusern sind die besten und sichersten Notizen, wie in physischer Hinsicht, wie für die Lebensbedürfnisse der Sträflinge gesorgt wird. Und auch da habe ich oft gefunden, daß viele Klagen über dieses ökonomische Regimen zu erheben sind. Ich fand auf diesen Krankenstuben viele Sträflinge, deren Unterleibs-Krankheiten, Verhärtungen der Verdauungsorgane, des lymphatischen Systems nur zu deutlich auf die schwere Kost, mit der die Sträflinge gewöhnlich gefüttert werden, hinwiesen. Ich fand in so vielen Arbeitshäusern eine so schwere, compacte und unverdauliche Kost, die auch der kräftigste Magen nicht ertragen kann, und daß daraus nothwendig jene Uebel der leidenden Menschheit entspringen müssen. Ziemt es nun nicht einer weisen und gerechten Regierung, auch für die Abstellung dieser Uebelstände Sorge zu tragen? Ich fand ferner in vielen Arbeits- und Strafhäusern theils eine überstrengte Arbeit der Gefangenen, theils einen Müßiggang, der eben so verderblich, wie das erstere ist; ich fand, daß die Sträflinge, die außerhalb des Strafhauses zu öffentlichen Arbeiten verwendet wurden, sich mit der größten Trägheit und Nachlässigkeit ohne alle weitere Beaufsichtigung bezeigten. Und dieses kann keine Correction für die Sitten der Sträflinge sein. Diese kommen alsdann träger und fauler aus den Strafhäusern, als sie hinein kamen, sie haben das Arbeiten verlernt, indem sie so wenig unter der so nöthigen Aufsicht standen. Ich habe ferner gefunden, daß diejenigen Strafanstalten besser organisirt waren, welche unter einem gemeinsamen Directorium städtischer Behörden standen, als diejenigen, wo blos ein Director das Regimen und die oberste Aufsicht führt; es bessert sich dort alles dem Zeitgeiste mehr gemäß, als wenn die oberste Leitung und Aufsicht von dem Orte der Strafhäuser weiter entfernt ist. Es läßt sich in der Nähe, durch gemeinsame berathende Aufsicht alles mehr erforschen und ermitteln. Ich glaube nicht, daß es einen so großen Kostenaufwand bedarf, um sogenannte Besserungshäuser zu errichten. Es kommt weniger auf den Bau des Gebäudes, als auf die innere Organisation an, man verbessere nur die schon angelegten Arbeits- und Strafhäuser des Landes, und so wird auch in diese der Geist kommen, welcher dem Penitentiar-Systeme gemäß ist, die Sträflinge nicht blos zu strafen, sondern auch zu bessern. Doch diese Bemerkungen gehören nicht zu unserem Gegenstande, als nur in sofern sie sich auf die Frage beziehen, ob die Todesstrafe abzuschaffen sei, und durch die Aufhebung derselben, durch Einführung von Besserungshäusern, wirklich endlich das erwünschte Resultat gewonnen werden könne, daß Verbrechen und Verbrecher aus der Geschichte der menschlichen Gesellschaft verschwinden. An ein solches Resultat, an das Gelingen eines solchen Zweckes glaube ich nicht. Der Staat hat aber dasjenige zu thun, was seines Amtes ist, und was unmittelbar mit der Pflichtenlehre, mit den Rechten der Menschheit übereinstimmt. Das Seelenleben, besonders der niederen Stände des Volks, ist meistens so dunkel, verworren, unausgebildet, einseitig, daß schon aus der Natur dieser psychischen Beschaffenheit die traurigen Erscheinungen von Verschuldung und Vergehen leicht zu erklären sind, — die Erscheinungen von blutigen und grausamen Verbrechen, die an sich selbst schon die Spuren der Brutalität, des vernachlässigten Verstandes, und, wir möchten sagen, des Blödsinns tragen. Uebrigens bedenke man, daß Armuth und Dürftigkeit die Wiege des Lasters und des Vergehens ist; daß Dürftigkeit und Armuth keinen großen Anlaß in der von Natur ihr vorgeschriebenen Bestimmung finden, in dem Staate eine wohlthätige Anstalt anzuerkennen, welche durch Ruhe, Gehorsam, Achtung, geehrt werden müsse. Der Arme und Dürftige hat großen Grund, sich über das Leben mehr zu beklagen, als sich dessen zu erfreuen, und daraus entsteht so oft schon der trübe Sinn des Verbrechens und der Verschuldung. Ueberall finden wir Anlaß, über Schuld und Verbrechen milder zu urtheilen, als es gewöhnlich zu geschehen pflegt, und einem Strafrechte zu huldigen, welches nicht mit äußerster Strenge verfügt, sondern aus Achtung für sich selbst, auch die Ansprüche, die Rechte, die mitleidenswerthen Klagen der Unglücklichen berücksichtigt und ehrt, die durch Vergehen und Verbrechen der Ahndung der Gesetze verfallen sind. Alle diese, wenn auch unbedeutenden Bemerkungen beziehen sich auf die Anforderung der Vernunft, daß das Strafsystem milde und menschlich strafe, daß es die Gesetze der Vernunft anerkenne, nicht durch Naturgewalt, durch blutige und schlagende Strafübel, sondern durch heilsamen und gerechten Zwang der Vernunftfreiheit, das Scepter der Gerechtigkeit zu führen, daß das Schwert derselben nicht ein schneidendes Instrument, sondern die unwiderstehliche und unverletzliche Macht der Vernunft sei. Wir führen hier zur Bestätigung dessen, was wir früher in unserer Psychologie der Verbrechen aufstellten, aus der neuesten Schrift von Dr. Friedrich Groos „die geistige Natur des Menschen, Bruchstücke zu einer psychischen Anthropologie, Mannheim bei Hoff 1834" folgende treffende Stelle an: „Freilich möchte die Lehre vom Verdienst und „Schuld in jeder Theorie, immer eine unüberwindliche Schwierigkeit darbieten, weil die wirkliche Existenz von Beiden selbst „noch nicht ausgemittelt ist. Wir pochen, sagte ich schon anders wo, auf ein Verdienst, das unseren Namen trägt, als „einzig unser Werk, und vergessen, daß wir auf den Schultern Anderer stehend (unserer Eltern, Lehrer u. s. w.) zur „Höhe der Tugend gelangt sind; und indem wir blos vorwärts auf den Besitz unseres moralischen Eigenthums, „nicht aber rückwärts auf die Bedingungen dieses Reichthums schauen, — ignoriren wir nicht, gleich dem reich gewordenen Armen, die vorausgegangenen fremden „milden Beiträge? Und Schuld, ja ein niederschmetterndes Wort! Soll und darf sie aber dem Menschen ganz imputirt werden? Ich zeigte anders wo, wie sie in ihrem unmerklichen Anfange mehr den Unmündigen als den Mündigen treffe. Ueberdies hatten schlechte Eltern, schlechte Erzieher und Freunde, verderbliche Lectüre u. s. w. auch mit „Schuld an dem künftigen Verbrecher; und doch soll er die „Schuld allein und ganz tragen; er soll auch die Schuld der „Ersteren, ohne die seine Schuld nicht so groß angewachsen, „vielleicht gar nicht geboren wäre, mit auf seine Rechnung „nehmen? Wird nicht ein gerechter Richter von dem, aus so „vielen und unzähligen Factoren zusammengesetzten Produkte „der Schuld, die jetzt das Verbrechen eines Einzigen heißt,

„nach den Regeln der Gesellschafts-Rechnung nur einen klei-„nen Quotienten in Rechnung bringen dürfen? Und wie „schwer, wie unmöglich, gleich der Wurzel aus einer irratio-„nalen Größe, möchte dieser kleine Quotient vom menschlichen „Richter auszurechnen sein? Kürzer und juristischer ist freilich „die ganze Schuldsache abgethan, durch eine Klage auf den „menschlichen Hals, durch eine actio in solidum, wo Ein Hals „für die übrigen Hälse einstehen, und Einer für Alle zah-„len muß.“

VII.

Ueber mein Princip des Strafrechts. Die Rechtsstrafe ist die gegen Rechtsverletzungen eintretende äußere Vernunftfreiheit. An Herrn Professor Dr. Abegg.

Unter den Gegnern meiner strafrechtlichen Ansicht, daß die Rechtsstrafe sich auf den Zwang der Vernunftfreiheit beschränken müsse, und nicht in einem äußeren rohen Materiale von sinnlichen Strafübeln die Vergeltung des Unrechts zu suchen habe, findet sich auch der oben genannte verdienstvolle Name, der mit Schonung und Freimüthigkeit, mit wissenschaftlichem Eifer und unverkennbaren Bestrebungen nach Wahrheit meine Schrift „über das Princip des Strafrechts, Carlsruhe bei Goos 1832" in den Berliner Jahrbüchern für wissenschaftliche Critik October 1833 zu beurtheilen unternommen hat. Es ist erfreulich, wissenschaftlich gesinnte Männer zu finden, die entweder das alte, längst bewährte mit neuer Kraft zu unterstützen, oder auch das etwanige Neuere mit besseren Gründen zu befördern suchen. Aber eben daher ist es auch um so mehr Pflicht für eine jede wissenschaftliche Untersuchung, die irgend eine neue Ansicht aufgefunden zu haben glaubt, sich gegen Einwendungen zu verwahren, die vielleicht nur auf leichten Mißverständnissen, auf der so zufälligen Möglichkeit, sich mitten auf dem Wege der Wahrheit zu verirren, beruhen. Eine solche Entgegnung wird von dem Ernste der Wissenschaft gewiß eben so freundlich aufgenommen werden, wie er sein Urtheil selbst über meine Bestrebungen kund gemacht hat, und so übergebe ich gern und mit Vertrauen folgende Gedanken einer weiteren Beurtheilung.

Es konnte nicht meine Absicht sein, in einer Untersuchung über ein neues und vernunftgemäßes Princip des Strafrechts literärische Kenntnisse zu entwickeln, an denen es bei der so großen Reichhaltigkeit der älteren und neueren juridischen Literatur nicht leicht fehlen kann. Solche Hülfsmittel waren leicht beizubringen und anzuschaffen, und ich erfreute mich auch früher schon einer mannigfaltigen Correspondenz mit dem verewigten Criminalisten Dr. Stübel. Auch war ich in mehreren Beziehungen gegen die Rechtsansichten des verewigten Dr. Feuerbachs aufgetreten. Gelegenheiten genug, außer den reichhaltigen Hülfsmitteln der Literatur mit den älteren und neueren Strafrechts-Theorien bekannt zu werden, mit den Principien oder Ansichten einer Wissenschaft, die zu dem Kreise der Philosophie gehört, deren Beziehungen auf das Vernunftrecht mich früher schon längst beschäftigt hatten. Ich glaubte aber in den Untersuchungen der oben genannten Schrift nur dem einfachen Gange des Gedankens, der ruhigen Forschung der Wissenschaft folgen zu müssen, ohne beigegebene Autoritäten oder Citate; ich glaubte, es reiche hin, durch eine bloß allgemeine Erwähnung der hauptsächlichsten Strafrechts-Theorien mir den Weg zur eignen Forschung bahnen zu können, ich erwähnte daher auch nur vorzüglich diejenigen Theorien, auf welche sich die verschiedenen, ja ganz entgegengesetzten Ansichten gründen, die des Princips der Wiedervergeltung, des psychologischen Zwanges, der Opfertheorie, daß ich sie so nenne, wo nach einer vermeintlich höheren Ansicht der Hegelschen Philosophie die Gerechtigkeit und die Versöhnung das Schwert und das Zepter führten.

Auch war's nicht mein Wille, weder ein weitläuftiges Buch noch auch eine Untersuchung in compendiarischer Form zu schreiben, wo sich, wie in einer geschlossenen Doctrin, Paragraphen an Paragraphen reihen. Es war mir nur darum zu thun, Gedanken die mir etwas Neues und Förderliches zu enthalten schienen, der Wissenschaft zu einer weiteren Prüfung mitzutheilen; ich glaubte, daß diese Gedanken, wenn sie auch nicht in einer strengen compendiarischen Form von Beweisen und Deductionen aufträten, leicht würden aufgefaßt, und selbst in der flüchtigen Form meiner Mittheilung das etwanige Neue und Wahre von einer freundlichen Beurtheilung leicht anerkannt werden. Ich sprach mich in diesen Mittheilungen weitläuftig, und oft vielleicht nur zu wiederholend über den Begriff der Rechtsstrafe aus, daß dieser nicht auf äußere zufällige Zwecke, nicht auf äußere willkührliche Bestimmungen, wie in der Abschreckungs- und Präventions-Theorie, noch auch auf eine gewisse äußere Naturnothwendigkeit reagirender Gewalt, wie z. B. nach dem Jus talionis gegründet werden müsse, sondern daß dieser Rechtsbegriff, ein in sich selbst geschlossener Begriff der Vernunft, die Merkmale seines Wesens, seiner Bestimmung in sich selbst enthalte, und daher auch nur aus sich selbst zu entwickeln sei. Als ein solches inneres Wesen der Rechtsstrafe, als Vernunftbegriff der Strafgesetzgebung, ergab sich nun der Begriff der V e r n u n f t f r e i h e i t, als ä u ß e r e r Z w a n g, der aber eben sowohl von dem physischen als auch dem psychologischen Zwange zu unterscheiden ist. Denn dieser gründet sich nur auf irgend einen äußeren zu erreichenden Zweck, und ist daher der Vernunft, die ihre Begriffe aus sich selbst entnimmt, nicht gemäß. Der physische Zwang ist aber bloße Naturgewalt, über welche der Staat und die Rechtssphäre sich erheben, oder, über welche die höhere Macht der Vernunft herrschen und siegen soll; das Element des sogenannten physischen Zwanges entsprach also eben so wenig den Rechtsanforderungen der Vernunft. Ich glaube, den aufgestellten Begriff der Vernunftfreiheit, in wiefern diese gegen eintretende Rechtsverletzungen Vernunftzwang ist, in meiner Schrift hinreichend erörtert, und auf diesen höheren Begriff der Strafe, wo diese nun mit den Ansprüchen, Gesetzen und Rechten der Vernunftfreiheit in Uebereinstimmung kommt, genugsam hingewiesen zu haben, und daher finde ich, wie ich glaube, die nicht ganz gerechte Ausstellung in der Beurtheilung meines Versuchs von einem der scharfsinnigsten Gegner; „ich hätte zwar viel von einem höheren Grundsatze des Straf„rechts gesprochen, aber welcher er sei, nicht aufgezeigt." Mein Princip oder Begriff des Strafrechts ist, daß die Strafe der vernunftgerechte, der vernunftfreie Zwang, oder, was dasselbe ist, die äußere Vernunftfreiheit selbst, gegen begangene Rechtsverletzungen ist, wo also die Rechtsstrafe sowohl von der äußeren Naturgewalt als auch von den mannigfaltigen äußeren Zweckbestimmungen, und von den finsteren Begriffen einer blos mechanisch vergeltenden Gerechtigkeit unterschieden, und zu dem Reiche einer höheren Intelligenz, würdig der Vernunftwesen, die strafen und die bestraft werden, erhoben wird. Auch war ich weit entfernt, die Besserung zum Princip oder zum Zweck der Strafe zu machen, meine Theorie ist eine ganz andere, als die Besserungstheorie von welcher mein Gegner und auch Herr Abegg sprechen. Es ist ein anderes, die Besserung zum Zweck zu machen, ein anderes die Besserung oder die innere Möglichkeit derselben, als nothwendiges inneres Princip oder Merkmal der Rechtsstrafe anzunehmen, denn nach jenem Principe würde die Strafe einen pädagogischen Zweck haben, der zwar nicht zu verwerfen ist, aber doch zu mannigfaltigen willkührlichen Strafbestimmungen Veranlassung geben kann; nach diesem inneren Merkmal der Strafe ist aber die mögliche Besserung das wesentliche Merkmal des Begriffs selbst wie z. B. innere nothwendige Merkmale in der Begriffsbestimmung des Dreiecks liegen, obgleich dieser Begriff nicht immer in der äußeren Natur seine ebenmäßige und passende Anschauung findet. Dieses Merkmal der Besserung liegt nun als nothwendiges Ingredienz in meinem aufgestellten

Principe des Strafrechts. Die Vernunftfreiheit übt den Zwang, welcher nichts anderes, als die Vernunftfreiheit gegen begangene Rechtsverletzungen ist. Die Vernunftfreiheit restituirt sich selbst in dem angewendeten Zwange, sie ist nur als Strafe die gleichsam umgekehrte Form der freien Gesetzgebung, wo sie einmal als gesetzgebende Macht in der freien Organisation des Staats, zweitens als Strafsystem zur Rettung und Restitution der Vernunftfreiheit auftritt. So liegt das Moment der Besserung nicht als Zweck, sondern als nothwendig bedingendes Merkmal unmittelbar in dem Bezirke des Vernunftbegriffs von der Strafe; diese Strafe und ihr Princip ist aber eben so unterschieden von dem moralischen Begriff der Strafe, welche die innere Gesinnung, das Element der moralischen Nöthigung trifft, denn der Staat und die Rechtsstrafe kann und darf die innere Gesinnung des Menschen nicht zum Gegenstande seiner Sphäre machen. Die Rechtsstrafe unterscheidet sich aber auch so von der blind wirkenden Nothwendigkeit der Naturgewalt, wo durch Strafen, harte, überharte Strafen die Verbrechen reprimirt, und ohne Weiteres nach dem jus talionis wie Zahn um Zahn, Blut um Blut getilgt werden sollen.

Was auch Herr Abegg gegen mich einwenden, oder wie er die von Alters her geltenden Rechtsgesetze der Strafe, die sich freilich in unseren Zeiten gemildert, und mannigfaltig der Vernunft gemäß modificirt haben, einwenden mag; ich kann den, wie ich glaube, gerechten Vorwurf, den ich den bisher gültigen Strafrechtsbüchern gemacht habe, nicht zurücknehmen, daß sie mehr oder weniger noch das Alterthum der Rohheit, der Barbarei, der Willkührlichkeit an sich tragen. Ich lese zwar in der von der Eidgenossenschaft Zürich aufgestellten Sammlung der Gesetze vom Jahre 1831 S. 181: „die „Strafe der Brandmarkung, des Prangers, der Schandaus„stellung und der körperlichen Züchtigung sind abgeschafft.“ Auch habe ich bei meiner Anwesenheit in Zürich von mehreren der ersten Männer Zürichs die Versicherung gehört, daß man die Abschaffung der Todesstrafe unter die Rechtsbestimmungen aufnehmen werde. Aber wo ist denn jenes, und eine solche letztere Hoffnung noch in manchen anderen Staaten zu finden, welche die Todesstrafe für das vollkommenste Recht der Vernunft halten? Und giebt es denn nicht immer noch Staaten, welche kein Bedenken tragen, mit Pranger, Brandmarkung, Schandausstellung, körperlicher Züchtigung zu strafen? Alles dieses sind, nach meiner Ansicht, Ueberreste eines früheren, rohen Zeitalters. Ich will nicht erwähnen, welche Strafen eine noch nicht längst vergangene Zeit von etwa 50 Jahren aufzuzählen hat, wo man nicht anders glaubte, die Verbrecher und Verbrechen coerciren zu können, als durch die gräßlichsten Mißhandlungen, Mutilationen, und qualificirte, fast zur Ironie der Menschenvernunft gewordene Gewaltthaten der Strafe. Es ist eine der nothwendigsten Aufgaben unserer Zeit, nicht etwa blos die Todesstrafe, beschimpfende, entehrende Strafen, körperliche Züchtigungen abzuschaffen, sondern überhaupt das ganze Strafsystem vom Grunde aus zu mildern, und einen anderen, höheren und gerechteren Maaßstab für die Strafbestimmung aufzustellen. Ich wage es laut auszusprechen, daß die Strafgesetzbücher, selbst wie sie in den neueren und neuesten Zeiten bearbeitet und veredelt worden sind, immer noch viel zu hart, viel zu streng sind; daß sie mehr blos die alten überharten Strafbestimmungen gemindert, aber nicht der Vernunft gemäß solche Strafen aufgestellt haben, die mit den Ansprüchen der Aufklärung, mit der Milde und Gerechtigkeit übereinstimmen. Man klagt und man macht dieses besonders zur Einwendung gegen die Abschaffung der Todesstrafe, daß die Zucht- und Arbeitshäuser überfüllt sind. Aber liegt dieses, fragen wir, an der Zahl der Verbrecher oder an der Zahl der vielen Strafjahre? Wir finden auch in den neuesten Strafgesetzbüchern noch kein richtiges, billiges Verhältniß zwischen den Verbrechen und den oft so vielen zu büßenden Strafjahren. Man unterscheidet zwischen dem furtum parvum und magnum. Und doch oft büßt das erstere manches ganze

Zuchthaus- oder Arbeitsjahr. Ist hier, frage ich — ohne andere Beispiele zu wählen — eine Gleichheit zwischen Vergehen und Strafe? Kann durch solche Strafen gebessert werden? Sind diese Strafen gerecht, wo der Bestrafte sich immer sagen muß, es geschehe ihm zu viel; denn das Gefühl erlittenen Unrechts ist besonders in dem Schuldigen und Verbrecher sehr wachsam und lebhaft, es beurtheilt das Strafgesetz, welches richtet, gerade darum, weil dieses das rechte an die Stelle des unrechten setzen soll, oft auf eine Weise, die wohl zu beachten ist, und wo der Verbrecher so oft nicht ganz unrecht hat. Ohne Rücksicht zu nehmen, welche Nachtheile aus der zu großen und langen Strafzeit für die Sträflinge entspringen, daß sie immer mehr verwildern, von dem bürgerlichen Leben, von Freunden und Verwandten entfremdet werden, daß sie alsdann aus den Arbeitshäusern wie in ein fremdes Land ohne Hülfe zurückkehren, und eben dadurch immer zu neuen Missethaten zurückfallen; abgesehen, sagen wir, von allen diesen schädlichen Folgen, welche einem harten Strafsysteme zur Last fallen, bringen wir nur den ungerechten Maaßstab zwischen der Verschuldung und der so langen Strafzeit, oder der so großen und schweren Strafe in Anschlag, erwägend, daß diese schon an sich einem gerechten Strafsysteme nicht geziemt. Befolgt man nämlich die früheren Strafrechtstheorien der Abschreckung, Prävention u. s. w., so mag leicht die schwere und schwerste Strafe auch die beste Garantie gegen Verbrechen sein, wenigstens würde nach einer solchen Theorie nicht über die zu große Härte oder über Ungerechtigkeit der Strafe geklagt werden können, denn kein Strafübel würde dann dem Staate zu groß sein, um nicht durch die Androhung und Anwendung derselben vor Vergehen oder Verbrechen zu sichern. So entspringt aber oder kann entspringen aus einer unrechtmäßigen Strafrechtstheorie das größte Unheil und Unrecht. Herr Abegg tadelt, daß ich gesagt habe: „Wie kommt es, „daß die Strafrechtswissenschaft strafe, ohne doch ihre Strafen „rechtsgemäß erweisen zu können, denn bekanntlich, fährt Herr

„Abegg fort, ist es nicht die Wissenschaft welche straft, und „so trifft sie auch kein Vorwurf, selbst wenn er gegen das „Strafrecht gegründet wäre." Wir wollen die kleine Sophisterei dieses Urtheilsspruchs zugeben, denn bekanntlich könnten wir uns und mit Recht auf den Begriff des Strafrechts berufen, welches nicht etwa eine statutarische Gewohnheit, ein blos auf Empirie gegründetes Herkommen, sondern ein auf Vernunft gegründetes Strafrecht, also Wissenschaft, rationale Einsicht und Erkenntniß sein soll. Herr Abegg hat den Begriff „Wissenschaft" im historischen Sinne genommen, und daher den Begriff verfehlt, von dem die Rede ist; Strafrechts-Wissenschaft als historische Kenntniß der mannigfaltigen Theorien u. s. w. straft freilich nicht, aber wohl das Strafrecht, als Erkenntnißwerk, als nothwendige rationale Begründung des Zusammenhanges zwischen Rechtsverletzung und Strafe. Gehen wir nun auf obige Bemerkung über die Ungleichheit zwischen den Vergehungen und Strafbestimmungen zurück; so erhellt, daß aus diesem so großen Uebelstande der strafrechtlichen Sprüche kein anderes Mittel erretten kann, als der höhere, wohlbegründete Begriff der Vernunftfreiheit und des Vernunftzwanges, wo die Strafbestimmung nicht auf einem äußeren groben Material eines äußeren oder körperlichen Strafübels, nicht auf der Quantität der zuzufügenden Schmerzensgefühle, sondern auf dem inneren Werthe des rechtmäßigen Zwanges, auf dem Maaßstabe der intelligiblen, vernunftgemäßen Bestimmung beruht. Daß wir doch immer nur den Menschen als grobes sinnliches Naturwesen nehmen, welches in seinen Verschuldungen und Bosheiten nur durch gleich grobe und körperliche Strafübel gezüchtigt werden müßte. Als wenn nicht auch in dem rohesten und sinnlichsten Naturwesen eines Menschen ein Funke von Scheu gegen die höhere Macht des Zwanges und der Vernunft sei, wie ein Unwürdiger, als welchen sich der Verbrecher erwiesen hat, unter die Aufsicht höherer Gesetze, unter den Zwang verdienter Ahndung gestellt, und durch auferlegte Strafarbeit, durch rechtmäßige Beschränkung der äußeren Willkühr u. s. w. zu dem Gesetze der Vernunft und der bürgerlichen Freiheit zurückgeführt zu werden. Hierauf gründet sich eben unsere Anforderung der so nothwendigen Milderung der Strafgesetze, daß diese dem Begriffe des Vernunftzwangs gemäßer eingerichtet, und so die inneren Grenzen zwischen dem Schuldbewußtsein des Verbrechers und der zuzuerkennenden Strafe näher gebracht werden. So werden dann die harten Strafbestimmungen schwinden; der kleinere Maaßstab wird eben so viel und mehr wirken, als der vormals zu harte und übermäßige. Denn nun wird das Schuldbewußtsein des Verbrechers in Anspruch genommen, der intelligible Zwang, die Vernunftfreiheit dictirt die Strafe — eine Strafe, die nicht sowohl sinnliches, leibliches Material, als vielmehr Ausdruck und Darstellung der Vernunft ist, in wiefern sich diese durch gemeinsames Leben, in Arbeit, gegenseitiger Mittheilung, Vermögen, Besitz, also in äußeren Gütern eines gemeinsamen Staatslebens darstellt. So werden die Strafen milder, aber eindringlicher und kräftiger, sie werden gerechter und vernunftgemäßer; der kürzere Arbeitszwang, die kürzere Strafzeit eines wohl angewendeten Gewahrsams, einer rechtmäßigen Beschränkung der Willkühr, wirken dann mehr als excentrische Strafübel, welche erbittern, verwildern, verhöhnen, ungerecht sind, und wo also am Ende die Zahl der Sträflinge und Verbrecher immer mehr dem Staate zur Last fällt. Möchte doch der Staat, der so gerne von Exempelstatuiren spricht, ein Exempel an der Pädagogik nehmen, wo vormals die Schule auch nicht glaubte, ohne Strafübel der Stockschläge und sinnlicher Züchtigungen bestehen zu können. Es war damals eben durch diese harten Strafen das Schulregiment schlimmer und ärger; jetzt ist in dasselbe Mäßigung, menschliche Behandlung gekommen, und nun bilden sich die Sitten leichter und milder, wenigstens kann die ältere Schulzucht bei allen ihren vielen Strafen sich nicht rühmen, mehr als die neuere zum Besserwerden, für Tugend und Frömmigkeit beigetragen zu haben. Man höre auch, wenn man die

Arbeits- und Zuchthäuser besucht, wie die Gefangenen und Aufwärter klagen, wie selbst diese letzteren sich oft über die zu lange Strafzeit der Sträflinge aussprechen, wie sie sich verwundern, daß ein Sträfling, der vielleicht nicht älter als 16 bis 18 Jahre ist, so lange Zeit für einen bloßen Frevel, Leichtsinn, im Arbeits- oder Zuchthause büßen muß. Es sind dieses auch nicht etwa blos Beispiele einzelner Uebelstände, sondern es charakterisirt sich auch in dem ganzen neueren Strafsysteme noch eine gewisse Härte, die nicht gebilligt werden kann, und die durchaus dem wohlbegründeten Vernunftbegriffe des Rechtszwanges widerspricht. Man hüte sich, diesen Zwang in ein äußeres Material von Gewalt umzusetzen. Denn dann sinkt die Strafe zu Gewaltstreichen herab, sie verläßt die Grenzen ihres Gebiets, ihrer unendlichen Macht, und schlägt Wunden des Körpers, wo sie die Sitten heilen, bessern, und die Willkühr zwingen sollte.

Mit dem Staatsleben fängt eine ganz andere Bedingung und Existenz an, als der Mensch in der blos sinnlichen Naturordnung führt. Diese fesselt ihn, und er ist wie ein reißendes Thier, das der Natur gegenübersteht, er ist hier eben sowohl der Gewalt leidende, als der Gewalt thuende Theil. In dem Staate fängt ein neues Regiment, eine höhere Ordnung, die Macht der Vernunft mit ihrer Freiheit und ihrem strafenden Zwange an. Jeder Mensch, selbst der boshafteste Verbrecher, erkennt diese Macht an, beugt sich mit einer inneren Anerkenntniß vor den Gesetzen und Strafen des Staats. Der innere Mensch spricht in ihm, der sehr wohl weiß, daß es außer der Gewalt der äußeren dringenden Natur, und außer der moralischen Strafe des Gewissens und eines überirdischen Richters, auch noch eine Instanz des Zwanges für das äußere Vernunftleben giebt, eine Macht, die, eben so ewig, unbezwinglich, unverletzlich, sich auf die Vernunftfreiheit gründet, wie das böse und gute Gewissen auf die That und das Zeugniß der übersinnlichen Welt.

Herr Abegg zeihet mich eines sehr üblen Verfahrens,

als kenne ich nicht die neueren mühsamen Bestrebungen einer gewissenhaften Jurisprudenz, wie diese die Straferkenntnisse zu berichtigen, zu mildern suche; was thue sie nicht alles, um die That des Verbrechers nach allen ihren Umständen zu ermitteln, ihr auf alle mögliche Weise Entschuldigung und Defension zu gestatten, bis auf den kleinsten Theil wo möglich die gerechte und billige Bestimmung zwischen Schuld und Strafe zu ermessen, ja, sie huldige selbst der Gewissenhaftigkeit, bis zu dem letzten Schlage des Lebens des Verbrechers auf dem Hochgerichte, wo sie ihre Bedenklichkeiten über Guillotine, Beil und Schwert fast auf's äußerste treibe, mit welchem Werkzeuge nämlich am anständigsten und der Vernunft am würdigsten ein Menschenleben zu tödten sei. Wir erkennen gern eine solche Gewissenhaftigkeit in dieser letzteren Mikrologie; denn so erscheint sie uns, wenn wir sie an die größere und noch wichtigere Frage halten, ob es überall anständig und der Vernunft gemäß sei, ein Menschenleben zum Tode zu bringen; wir ehren gern in jener scrupulösen, historischen Ermittelung der Thatsachen die Gewissenhaftigkeit der critischen Erforschung, aber sie nimmt uns eben um so mehr Wunder, da und wenn sie blos auf äußeren historischen Umständen verweilt, und nicht bei Ermittelungen größerer Verbrechen, auf welchen die Lebensstrafe steht, irgend eine Vernunftfrage an die Philosophie, an die Moral, an die Religion, ja an den Staat richtet, ob der Staat auch wirklich das Recht habe, am Leben zu strafen? Die Gewissenhaftigkeit, und zwar die größte, bewunderungswürdigste, rührendste, finden wir wohl in kleineren Dingen, aber wir vermissen dieselbe und die Vernunftfrage in größeren Angelegenheiten. Und so glauben wir, daß uns oben bezeichneter Vorwurf nicht treffen kann, daß wir ihn vielmehr mit Recht, wie wir gethan haben, dem Strafrechte machen können, daß es für die Philosophie zu wenig Gehör gehabt, und dem fortschreitenden Geiste der Aufklärung in der Milderung der Sitten, in criminalistischen Erkenntnissen und Angelegenheiten zu wenig gehuldigt habe. Wir bewundern jenes critische Geschäft in der genauen Ermessung des Strafmaaßes, Schuld und Zurechnung des Verbrechers zu ermitteln, bedauern aber, daß eben das Strafrecht einen Gesichtspunkt gefaßt habe, der blos mechanisch, und gar nicht nach sicheren Merkmalen ermittelt oder ermessen werden kann. Denn es ist, als wollte man den Sand des Meeres nach einzelnen Körnern ermessen. Das Strafrecht muß den einzigen und wahren Standpunkt wählen, Schuld und Zurechnung und Strafe nach dem Begriffe des Rechtszwanges, der intelligibler, vernunftgemäßer Natur ist, zu ergründen, wo dann theils die verschiedenen mannigfaltigen Gradmessungen einer mechanischen Scala von sinnlichen Strafübeln, theils auch der ärgerliche Uebelstand von so vielen abweichenden Strafbestimmungen und Strafmaaßen, in den älteren und neueren Gesetzbüchern, wie eine ganz vergebene Mühe, den Sand am Meere zählen zu wollen, wegfällt. Der intelligible Maaßstab der Strafbestimmung wird dann erstlich ein Strafübel wählen, welches selbst mit der intelligiblen Natur des Menschen übereinkommt; wird das Strafübel auf den wo möglich kleinsten Theil herabsetzen, und wird überhaupt weniger zu Gewissensfragen, zu juristischen Bedenklichkeiten, zu viel oder zu wenig gestraft zu haben, Gelegenheit geben, weil der Zwang der Strafe, welcher über den Sträfling verfügt ist, selbst schon mit dem Principe der Vernunftfreiheit, der zu coerzirenden Willkühr, dem Wesen und Charakter nach gleich und analog ist. Denn der Zwang der Strafe ist vernunftgemäß, und er stimmt schon als solcher mit der zu coerzirenden und zu bestrafenden Willkühr des Verbrechers überein. Strafe, Zweck und Bedingniß der Strafe stehen auf einer und derselben Linie, und hier bedarf man nicht mehr einer äußeren Größenbestimmung sinnlicher Strafübel, Schuld und Strafe auszugleichen. Eine kleinere Zeitdauer hat nun fast denselben absoluten Werth, als eine längere; eine kürzere Zwangsarbeit, ein kürzerer Termin der zu beschränkenden äußeren Freiheit, ist ein eben so absoluter innerer Maaßstab für Aussöhnung und Ausgleichung, wie überhaupt jede moralische Nöthigung, da jede intelligible Angelegenheit mehr auf dem inneren Grade der Empfänglichkeit und Thätigkeit, als auf der äußeren Größenbestimmung beruht. Leider hat das ältere Strafrecht sich fast in allen Mitteln von sinnlichen Strafübeln erschöpft, und die beiden wesentlich verschiedenen Begriffe von Gewalt und Zwang verwechselt, jenen diesem substituirt, und so einen Feudalismus der Strafgesetzgebung begründet, der noch bis in unsere Zeiten wuchert, und wo man nur zu sehr an die Verhältnisse früherer Jahrhunderte erinnert wird. Wenn das Strafrecht nichts anderes sein soll, als Aufstellung einer Gewalt gegen Vergehen und Verbrechen, so ist die sociale oder bürgerliche Ordnung nicht viel besser, als der sogenannte rohe Naturzustand, nur mit dem Unterschiede, daß hier von dem Einzelnen gegen den Einzelnen Gewalt gegen Gewalt, Rache gegen Willkühr geübt wird, dort aber nach jenem Strafrechte die Gewalt dem Staate als obersten Gesetzgeber und Richter übertragen worden ist. Und welches ist nun der Unterschied zwischen diesem und jenem Zustande? Kein anderer, als daß der Staat nun gleichsam privilegirter Naturzustand ist, wo die Gewaltthaten der Strafe in compendiarischer Form auf ein System, auf ein sogenanntes Strafrecht, zurückgebracht worden sind, daß die Willkühr vielleicht nur nicht über die Zahl von 40 Stockschlägen, oder über ein Maaß von dictirter Strafe hinüberschreiten darf. Der Staat hat aber für uns in seinem Strafrechte eine ganz andere und höhere Bedeutung. Die Gewalt muß in Zwang umgesetzt werden. In dem Staate tritt der Mensch aus dem Naturzustande, und die Macht des Zwanges ist und wird nun das Regiment der Ordnung. Ein solcher Zwang liegt in den gesetz- und vernunftmäßigen Strafen von auferlegter Arbeit, von beschränkter Willkühr durch Gewahrsam, in Bevormundung des Besitzes und der äußeren Kräfte des zu Bestrafenden u. s. w. Und alle diese Strafmittel stimmen mit dem höchsten Principe des Staats, daß er der Repräsentant, der Schutz der äußeren Vernunftfreiheit ist, auf das vollkommenste überein, und die körperlichen sinnlichen Strafübel sind nun Zeichen der Naturgewalt und eines früheren Terrorismus. Solche sinnliche Mittel der Gewaltübung sind und müssen nur die äußersten Grenzen der Anwendung des Zwanges sein, daß, wo der Verbrecher sich nicht der Macht des Zwanges fügt, eine gewisse Gewalt, aber nicht als Strafübel, sondern um dem Zwange Eingang zu verschaffen, gestattet werde. So geht der Gefangene oder Sträfling ohne Banden zum Gericht, er erkennt die Macht des Zwanges an; und nur wenn er sich mit Gewalt widersetzt, wird er durch Gewalt zum Gehorsam gebracht. Herr Abegg meint, daß ich fälschlich die Persönlichkeit des Einzelnen über die Autorität des Staats setze, und daher die Macht und das Gericht des Letzteren verkenne. Ich entgegne, daß die Persönlichkeit des Einzelnen in ihren Rechten und Pflichten, in ihrer intelligiblen Gesetzordnung, oder die Vernunft des Einzelnen in der That keine andere ist und sein könne, als die Vernunft und Persönlichkeit des Staats, nur daß dieser der gesammte reale Ausdruck, die sichtbare Organisation jener inneren idealen oder intelligiblen Ordnung ist. Der Wille des Staats kann kein anderer sein, als der Wille der Vernunft, welche in jedem einzelnen Menschen ist. Denn wie würde sonst die Idee des Staats realisirt werden können, wenn sie sich nicht in der gesammten Idee aller Einzelnen spiegelte? Es bedarf keines äußeren Vertrags, nach Stimmenmehrheit einen Staat und seine Vernunftgesetze in's Leben zu rufen, sondern der Staat ist ein ewiger, ungetheilter Vernunftvertrag, in seiner Idee eben so ewig, eben so ohne Anfang und Ende, wie die Grundgesetze der menschlichen Vernunft selbst.

Ich setzte über meine Schrift: „Ueber das Princip des Strafrechts“ als Motto einen Ausspruch eines französischen neueren Schriftstellers über die Unverletzlichkeit des menschlichen Lebens. Es sollte durch diese Ueberschrift nichts erwiesen, sondern nur ein beiläufiger Sinnspruch sein. Die deutschen Critiker machen ein großes Aergerniß daraus, als hätte ich eine Sache der höchsten Wichtigkeit durch eine dichterische beiläufige Phrase einer eben nicht anerkannten Autorität erweisen wollen. Wenn ich nun folgenden Sinnspruch aus Cicero gewählt hätte! Das Citat war vielleicht gelehrter, aber erinnerte es nicht auch an einen Ueberfluß von Citaten deutscher schwerer Gelehrsamkeit aus römischen oder griechischen Schriftstellern? Der alte Römer sagt: „Carnifex vero, et obductio capitis, et nomen ipsum crucis, absit non modo a corpore civium Romanorum, sed etiam a cogitatione, oculis, auribus. Harum enim omnium rerum non solum eventus atque perpessio, sed etiam conditio, exspectatio, mentio ipsa denique indigna cive Romano, atque homine libero est" etc. Und führt nicht Herr Abegg aus dem Sophocles ein Beispiel zu Illustration seiner Meinung an, kurz darauf wie er über mein französisches Citat gezürnt oder gescherzt hatte! Welche Untreue in dem Scherz und Ernste! Nur vielleicht daß die Illustration meiner Behauptung für das unverletzliche Recht des Menschenlebens richtiger und wahrer ist als die des Herrn Abegg aus einem griechischen Tragiker für die Behauptung seiner Opfertheorie über die Sanction der Todesstrafe. Herr Abegg scheint so gern die Wahrheit nach Jahren zu berechnen, und erweist so seine Ansicht für das Recht der Todesstrafe aus der so langen Gültigkeit derselben nach den juristischen Kompendien und Strafrechtsbüchern. Eine jede neue Meinung scheint er mit dem Worte eines Anfangs zu ächten, und zählt mich selbst zu den Anfängern, auf welche man nicht so viel zu geben habe. Herr Abegg bedenkt nicht, daß ein Jahrhundert lange Altes irrig und falsch, und ein Neues oder Anfangendes wahr, das Beginnen einer nothwendigen Reformation sein könne, mit der ja auch schon die Entwürfe neuerer und edlerer Strafrechtsbücher übereinstimmen, und die auch immer mehr durch das von mir aufgestellte Princip des Strafrechts Eingang finden muß. Mein Recensent versuche es, mir aus den bisherigen Theorien ein geltendes

Princip zu nennen, welches die Prüfung der Vernunft aushält, oder zur Grundlage, zum Leitfaden eines Criminalcodex gemacht werden könnte. Wir fordern von einem solchen Principe, daß es den Gesetzen der Vernunft gemäß ist, daß es sich als ein sittliches Gebot aus der Vernunft erweise, daß aus diesem Principe dann alle einzelnen Bestimmungen von Schuld, Zurechnung, Strafe nach allen ihren einzelnen Beziehungen und vernunftgemäßen Vorschriften als nothwendige Correlate sich ergeben. Mit diesen Anforderungen stimmt allein, nach unserer Ueberzeugung, dasjenige Princip überein, welches das Strafrecht auf die Vernunftfreiheit, auf den Begriff des mit dieser Vernunftfreiheit verbundenen intelligiblen oder legalen Zwanges zurückführt.

Gerechtigkeit und Vergeltung ist freilich die Grundidee des Strafrechts, also auch das oberste Princip der zu bestimmenden Strafgesetze und der Beurtheilung über den Maaßstab, über die Art und die Grade der Strafe. Aber wie weit und allgemein ist nicht der Begriff der Gerechtigkeit! Bezieht er sich blos auf ein Quantum von Graden, oder auf einen Maaßstab identischer Größen, daß Pfunde nach Pfunden, Theile nach Theilchen gerechnet, die Wagschalen der Gerechtigkeit blos auf eine solche mechanische Weise im Gleichgewicht erhalten werden? Giebt es nicht einen Maaßstab der Gerechtigkeit für das, was blos sinnenfältig, gleichsam als äußere Masse und Sache gilt? Giebt es nicht auch einen Maaßstab der Gerechtigkeit für einen solchen Austausch, wo nicht mehr um Sachen gehandelt wird, sondern die Angelegenheiten einen höheren Werth, eine intelligible Beziehung haben? Und giebt es nicht endlich einen noch höheren Maaßstab der Gerechtigkeit für diejenigen idealen Größen, die gar nicht mehr der sinnlichen Welt angehören, sondern den Menschen als Vernunftwesen zukommen? Und können nun, fragen wir, alle diese verschiedenen Maaßstäbe, wenn auch die Gerechtigkeit oder die Vergeltung nur eine und dieselbe Idee ist, auf einen und denselben Nennwerth reducirt werden, daß wir z. B. die ideale Welt nach Gewichten der Schwere messen, auf die eine Schaale der Waage ein Bedürfniß, auf die andere Schaale einen Gedanken, eine Idee legen? Kann dadurch wirklich eine wahrhafte Ausgleichung der Gerechtigkeit, wenn wir diese verschiedenen Maaßstäbe identificiren, zu Stande kommen?

Herr Abegg geht mit mir in der Begründung des Strafrechts von einer und derselben Idee aus, es ist der Begriff der Gerechtigkeit, der gerechten Vergeltung; wir beide sind darin übereinstimmend, daß nur diese Idee zum Principe des Strafrechts genommen werden könne, und daß alle andere Theorien, welche von äußeren Zweckbestimmungen ausgehen, der Wahrheit, dem vernunftgemäßen Begriffe der Strafe durchaus zuwider sind. Aber so einig wir in dieser Idee sind, so theilt und scheidet sich doch unser Weg mitten auf der Bahn, und so haben wir hier wieder einen augenfälligen Beweis, wie die Forschung nach Wahrheit mitten in ihrer Laufbahn straucheln, und auf Abwege gerathen kann. Der Maaßstab, nach welchem Herr Abegg die Gerechtigkeit nimmt, beurtheilt und anwendet, ist der mechanische, mystische, mistificirende, der wunder welche Vermittelung und Versöhnung in dem Gleichen um Gleiches, Strafe um Strafe, Tod um Tod sucht, und er bedenkt nicht, daß die juristische Kenntniß oder Wissenschaft, die klare, besonnene Urtheile liefern soll, nun in die finsterste Geheimnißlehre, die leider lange genug auf dem Felde der theologischen Dogmatik geherrscht, und auch jetzt wieder in neueren Schulen ihre Finsternisse auszubreiten sucht, ausartet. Das Abegg'sche Theorem ist dann ziemlich gleich der dunklen Ansicht, die ein jüngerer Theologe von seiner Meinung über das Recht der Todesstrafe mir freundlichst mittheilte. „Was nun den fast allgemeinen Widerspruch gegen „die Todesstrafe betrifft, so ist dieser ein erfreuliches Zeichen „für unsere Zeit. Und ein Volk, das in seinen edlen Seelen „und Geistern zum Bewußtsein gekommen ist, daß die Todesstrafe einmal aufhören werde und müsse, muß zu einer „hohen Staffel der Sittlichkeit emporgestiegen sein. Es drückt

„sich in diesem Bewußtsein der Glaube an die schon ange-
„fangene, und sich im Laufe der Weltgeschichte, und als solche
„immer mehr vollendende Vollkommenheit der menschlichen
„Natur aus. In sofern liegt dem Verlangen, die Todes-
„strafe aufgehoben zu sehen, der Kern und Stern der christ-
„lichen Religion zum Grunde, — ich meine den Glauben an
„die in Christo gegebene, und durch seinen Geist sich fort und
„fort vermittelnde Integrität der menschlichen Natur. Dieser
„Glaube, der uns zugleich die unendliche Würde des Einzel-
„nen aufschließt, und die Wiederherstellung, selbst des Mör-
„ders, festhält, — dieser Glaube kann sich nur in einem christ-
„lichen Volke regen: der Sultan schlachtet fort und fort, sei
„es aus Furcht und Laune, oder aus Nothwendigkeit, ohne
„daß der Türke, wann auch für einen einzelnen Fall, ein all-
„gemeines Bedürfniß nach der Aufhebung der Todesstrafe
„überhaupt fühlte, und zu fühlen fähig wäre, und in Ruß-
„land wird die Todesstrafe unangefochten und ohne Scrupel
„und Anstand immerfort vollzogen; ein Zeugniß zwar für die
„rechtskräftige Vollmacht des Gesetzes, aber auch ein Beweis
„für die große Gleichgültigkeit der Einzelnen gegen das Un-
„endliche, das in der Todesstrafe auf dem Spiel zu stehen
„scheint. Indem ich die christliche Gesinnung, die Liebe und
„Achtung des Menschlichen, die sich in der Ansicht und in je-
„dem Widerspruch gegen die Todesstrafe kund giebt, verehre
„und theile, kann ich doch in der wirklichen Negation und
„Remitenz gegen selbige nicht beistimmen. Denn

1) „Setzt die Aufhebung der Todesstrafe die Aufhebung
„der Sünde, und zwar der in dem Morde sich in ihrer cen-
„tralen Kraft manifestirenden Sünde voraus.

2) „Weil die Sünde des Mordens noch vorhanden, die
„der Aufhebung der Todesstrafe aber zu Grunde liegende An-
„nahme eines auf die Integrität der menschlichen Natur ba-
„sirten, vollkommenen Welt- und Staatszustandes eine Anti-
„zipation ist, — so folgt daraus, die Sünde muß aufgeho-
„ben werden. Diese Aufhebung kann aber, da die Sünde

„ein Mord ist, nur durch die Todesstrafe geschehen. Diese „ist die Vermittelung der Vergebung. cf. Göschel's zer„streute Blätter aus den Hand- und Hülfsacten eines Juri„sten, Seite 468.

3) „Diese Aufhebung liegt dem Staate, als dem in die „Wirklichkeit getretenen und verwirklichten Rechte als Ver„pflichtung ob."

Wir gestehen aufrichtig, diese theologisch oder juridisch dogmatischen Ansichten einer Hyperorthodoxie, die an einen Opferdienst der alten Versöhnungslehre erinnert, nicht theilen zu können. Sie widersprechen, nach unserer Ueberzeugung, dem Christenthume, welches die Opferdienste abschaffte, der Moral, nach welcher nur eine vernunftgemäße Strafe rechtlich und sittlich ist, und dem Rechte selbst, welches nicht über sein Gebiet hinaus weder das Leben der Seele, noch das des Leibes unter Contumaz stellen kann. Wir halten solche Ansichten einer Jarke'schen, Heinroth'schen, Hegel'schen Lehre für äußerst verderblich, besonders für die Rechtslehre, und namentlich für die Strafgesetzgebung, die nach der Vernunft nur über die Vernunftgüter des Menschen in dem Kreise der socialen Erscheinung zu entscheiden hat. Die obige Ansicht ist nun aber, wenn auch vielleicht in einer etwas freundlicheren Modification, die Behauptung unseres Herrn Abegg. Er sagt: „Wo aber von Tod und Leben die Rede ist, sollte man „beides tiefer erfassen, als es meist bei diesen Verhandlungen „geschieht; man legt dem Leben des Leibes einen unendlichen „Werth für sich bei, und wiederum wird der Tod als das „unendliche Uebel betrachtet. Allerdings ist er, sofern er als „Strafe statt hat, die schwerste Strafe, und wenige Verbre„chen können jene Nothwendigkeit der Sühne der Gerechtig„keit durch den Untergang begründen; dann aber, indem er „die wahre Befreiung ist, den furchtbaren Widerspruch löset, „den der Schuldige auch in sich selbst fühlt, und den er, so„bald er erwacht und zur vollen Einsicht seiner Schuld ge„langt ist, nicht zu tragen vermag, — dann ist er, wie die

„Strafe überhaupt, eine Wohlthat. Man hält sich häufig „viel zu oberflächlich an den Ausdruck von Strafübeln. Jene „äußere Nothwendigkeit ist das Gefühl des Schuldbewußten, „und auch in einem dann verübten Selbstmord spricht sich „nicht selten dieses, man kann sagen, höchst tragische Moment „aus. Tragisch nenne ich es, im Sinne wie bei Aeschylos „und noch mehr bei Sophocles, besonders in der Antigone, „jene Nothwendigkeit des Unterganges geoffenbart ist." — Wir zweifeln nicht, daß, wie Herr Abegg sagt, manches oder vieles aus dem Alterthume zu lernen ist, und daß das Alterthum nicht immer die Bezeichnung der Barbarei verdient; aber dennoch müssen wir, was den tragischen Sinn der griechischen Dichter betrifft, und die mögliche Beziehung einer solchen Bühnen-Tragödie auf die Tragödie des Hochgerichts, ferner in den Begriffen der Todesstrafe als einer Sühne der Gerechtigkeit und als einer höheren Wohlthat, welche das Hochgericht übe, kurz in allen diesen Mystificationen und überspannten Dogmen mit aller Kraft der Rede und des Gedankens Herrn Abegg widersprechen. Es soll sich in dem Selbstmorde des Mörders ein höchst tragisches Moment offenbaren? Ein trauriges Moment, meinen wir, aber kein tragisches; ein Moment der wunderbaren Schicksalshelfen, die als Ritter von der traurigen Gestalt auf den neueren Bühnen einherschreiten, und mit Verbrechen, Schicksal und Hochgericht spielen. Bedauern können wir einen solchen Selbstmörder, aber wir würden eine größere Seelenstärke, mehr Bewußtsein der Pflicht, mehr religiöses und wahrhaft moralisches Gefühl in ihm erkennen, wenn er zu der ersten Uebelthat nicht noch eine zweite fügte, nach dem Nächstenmorde nicht auch Hand an sich selbst legte, sondern die Verzweifelung, die Reue seines Bewußtseins, seines schuldbewußten Herzens durch Ertragen des Lebens und durch jene Abbüßung, die allein die wahre ist, sein Herz zur Moral und zur Religion zu wenden, gut zu machen und zu versöhnen suchte. Die Ansicht des Herrn Abegg ist nur eine sinnliche, wie möchten sie eine halb oder falsch poetische nennen; sie ist der Ausdruck einer grübelnden Afterweisheit, die aus dem Dunkel nicht zum wahren Licht gelangen kann. Und eben so wenig wissen wir, wenn wir nicht ebenfalls mit Worten spielen und einen Schein des Heiligen für das wahre Heiligthum ausgeben wollen, etwas von einer sittlichen oder moralischen Wohlthat, die dem Verbrecher erwiesen wird, wenn er vom Leben zum Tode gebracht wird. Diese Wohlthat ist allenfalls nur eine sinnliche, da der Verbrecher seines Leben quitt wird. Aber von Wohlthaten in diesem Sinne kann in einem Richterspruche über Verbrechen und Strafe nicht die Rede sein. Der gerechte und gewissenhafte Richter hat nur diejenige Wohlthat und diejenige Strafe dem Verbrecher zuzumessen, welche in dem Begriffe des Rechts liegt, nur diejenige rechtskräftige Wohlthat, nicht mehr zu strafen, als das Verbrechen verdient. Die Jurisprudenz würde sich zu viel anmaaßen, ihre Strafen als Wohlthats- oder Gnadenbezeugungen erweisen zu wollen. Sie würde dann eine wohlthätige Grausamkeit und eine grausame Wohlthäterin werden. Noch weniger können wir uns mit Herrn Abegg in dem Begriff der Todesstrafe vereinigen, daß sie die wahre Befreiung sei, den furchtbaren Widerspruch löse, den der Schuldige auch in sich selbst fühle u. s. w. Ohne daß wir den Tod eben für ein Strafübel, für ein Gerippe, was Schaudern errege, noch auch für jenen sanften Engel, der mit zartem Finger die Augenlider des Sterblichen schließe, und auch von dem Leben weder zu viel, noch zu wenig halten; so glauben wir doch, daß sich ein Strafrecht auf Erden auch nur an das Ebenmaaß derjenigen Erscheinung halten müsse, das nun einmal auf der Erde gegeben ist, daß wir nämlich das Leben, ohne den Tod zu fürchten, in Ehren und heilig halten müssen. Wenn eine Theorie, daß das Sinnliche als Sühnopfer für das Himmlische hingegeben werden kann, zu jenen rauchenden Opferaltären führt, wo Abraham seinen Sohn um Gottes willen schlachten will, zu jenem gräßlichen Aberglauben und Fanatismus, wo Menschen den Götrern geopfert werden; so führt auch leicht eine Transsubstantiation des Leiblichen in das Geistige, oder der Versöhnungsglaube der Gerechtigkeit durch die Hingabe des Lebens leicht zu den auffallendsten und bedauerungswürdigsten Irrthümern der Jurisprudenz, eine Strafe zu entschuldigen und zu rechtfertigen, die nicht zu rechtfertigen ist, ich meine die Todesstrafe, die sich als Vermittlerin, als Fegefeuer gleichsam, zwischen dem Diesseits und Jenseits stellen soll. Indem Herr Abegg in gewisse juristische Begriffe tief einzugehen wähnt, vernachlässiget er die Philosophie, die nicht blos nach der Tiefe, sondern auch nach der Höhe, nicht nach dunkelnden Geheimnissen, sondern nach klaren und verständlichen Grundsätzen der Vernunft ihre Lehren und Wahrheiten abmißt. Das tragische Moment der Bühne ist auch ein ganz anderes, als das von Abegg angegebene. Möge nie das Strafrecht eine Rechtfertigung der Todesstrafe aus jener weltgeschichtlichen ästhetischen Ansicht entlehnen, wo die Macht und das Geschick des Menschen sich unter die Nothwendigkeit äußerer Erscheinungen beugen muß, und wo Verschuldungen an den Menschen gebracht und von ihm gebüßt werden, an denen er einen nur leidenden aber keinen activen Theil hatte. Die Idee des alten Tragischen ist die Lösung einer Schuld, aber nicht die Büßung oder Bestrafung eines Verbrechens. Ueber Verbrechen richtet die klare helle Vernunft. Mit der Form der Schuld spielt aber auf eine tragische Weise das Drama, welches die Lösung derjenigen Verschuldungen ist, die wie ferne Schatten sich über das Leben des Menschen hinziehen, und die mehr Verschuldungen einer höheren und äußeren Nothwendigkeit, als freie Handlungen des menschlichen Bewußtseins sind. Hierüber in meinem „System der Aesthetik. Leipzig, bei Dick." Uebrigens nimmt ja aber auch Aristoteles in seiner Poetik, wie Herr Abegg weiß, eine Versöhnung oder eine Lösung der Fabel als die beste und schönste an, wo zwar nicht ein glücklicher Ausgang ist, aber doch nicht der Tod, das Schwerdt über die Schuldigen einherfährt. Es ist zu bedauern, daß sich Herr Abegg durch eine Philosophie hat verleiten lassen, welche das Geistige mit dem Körperlichen identificirt, und wo das Wirkliche, die Erscheinungswelt in ihrem Recht und Unrecht, mit allen ihren Labyrinthen von Irrthümern und Falschheiten das Supremat über die Vernunft führt. Denn so geht der Geist der Wahrheit zu Grunde, wir leben nun nur in einer Geschichte, die von Nichts anfängt, und zu einem Nichts wieder zurückgeht, wo die Welt das Spiel, die Nothwendigkeit von auflösenden und einander verdrängenden Formen ist. Wir meinen die Hegelsche Philosophie, aus der Abegg folgende Lehrsätze dictirt. „Die Todesstrafe ist aber überhaupt „nicht auf einen besonderen Zweck berechnet, sie ist vielmehr „in ihrer Bedeutung die Vernichtung des irdischen Daseins, „die Rettung des Geistigen durch das Hingeben des Leibli„chen, sie trifft nicht das Leben, als solches, sondern das Zeit„liche, Vergängliche, den Leib in der Sinnenwelt. Soll die„ses geschehen, so kann es sich nicht um Zweck und Mittel „handeln, sondern es muß die Nothwendigkeit da sein, daß „dem Höheren das Niedere, dem Ewigen das Vergängliche, „der Idee, sie ist das Leben der Gerechtigkeit, dasjenige ge„opfert werde, was bereits todt, ohne fernere Berechtigung „nicht dagegen bestehen darf. Nicht Rache ist es, nicht äu„ßere Vergeltung, nicht Unrecht gegen Unrecht, Gewalt gegen „Verbrechen, — nein es ist die Aufhebung des Unrechts, „welche sich in seiner höchsten Potenz personificirt hat, so daß „es ohne Widerspruch nicht weiter bestehen kann. Daß eine „solche Nothwendigkeit nicht eintrete, daß nicht das physische „Leben hier und in noch anderen Fällen der Idee nachgesetzt „werden müsse, das hat noch Niemand erwiesen, aber das „Gegentheil macht sich selbst geltend, und die Natur und Sitte „und Religion bestätigen es, u. s. w." — So viel wir wissen, verbietet die Moral zwar, das physische Leben nicht höher zu halten als die höchsten Güter der Vernunft, aber sie verbietet auch, das physische Leben freventlich wegzuwerfen, vielleicht aus einem blinden Eifer für die gute Sache. Der

Vaterlandsvertheidiger geht in die Schlacht und setzt sein Leben ein, mordet sich aber nicht selbst, und verbreitet auch nicht Mord als Bedingniß zur Wahrheit, sondern weicht nur der Nothwendigkeit, und läßt den Tod gleichsam herbeischreiten, ohne daß er ihn herbeiruft. Die Todesstrafe setzt aber die Tödtung als Bedingniß, als Substrat des Rechts; und das ist eben das Unrecht, das ist die alte Sitte unaufgeklärter, roher Zeiten. Man spricht zwar viel in der Vertheidigung der Todesstrafe von dem Rechte der Vernunft, die keine äußeren, sondern nur innere Zwecke habe. Aber eben um dieses inneren Zwecks willen darf nicht nach bloßen Grundsätzen des Verstandes über Leben und Tod geurtheilt, sondern muß ein höherer Standpunkt genommen werden, Schuld, Zurechnung und Strafe nach inneren Bedingungen der Sittlichkeit zu messen, oder über sie nach den ewigen Gesetzen der Vernunftfreiheit, die nur Zwang, nicht Gewalt, nur Beschränkung, nicht Vernichtung zuläßt, Achtung gegen die heiligen Rechte der Menschheit gebietet, aber nie den Menschen zu einer bloßen Sache, zu einem blos physischen Leben herabwürdigt, zu erkennen. Wir sehen auch nicht ab, wie durch das Hingeben des Leiblichen, durch das Schwerdt, welches den Kopf vom Rumpfe löset, die Wahrheit, das Recht gewonnen, Unrecht als solches vernichtet, und das Verbrechen durch den leiblichen Tod des Verbrechers gebüßt werden könne. Alle solche Behauptungen sind Ansichten, welche den äußeren Schein für die Wahrheit, den falschen Gottesdienst für den wahren, und Symbole, äußere Zeichen für das Recht, für die Tugend selbst halten.

Herr Abegg glaubt die Theorie der Vergeltung, in wiefern sie Jus talionis ist, folgender Maaßen zu retten. „Es ist „namentlich auch nicht zu läugnen, daß ihr Hauptbegründer, „Kant, gerade durch seine Herleitung und Ausführung der„selben wohlgegründeten Widerspruch herbeiführen mußte. „Theils aber sind von Seiten der Gegner gleich bei der Art, „wie sie jene Theorie auffaßten, die sonderbarsten Mißver-

„ständnisse vorgekommen, durch deren Aufdeckung allein eine „große Zahl ihrer Einwendungen sich von selbst erledigt. So „verwechselt man gewöhnlich drei Momente, die nicht alle „gleich wesentlich der Wiedervergeltungstheorie angehören, obgleich manche von deren Vertheidigern sie aufgenommen ha„ben. Nämlich erstlich Vergeltung, als Princip des Straf„rechts. Dieses ist soweit richtig, als es den Sinn hat, daß „durch die Strafe nur Gerechtigkeit, und darum eine noth„wendige Reaction gegen den Uebertreter geübt werden soll; „zweitens, Vergeltung in dem angedeuteten Sinn, als Maaß„stab der Bestrafung, der aus der Schuld entnommen, ihr „gleich sein soll, — auch dies ist zugegeben, daß die Strafe, „welche mehr zufügt oder weniger als verdient ist, nicht eine „gerechte sei; drittens, Vergeltung als Princip für die Wahl „der Strafart, daß der Schuldige dasselbe erfahre, was er ge„than, oder verletzt habe" u. s. w.

Herr Abegg giebt zu, daß dieses dritte Kennzeichen nicht zum Principe der wahren Vergeltungstheorie gehöre, und warum, fragen wir, hält er dennoch nun Tod um Tod für rechtmäßig? Wie kann er ohne erzwungene Begriffe das Identische zu einer anderen Art von Auslegung umschmelzen, und an der Aufhebung des Daseins des Frevlers, an dieser Negation eine wunderbar positive Versöhnung des Rechts finden? Der Staat kann und darf nur aus dem Begriffe des Rechtszwanges zu dem Begriffe der Gewalt überschreiten. Wo, und in sofern kein anderes Rettungsmittel selbst für den rechtmäßigen Zwang, vorhanden ist, da entsteht das Nothrecht, die Nothwehr, sowohl für das gesammte Staatsleben, als auch für den Einzelnen. Der Naturstand der Gewalt wird dann als nothgedrungenes, als äußerstes Mittel zum Rechte, um dem Zwange, dem Rechtsstande Hülfe zu leisten, ihm wieder Eingang und Gültigkeit zu verschaffen. Daher die Nothwendigkeit des Vertheidigungskrieges, daher die Nothwehr des Einzelnen, wenn sein Leben bei dem Angriffe des Mörders auf ihn auf dem Spiele steht. Hier, mitten in dieser Gefahr, kann von Anwendung des Rechtszwanges nicht die Rede sein, sondern hier ist erlaubt und auch durch die Rechtspflicht geboten, Gewalt gegen Gewalt. In einen solchen Fall kann aber der Staat nie gegen den einzelnen Mörder kommen; hier würde die Bestrafung des Mörders durch die Gewalt des Schwerdtes, Unthat, Unrecht, das unwürdigste Mittel der Vertheidigung und Strafe sein; hier tritt die Macht des Staates ein mit dem über alles siegenden, höheren Rechtszwange der Vernunft, die nach Grundsätzen des Rechts vergilt, aber nicht auf eine mechanische Weise durch das Schwerdt, nicht wie in dem bloßen Naturzustande, sondern als höhere Autorität einer von Gott geheiligten Gerechtigkeit, den Verbrecher unter dem Zwang des Gesetzes zu halten, ihn in Zwang zu verwahren, und durch denselben ihn auf eine vernunftfreie Weise zu bestrafen. Dieses liegt in dem Begriffe des Rechts; und jene Strafe, die nur als Gewaltthat, als äußeres sinnliches Strafübel einherschreitet, ist der Vernunft, des Rechts unwürdig. Wir sind weit entfernt, dem Laster und dem Verbrechen freien Lauf zu gestatten, sondern wir wollen nur, daß das Strafrecht zu einer gesetzlichen Macht des Zwanges sich erhebe, wo der Terrorismus unwürdiger, entehrender, die Moral und Religion beleidigender Strafübel wegfällt, und die Strafe eine heilige, gerechte Macht des Zwanges wird. Dieser Zwang hat nicht die Besserung zum Zweck, sondern enthält die Vernunftfreiheit, die Anwendung, die Bedingung derselben unmittelbar in sich selbst.

VIII.

Recension von Herrn Professor Dr. Abegg. Berliner Jahrbücher zur wissenschaftlichen Kritik. October 1833. No. 66 — 69.

Es ist eine geraume Zeit her, daß der noch nicht beendigte Streit über die Rechtmäßigkeit der Strafe, und insbesondere der Todesstrafe begonnen hat, und wir verdanken demselben bedeutende Fortschritte, im Wege des Uebergangs von der Wissenschaft in die Gesetzgebung und von beiden in die Anwendung. So war es allerdings ein Fortschritt, wenn man für den Staat und die aus demselben hervorgehenden Verhältnisse, statt zufälliger Veranlassungen den Vertrag, — also den Willen der Vernunftwesen, als Grundlage annahm. Aber wir haben gesehen, daß dieser Standpunkt, der den subjektiven Willen, oder ein Aggregat vieler Einzelnen, zum Ausgangspunkt des Rechts, und vollends des Sittlichen machte, nicht geeignet sei, die Wahrheit zu enthalten.

Vom Vertrage aus hat man dann auch das Recht der Strafe, so wie die Strafarten, namentlich die Lebensstrafe gewürdigt, — es war erklärlich, daß man aus dem nämlichen Vordersatze die Rechtmäßigkeit jener beiden und wiederum das Gegentheil folgerte. Diesem Standpunkte der Verstandes-Reflexion, wo sich Rücksichten geltend machen, nicht aber Gründe, als: Nützlichkeit, praktisches Interesse, ein Abwiegen von Vortheilen und Nachtheilen, — diesem gehören die so genannten relativen Theorieen an, nach welchen die Begründung der Strafe und die Vertheidigung der Todesstrafe eben so viel Blößen darbot, wonach jede solche Theorie, indem sie eines der mehreren Erfahrungsmomente zur Sache selbst, zum Begriff zu erheben strebt, einen Gegner nicht nur an irgend einer andern eben so sehr berechtigten Theorie hat, sondern in sich selbst unhaltbar, von ihrem eigenen Ausgangspunkt und dessen Verfolgung angreifbar ist. Man mußte weiter gehen, und die Wissenschaft hat es gethan. Indem der Staat und das Recht jetzt in ihrer sittlichen Bedeutung erkannt werden, so ist damit die Grundlage einer weitern Würdigung gegeben worden, und schon hierin liegt ein Fortschritt, wenn auch auf dem neuen Gebiete die Streitfrage in veränderter Weise wiederum hervortritt. Denn damit ist schon anerkannt theils der nothwendige Zusammenhang, in welchem diese Frage mit dem Princip und der Begründung des Strafrechts steht, theils, daß hier nicht mehr von einem bloßen Dürfen die Rede sei, sondern von einem Recht in der höheren Bedeutung, wo dieses als sittliches mit der Pflicht identisch ist. Damit fallen denn auch von selbst alle Nützlichkeits-Systeme hinweg, denn wie vermochten Zwecke der Abschreckung, Sicherung, Besserung u. s. w. für sich selbst einen Rechtfertigungsgrund für das abzugeben, was in höherer Nothwendigkeit gegründet ist. Verwerflich ist, wie wichtig auch die Politik im Recht ist, jede solche bloß politische Theorie, die nicht auf der Grundlage der Gerechtigkeit steht, sondern sich an deren Stelle zu setzen strebt. Zum Glück ist auch die Wahrheit, die Gerechtigkeit vorhanden und verliert ihr Recht und ihr Dasein nicht deshalb, weil sie geläugnet oder nicht erkannt wird. Und in der That, ohnerachtet gelegentlicher Aeußerungen der Gesetze die eine so genannte relative Theorie, sie einseitig hervorhebend, zu ihrer Unterstützung geltend machen könnte, ist in deutschen Strafgesetzgebungen die Rechtmäßigkeit der Strafe stillschweigend vorausgesetzt, deren Beweis jedenfalls nicht der Gesetzgebung obliegt, und erst auf solcher Grundlage kommen politische Rücksichten und jene Folgen, dann aber mit vollem Rechte, so weit sie mit ihr vereinbar sind, in Betracht. Es ist vorzugsweise unser deutscher rechtswissenschaftlicher Standpunkt, von dem wir aussagen dürfen, daß er sich zum Vortheil und im Interesse der Wahrheit verändert hat; wenn auch immer wieder Anfänger-Schriften uns von der Entdekkung belehren, die der Verfasser gemacht hat, Sicherung oder Vertheidigung u. s. w. sei der Zweck u. s. w. der Strafe *). In dem System der reinen Verstandesauffassung, der Beziehung der Strafe auf Zwecke, deren Brauchbarkeit über ihre Zulässigkeit, und über die Angemessenheit der Mittel entscheiden und durch solche die Strafe rechtfertigen soll, finden wir besonders die Italiener, Franzosen und Engländer beharren, obgleich in neuerer Zeit einige recht eifrige Vertheidiger der Gerechtigkeit, z. B. Rossi, aufgetreten sind **). Aber außer Beccaria haben auch Paolo Vorgani, della pena di morte. Milano 1777 und Antonio Montonari, sopra la necessita della pena di morte. Verona 1770, welche als Vertheidiger der Todesstrafe aufgetreten sind, sich nur auf den untergeordneten Gesichtspunkt gestellt, und wenn unsere Zeit weder jene Begründungsweisen des Strafrechts überhaupt und der Statthaftigkeit der Todesstrafe, noch jene Widerlegungen als treffend anerkannt, so ist es eben, weil sich das Bedürfniß tieferer Begründung unabweislich geltend macht. Aber allge-

---

*) Während Herr Dr. Schauberg „über die Begründung des Strafrechts," München 1832, dieses aus dem Recht ganz in die Politik verweiset, hat Herr Dr. Ant. Barth „über den Rechtsgrund der Strafe," Erlangen 1833, wie er sich ausdrückt, unwiderleglich gezeigt, daß dieß Strafrecht und die Strafe ein Unrecht seien, welche zur Verhütung größeren Unrechts, das aus der Unthätigkeit des Staats gegen Verbrecher hervorgehe, stattfinden.

**) Jahrb. d. jurist. Lit. Bd. 17. S. 119. ff., 237. ff.

meine Anerkennung scheint sich dasselbe doch noch nicht verschafft zu haben. Denn während darüber die Stimmen kaum mehr getheilt sind, daß die Strafe als Nothwendigkeit, nicht als bloße Berechtigung aufzuzeigen sei, so findet man, so bald man die Frage in besonderer Beziehung auf Lebensstrafen aufstellt, bei den Vertheidigern wie bei den Gegnern noch häufig, daß sie wieder an äußern Rücksichten hin und hergehen, und den Standpunkt ignoriren, von welchem allein eine befriedigende Lösung zu erwarten ist.

Es ist nämlich auf dem Standpunkte des Staats, der Sitte schon das Strafrecht wesentlich ein anderes, als in der bürgerlichen Gesellschaft, aber auch diese, in welcher sich zuerst der Begriff des Verbrechens, als strafbaren Unrechts zeigt, hat schon den Fortschritt von der Geschlechtsrache, wie von dem Rügerecht gemacht. So wie in jeder dieser Stufen das verbrecherische Unrecht eine andere Gestalt erhält, so erweitert und andererseits beschränkt sich auch darnach der Begriff und die Bedeutung der Strafe. In der bürgerlichen Gesellschaft, wo die Rechtspflege ihre Beziehung noch nicht als reine Gerechtigkeit hat, sondern zum allgemeinen Wohl und Besten stattfindet, machen sich eben darum auch die politischen Rücksichten geltend. Hier ist den so genannten relativen Strafrechtstheorieen ihre Stelle anzuweisen, und hiermit erklärt sich auch, weshalb theils bei uns diesen noch so viel Gewicht von denen beigelegt wird, die den Staat als Vertrags-Verhältniß, als Gesellschaft betrachten, theils jene Ansicht sich bei einigen anderen Völkern so überwiegend behauptet, wie denn namentlich Frankreich in seiner neuesten politischen Gestaltung nach dem Ausspruch derer, die die dortige Intelligenz und das allgemeine Bewußtsein in sich darstellen, sich als solche vertragsmäßige Vereinigung ergiebt, und den Staat zu einer solchen herabzusetzen sucht.

Es ist jetzt fast 20 Jahre her, daß Feuerbach in der Kritik des Kleinschrod'schen Entwurfes Th. 2. S. 166. Gießen 1804. gegen die Bestimmung von §. 129, 130: „die

Todesstrafe soll gegen Hochverräther u. s. w. nur dann erkannt werden, wenn sie in Gefängnissen nicht so verwahrt werden können, daß die nahe Gefahr entfernt wird, sie möchten sich in Freiheit setzen und solche Verbrechen noch ferner begehen," nachdrücklich erklärt hat, daß hier nicht mehr von einer Strafe wegen des Verbrechens die Rede sei, sondern daß der Verurtheilte die Mangelhaftigkeit der Einrichtungen der Gefängnisse büßen würde. Aber dennoch hört man nicht auf, immer wieder als Grund für die Lebensentziehung die Gefahr des Entweichens aus dem Straforte anzuführen. Wo nichts Besseres den Gegnern der Lebensstrafe entgegengesetzt wird, da darf man keinen Anstand nehmen, so fort diesen letzteren beizutreten. Aber auch diese lassen es nicht am Gebrauch ungehöriger Waffen fehlen. Sie räumen dem Gefühl und der Leidenschaft einen Einfluß auf die Untersuchung ein und erwidern den Vorwurf der Empfindelei durch den der Barbarei, des Blutdurstes, der Unvernunft u. s. w. Sie scheuen sich nicht, es Justizmord zu nennen, wenn gewissenhafte Richter ein Todesurtheil gegen einen Schuldigen fällen, wenn ein Fürst, der das Recht förderlich ergehen läßt, dasselbe bestätigt. Fühlen sie nicht, wie sie dadurch ihrer guten Sache selbst schaden! Sie bringen, was gegen die längst als verwerflich erkannten qualificirten Todesstrafen zur Genüge gesagt ist, nicht minder, wie mangelhafte Weisen der Vollstreckung, Unsicherheit, in einzelnen Fällen — als Gründe gegen die Strafe überhaupt vor. Sie berufen sich auf die Erfahrung, daß die Todesstrafe nicht abschrecke u. s. w. Dieses alles trifft indessen so wenig die Hauptfrage, als die Berufung auf die, jetzt wohl in unsern Staaten nirgends vorkommende Erfahrung, daß die Ausübung der Strafrechtspflege wohl auch als Mittel eines Mißbrauches gedient habe, — ein Grund, der nicht gegen die Todesstrafe allein, der vielmehr gegen die Strafe überhaupt gälte.

Fortsetzung.

Wie freundlich auch das Princip der Besserungstheorie anspricht, — sie kann nur neben der Gerechtigkeit, nicht statt derselben in Betracht kommen, und die Strafanstalt ist keine Bildungsschule ihrer wahrhaften Bestimmung nach. Nein, die Besserung muß eine tiefere sein und auf einen andern Grund gebaut werden. Ist aber die mit der Bestrafung stets zu verbindende Rücksicht auf Besserung eine Pflicht gegen den Gefallenen, so ist doch diese Folge nicht der Grund, nicht die Rechtfertigung der Strafe. Freilich, die Besserungstheorie muß sich gegen die Lebensstrafe erklären, — aber wenn sich deren Nothwendigkeit darthun läßt, so kann sie in den Fällen, wo diese eintritt, sich nicht gegen die Forderung der Gerechtigkeit geltend machen.

Aber ist denn eine solche Nothwendigkeit nachzuweisen? Darf der Staat ein Gut entziehen, das er nicht ertheilt hat, sondern nur schützt? Darf es insbesondere der christliche Staat?

Dies führt uns näher zur Betrachtung der Schriften, an welche diese Bemerkungen angeknüpft werden. Der Verf. derselben würde sich bei näherer Kenntniß der juristischen Literatur überzeugt haben, daß das Bild, welches er sich von dem wissenschaftlichen Treiben im Gebiete des Strafrechts macht, großentheils dem heutigen Standpunkte nicht mehr entspricht; er würde sich haben die Mühe ersparen können, manche irrige Theorieen zu bestreiten, die längst und weit gründlicher widerlegt sind; er würde andere in einer wahrhafteren Bedeutung kennen gelernt, und dann nicht umhin gekonnt haben, auf andere Weise mit ihnen zu verfahren, da sie ihm keineswegs die Blößen bieten, die er nun entdeckt, und mit Erfolg benutzt zu haben glaubt.

Wir wollen es bekennen, daß wir mit einem gewichtigen Gegner der Lebensstrafe zu thun haben. Seit längerer Zeit hat er in verschiedenen Abhandlungen, von mehreren Gesichtspunkten aus, obschon nicht überall unbefangen, den Gegenstand betrachtet. „Ich habe früher — sagt der Verf. — die Unrechtmäßigkeit und Unzweckmäßigkeit der Todesstrafe nach psychologischen, gerichtsärztlichen Gründen gezeigt". Hier geschieht dieses nun in juridischer Hinsicht selbst nach Gründen des Rechts und nach Grundsätzen der Vernunft.

Was jene frühern Abhandlungen betrifft, die ich mit Theilnahme gelesen habe, so sieht man auch ohne Rücksicht auf alle die Entgegnungen, denen sie Raum geben, nicht wohl ein, wie die Frage nach der Rechtmäßigkeit oder dem Gegentheil anders als auf dem Gebiete des Rechts und der Sitte, und wie sie auf dem der gerichtlichen Arzneikunde gelöset werden könne. Auch die Psychologie bietet nur hinzutretende Momente dar, indem ihr vornämlich die der Strafe zu Grunde liegende Lehre der Zurechnung, der Schuld, mit angehört; sie ist es, aus der sich eben die Nothwendigkeit der Todesstrafe begründen läßt. — Aber der Verf. scheint doch von seiner apodictischen Behauptung, das alles gezeigt zu haben, wieder etwas nachzugeben, denn er geht gleich zu der subjektiven Erklärung über: „Ich kann mich nicht überzeugen, daß die Todesstrafe ein rechtbeständiges Recht sei". Das Thema der weiteren Darstellung wird nun so bezeichnet: „Sie ist das Uebel eines barbarischen, ungebildeten Alterthums. Soll denn aber, fragen wir, die Menschheit nicht fortschreiten, sollen die unverbrüchlichen persönlichen Rechte der Menschheit ewig unter den alten statutarischen Formen begraben liegen? — Hermani sagt: en vérité la vie d'un homme est grande chose!"

Es ist wahrhaftig so wenig unter den Vertheidigern der Todesstrafe, als auch bei denen, die sie nach den Gesetzen zuerkennen und bei der Gesetzgebung selbst zweifelhaft, daß ein Menschenleben, sowohl das des frevelhaft Gemordeten, als das des Mörders selbst, etwas Wichtiges, Großes sei, daß wir nicht dafür der Autorität des französischen Schauspieldichters bedürfen. Die oft ängstliche Sorgfalt bei dem

Beweise, das ganze Verfahren, wie es jetzt stattfindet, bestätigt dieses, und würdiger ist dies wohl nicht leicht wo ausgesprochen, als in der P. G. O. von Carl V. im Art. 150 a. E. Die Todesstrafe ist aber überhaupt nicht auf einen besondern Zweck berechnet, sie ist vielmehr in ihrer Bedeutung die Vernichtung des irdischen Daseins, die Rettung des Geistigen durch das Hingeben des Leiblichen, sie trifft nicht das Leben als solches, sondern das zeitliche, vergängliche, den Leib in der Sinnenwelt. Soll dieses geschehen, so kann es sich nicht um Zweck und Mittel handeln, sondern es muß die Nothwendigkeit da sein, daß dem Höheren das Niedere, dem Ewigen das Vergängliche, der Idee, sie ist das Leben der Gerechtigkeit, dasjenige geopfert werde, was bereits todt, ohne fernere Berechtigung nicht dagegen bestehen darf. Nicht Rache ist es, nicht äußerliche Vergeltung, nicht Unrecht gegen Unrecht, Gewalt gegen Verbrechen, — nein, es ist die Aufhebung des Unrechts, welches sich in seiner höchsten Potenz personificirt hat, so daß es ohne Widerspruch nicht weiter bestehen kann. Daß eine solche Nothwendigkeit nicht eintrete, daß nicht das physische Leben, hier und in noch anderen Fällen, der Idee nachgesetzt werden müsse, das hat noch Niemand erwiesen, aber das Gegentheil macht sich selbst geltend, und die Natur und Sitte und Religion bestätigen es. Nur über die Fälle, die immer seltener werden müssen mit fortschreitender Gesittung, können die Meinungen getheilt sein; hier zeigt sich dann vornehmlich der Einfluß der volksmäßigen, politischen, selbst der religiösen Ansichten. Wo aber von Tod und Leben die Rede ist, sollte man beide tiefer erfassen, als es meist bei diesen Verhandlungen geschieht; man legt dem Leben des Leibes einen unendlichen Werth für sich bei, und wiederum wird der Tod als das unendliche Uebel betrachtet. Allerdings ist er, sofern er als Strafe statt hat, die schwerste Strafe, nur wenige Verbrechen können jene Nothwendigkeit der Sühne der Gerechtigkeit durch den Untergang begründen! dann aber, indem er die wahre Befreiung ist, den furchtbaren Widerspruch löset, den der Schuldige auch in sich selbst fühlt und den er, sobald er erwacht und zur vollen Einsicht seiner Schuld gelangt ist, nicht zu tragen vermag — dann ist er, wie die Strafe überhaupt, eine Wohlthat. Man hält sich häufig viel zu oberflächlich an den Ausdruck von Strafübeln. Jene äußere Nothwendigkeit ist das Gefühl des Schuldbewußten, und auch in einem dann verübten Selbstmord spricht sich nicht selten dieses, man kann sagen, höchst tragische Moment aus. Tragisch nenne ich es, im Sinne wie bei Aeschylos, und noch mehr bei Sophocles, besonders in der Antigone, jene Nothwendigkeit des Untergangs geoffenbart ist. So sagt sehr treffend Seneca de ira lib. I. cap. V. i. f. „ultima supplicia sceleribus ultimis ponat, ut nemo pereat, nisi quem perire etiam pereuntis intersit." Von der Strafe sagt er: „non enim nocet, sed medetur specie nocendi, — nec ulla dura videtur curatio cujus salutaris effectus est." Man sieht, die Wahrheit ist nicht von heut und gestern, und aus dem Alterthum und der Vorzeit, die nicht so barbarisch sind, wie man sie nennt, wenn es gerade paßt, ist vieles zu lernen.

Die vorliegenden Schriften verdienen die sorgfältigste Erwägung, auch wegen der Tüchtigkeit der Gesinnung und der Leistungen des Verfassers. Aber man muß, um seine Unbefangenheit zu bewahren, sich weder durch die das Gefühl so sehr ansprechenden Ansichten im Voraus bestimmen lassen, noch den vielfachen unbilligen und grundlosen Urtheilen, den wiederholten Schmähungen, welche die Strafgerechtigkeit als Rache und Rohheit bezeichnen, den offenbaren Einseitigkeiten einen Einflüß, der gegen den Verf. einnehmen könnte, einräumen. Wir finden in vieler Hinsicht so treffende Bemerkungen, daß wir über diese nur zur Rechtfertigkeit unserer Wissenschaft das Eine erinnern, daß sie nicht von dem Verf. zuerst hervorgebracht, sondern längst von Vielen anerkannt wird. Dahin gehört die Anerkennung des Zusammenhanges des Rechts mit der Sitte und Religion, die Verwerfung aller bloß relativen Theorieen, die Mißbilligung aller grausamen, durch ihre Vollstreckung empörenden Qualificationen der Todesstrafen, der Anwendung derselben bei einer Menge nicht todeswürdiger Verbrechen, — die am wenigsten bei uns, am meisten in England stattfindet, — die Abweisung aller, außerhalb des Strafrechts liegenden Gründe, die zu jenem äußersten Mittel führen sollen. Indem ich in der Art, wie die Hauptfrage zu stellen und zu erörtern sei, so wie in Betreff ihrer nothwendigen Begrenzung, mit dem Verfasser einverstanden bin, ist es nur das Ergebniß, in welchem ich ihm beizutreten nicht im Stande bin. Zuerst ist ein Mißverständniß zu beseitigen, dessen Folgen sich durch einen großen Theil der Abhandlung des Verfassers ziehen. Wie kommt es (fragt er S. 5.) daß die Strafrechtswissenschaft straft, ohne doch ihre Strafen rechtsgemäß erweisen zu können? Allein bekanntlich ist es nicht die Wissenschaft, welche straft, und somit trifft sie auch kein Vorwurf, selbst wenn er gegen das Strafrecht gegründet wäre. Ferner weiß, wer die Geschichte kennt, daß in allen Gebieten, nicht bloß in dem des Rechts, die Sache selbst und ihre Realität früher vorhanden war, als die Aufzeigung ihres Begriffes, als die Wissenschaft und die Berechtigung der Sache selbst; ihre Ansprüche auf Existenz sind darum nicht minder da, daß sie erst später erkannt, daß sie vielleicht lange Zeit verkannt sind. Wohl muß bei fortschreitender Bildung das wissenschaftliche Bedürfniß sich aussprechen und befriedigen, zunächst indem es das Bestehende, die bereits vorhandene Wahrheit zu begreifen sucht, aber wer dürfte sagen, es sei ihre Berechtigung erst seit dem Augenblicke vorhanden, wo sie sich dem Denker offenbart? Darum wird die Wahrheit und auch das Recht nicht e r f u n d e n, sondern sie wird g e f u n d e n, wie das, was schon da ist. Wenn nun längst vor der Strafrechtswissenschaft das Strafrecht da war, so ist seine Berechtigung, die wenn auch mangelhafte Verwirklichung der Idee des Rechts, auch gegründet; die Wissenschaft kann und soll diese erkennen, aber nicht schaffen. Vollends hat das Recht in seiner Objektivität sich nicht abhängig zu machen von den mancherlei guten, geistreichen, witzigen Einfällen, mit denen man demselben zum Recht des Daseins zu verhelfen sucht. Mangelhaft aber ist die Realisirung, theils überhaupt, weil sie in das Gebiet der Endlichkeit tritt, theils und insbesondere in einer bestimmten Zeit, weil diese, wenn auch die Arbeit der Geschichte der Vorzeit ihr zu Statten kommt, doch wieder eigenen Beschränkungen unterliegt und einer weitern Ausbildung bedürftig und fähig ist. Gründliche Kenner werden daher dem Rechte unserer Zeit, wenn auch vieles der Besserung bedarf, nicht den Vorwurf der Barbarei oder Unvernunft machen, und wer mit dem Zustande zur Zeit der Entstehung der P. G. O. Carls V. und ihrer Grundlage bekannt ist, wird nicht anstehen, auch die Fortschritte anzuerkennen, welche durch dieselbe gemacht worden sind. Das Princip der Gerechtigkeit zu Tage gefördert, und damit dasselbe nicht nur begründet, sondern auch realisirt zu haben, das ist die Arbeit der Geschichte des Geistigen, das Werk der Vorsehung, und hierin liegt der bereits bewiesene Anspruch, den die Gerechtigkeit hat, zu bestehen. Mag man die einem ungebildeten Zeitalter angehörigen rohen Strafarten, wie längst geschehen, verwerfen, mag man sie, weil die erscheinende Strafe nicht ihrem Begriffe völlig angemessen ist und war, selbst als von der Vernunft nunmehr unberechtigt erkennen: das Vernünftige, das Recht war dabei die Anerkennung, daß das Unrecht nicht bestehen dürfe, sondern dem Rechte weichen müsse, daß das Verbrechen bestraft werden solle, und zwar von Rechtswegen und aus keinem andern Grunde. Wir können daher für den uns hier beschäftigenden Gegenstand alle Theorieen bei Seite lassen, die nicht die Gerechtigkeit zur Grundlage und zum Zweck machen. Nur bei der Theorie der Wiedervergeltung verweilen wir noch etwas länger. Ihr liegt die Ansicht zu Grunde, daß der Verbrecher in der vergeltenden gerechten Strafe, eben weil sie dieses ist, ein durch seine Schuld verdientes Uebel erfahre, daß diese Schuld das zu Beurtheilende und Aufzuhebende sei, daß daher ihm nicht mehr und nicht minder widerfahre, als seine Verwirkung — nicht bloß der Wille, nicht bloß die That als Erscheinung, sondern beides zusammen als Handlung — nöthig mache, wodurch bloß außer seiner Handlung fremde Rücksichten, z. B. wieviel Uebel man zur Abschreckung Anderer, zur Aufrechthaltung des psychischen Zwangs u. s. w. bedürfe, ausgeschlossen werden.

Fortsetzung.

Wie die Strafe auf die Idee der Gerechtigkeit gründet, wird hiermit einverstanden sein. Aber vielleicht ist keine Theorie mehr angefochten worden als eben diese. Einestheils verschulden dieses die unhaltbaren Begründungen der Theorie. Es ist namentlich auch nicht zu läugnen, daß ihr Hauptbegründer, Kant, gerade durch seine Herleitung und Ausführung derselben wohlgegründeten Widerspruch herbeiführen mußte. Theils aber sind von Seiten der Gegner gleich bei der Art, wie sie jene Theorie auffaßten, die sonderbarsten Mißverständnisse vorgekommen, durch deren Aufdeckung allein eine große Zahl ihrer Einwendungen sich von selbst erledigt. So verwechselt man gewöhnlich drei Momente, die nicht alle gleich wesentlich der Wiedervergeltungstheorie angehören, obgleich manche von deren Vertheidigern sie aufgenommen haben. Nämlich: 1. Vergeltung als Princip des Strafrechts. Dieses ist so weit richtig, als es den Sinn hat, daß durch die Strafe nur Gerechtigkeit, und darum eine nothwendige Reaktion gegen den Uebertreter geübt werden soll; 2. Vergeltung in dem angedeuteten Sinn, als Maaßstab der Bestrafung, der aus der Schuld entnommen, ihr gleich sein soll, — auch dies ist zuzugeben, daß die Strafe, welche mehr zufügt, oder weniger als verdient ist, nicht eine gerechte sei; 3) Vergeltung als Princip für die Wahl der Strafart, daß der Schuldige dasselbe erfahre, was er gethan oder verletzt habe, die talio des alten Rechts, z. B. das Mosaische Auge um Auge, Zahn um Zahn, oder der XII Tafeln G. bei Realinjurien und Verletzungen der Gliedmaaßen. Nachdem das historische Moment, welches dieser Talion eine Bedeutung verlieh, längst bei geläuterten Ansichten seine Berechtigung verloren hat, ist es nun freilich richtig, daß diese buchstäbliche äußere Vergeltung, dem nothwendigen zweiten Princip, der Vergeltung, als Maaßwerth widerspreche, daß an die Stelle der geforderten Gleichheit vielmehr das Gegentheil trete. Es ist längst die Unausführbarkeit und Ungerechtigkeit jenes Satzes gezeigt worden, und daß man ohne Rücksicht auf andere Gründe, welche in der Gleichheit, dem Worte nach, eine Ungleichheit der Sache bewirken, schon aus äußern, faktischen Gründen zu Abweichungen und dazu genöthigt sei, dem speciellen Aequivalent ein allgemeines, den Werth überhaupt, zu substituiren. Aber ist es nicht zu bedauern, wenn bis in die neueste Zeit die Gegner nicht aufhören, sich bei Würdigung der Vergeltungstheorie immer nur an dieses letzte, nicht einmal wesentliche Princip, an die Talion zu halten, um den leichtesten Sieg sich zu bereiten? Indem wir mit dem Verf. jene äußere Vergeltung für ungerecht erklären, können wir sie auch nicht als Rechtfertigung der Todesstrafe anerkennen, wodurch zugleich für die Vollstreckungsarten, sollten diese z. B. den Gräßlichkeiten einer bestimmten Mordthat entsprechen, die empörendsten Weisen zum Vorschein kommen müßten. Aber darin, daß, selbst wo qualificirte Todesstrafen zulässig waren, diese doch auf eine kleine Anzahl und Form beschränkt blieben, liegt die Anerkennung, es sei ein anderes Princip, was der Todesstrafe zu Grunde liege, eine Vergeltung anderer Art, Aufhebung des Daseins des Frevlers am fremden Dasein und am göttlichen Gesetz, nicht die bestimmte Todesart gegen die gleiche, die der Gemordete erlitt. Daraus nun, daß auf jene Weise die Lebensstrafe nicht rechtlich begründet werden kann, folgt noch nicht, daß auch das andere richtige Princip dazu ungenügend sei.

Aber der Verfasser stellt für das Strafrecht überhaupt ein anderes Princip auf, dessen Bestimmung jedoch bei der

Unsicherheit und den theilweisen Widersprüchen seiner Angaben und der Verwechslung von Behauptungen mit Beweisen nicht ganz leicht fällt. Nach der Widerlegung der relativen Theorieen, sofern sie die Todesstrafe rechtfertigen sollen, wird S. 31. gesagt: „der höchste Grundsatz des menschlichen Lebens, der Sittlichkeit, der Intelligenz ist und muß auch der Grundsatz des Rechts und des Strafrechts sein. Ohne diese Bedingung ist durchaus kein Recht und keine Rechtsstrafe denkbar." Ohne aber anzugeben, wie denn dieser höchste Grundsatz laute, heißt es weiter: „dies ist also das nächste und höchste Criterium, die Rechtmäßigkeit einer Rechtsstrafe zu prüfen, die Rechtsstrafe darf nicht dem Principe der Sittlichkeit entgegen sein, sie darf nicht die Rechte der Persönlichkeit der Menschennatur ausschließen; sie muß dem Grundsatze — Strafe soll bessern — nicht widersprechen." Alles, was nachher bemerkt wird, liefert aber weder den Beweis dieser Sätze, noch liegt in ihren Prämissen, daß die Strafe bessern solle. Freilich soll sie es, soweit dieses wichtige Ziel durch dieselbe erreicht werden kann, aber ohne jenen ersten unerläßlichen Beweis darf gar keine Strafe, auch nicht zu dem menschenfreundlichen Zwecke der Besserung erfolgen, und da Besserung niemals der Rechtsgrund der Strafe ist, so kann auch aus ihrem Princip kein Gegenargument gegen solche Strafarten entlehnt werden, mit deren Princip das der Besserung unvereinbar wäre. Wo die Freiheit beschränkt wird, muß gesorgt werden, daß der Frevler wo möglich gebessert in die Gesellschaft zurücktritt; aber diese Rücksicht ist so sehr verschieden von der des Rechts, daß weder eine bekundete Besserung eine Abkürzung, noch ein Mangel der bessern Gesinnung eine Verlängerung des gerecht bestimmten Maaßes veranlassen darf. Amtsentsetzung, Unfähigkeit zu Würden haben ihren Grund in der Nothwendigkeit, nur würdige Personen in Aemtern zu haben; ob dieses zur Besserung diene, ist gleichgültig; und auch der gebesserte Dieb soll kein Kassenbeamter, der gebesserte Bestechliche kein Richter mehr werden. Eben so, wo die Macht der Idee über das physische Leben Herr wird, und hierin liegt ihre Sittlichkeit, da ist die Hoffnung der Besserung, daß z. B. der Verbrecher sein Lebenlang keinen Mord mehr verüben würde, kein Grund, welcher der gerechten Strafe im Wege stehen könnte. Uebrigens erkennt doch der Verfasser S. 25. selbst an: „daß die Rechtsstrafe nicht unmittelbar das Princip der moralischen Besserung in sich enthält, oder dasselbe zum Zweck habe," und mit seiner Folgerung, „daß sie dasselbe doch auch nicht ausschließen solle," bin ich, unter der angegebenen Beschränkung einverstanden. Eine Hauptdifferenz aber zwischen der Ansicht des Verfassers und der fast allgemein angenommenen, die durch die Lehre der Geschichte und der Entwicklung des Vernünftigen in ihr bestätigt wird, ist, daß er die Person mit ihrem Rechte, die Persönlichkeit über den Staat setzt, und während diese vielmehr das Vergängliche, er das Bleibende, Nothwendige und höher Berechtigte ist, dem jenes, wie z. B. im Kriege, zur Rettung desselben, und so auch für die Gerechtigkeit nachgesetzt werden muß, so im Gegentheil der Staat dadurch beschränkt werden soll. Im regelmäßigen Zustande wird sich keine Collision ergeben, vielmehr hat die Person erst in und durch den Staat ihre Freiheit als sittliche, d. h. als Bewußtsein dem Staat anzugehören, dessen Nothwendigkeit anerkannt wird, und hiermit ihren Schutz. Aber, wenn es zur Collision, zur Nothwendigkeit des Opfers kommt, dann kann nicht das Allgemeine dem Besondern, nicht der Staat dem Individuum nachstehen, und es würde, sofern nicht durch das Rechtsprincip die Bestimmung für die Beseitigung gegeben wäre und zur Ausführung käme, ein Kampf um die Existenz eintreten, und sich im Wege äußerster Gewalt nichts desto weniger das Recht des Staats bewähren, und dessen Dasein auf Kosten des untergeordneten Wohls erhalten. Der Verf. stellt aber S. 22. den Grundsatz auf: „der Mensch habe, indem er unbedingter Zweck an und für sich sei, — ein unbestreitbares Recht, auch für die Sinnlichkeit, die Persönlichkeit gegen alle Angriffe sinnlicher willkührlicher Gewalt zu behaupten. Der Staat sei diesem seinem höchsten Begriffe nach, die negative Seite der Pflichtenlehre, den heiligen Bezirk der positiven Pflichten gegen alle Eingriffe einer Sinnengewalt, gegen alle Angriffe gewaltsamer sinnlicher Bedingungen zu beschützen. Wenn es in der positiven moralischen Gesetzgebung heißt: „du sollst dein Leben erhalten, oder dich nicht tödten, auch dich nicht an dem Leben deines Nächsten vergreifen," so folgt daraus unmittelbar das Vernunftrecht, die gegenseitige bedingte und bedingende Rechtsbefugniß, sich gegen jede solche äußere Pflichtverletzung der Persönlichkeit zu schützen, alle gewaltthätigen Eingriffe von der Persönlichkeit der Vernunftwesen abzuhalten. Es liegt aber nun zugleich in der Bedingung dieser Abwehr, daß diese selbst, in wie fern sie das Unrecht abwehren soll, nicht selbst auch die sittliche Grenze der Persönlichkeit überschreite und zum Unrecht werde, d. h. jede Abwehr, Strafe und Strafgesetzgebung ist an das unerläßliche Maaß der moralischen Persönlichkeit und Intelligenz gebunden."

In dieser Stelle ist der Mittelpunkt des Systemes zu suchen. Einverstanden mit dem Satz: „die Strafe soll die moralische Persönlichkeit des Menschen nicht verletzen" werden auch diejenigen Vertheidiger der Gerechtigkeitstheorie sein, die etwas tieferes als Abwehr, in der Strafe erkennen, aber der Satz selbst bedarf einer näheren Bestimmung, namentlich fragt sich, theils, ob in dem nothwendigen Hingeben des leiblichen Lebens eine Verletzung der weit über diesem stehenden und von demselben unabhängigen Intelligenz enthalten sei, die doch auch nach dem physischen Tode als fortdauernd angenommen werden muß, theils, da nicht bloß Angriffe auf die Persönlichkeit des Einzelnen, sondern auch gegen den Staat und das Recht unmittelbar abzuwehren sind, ob jene sogenannte moralische Persönlichkeit überhaupt das höchste Recht in Anspruch zu nehmen habe? Und ob, wenn man des Verfassers Prämisse zugesteht, die Beschränkung der Persönlichkeit und Freiheit, in lebenslanger oder langdauernder Haft etwa nicht enthalten sei? Wir finden S. 62, Note, die richtige Bemerkung „der Begriff der Todesstrafe sei „gar sehr" (besser: „durchaus") verschieden von der Tödtung des Angreifers im Falle der Nothwehr." Wenn es aber weiter heißt: „Eine solche Nothwehr steht auch dem Staate zu, und ist vollkommen recht, z. B. gegen den Ueberläufer der Quarantaine oder Cordons in Pestzeiten, oder gegen den Verräther in Kriegszeiten. Hier gilt das unmittelbare Standrecht, „Noth bricht Eisen,"" so ließe sich mancherlei dagegen erinnern. Schon die Berufung auf ein unmittelbares Standrecht und eine Nothwehr, die auch dem Staate zustehe, führt zu einer unrichtigen Ansicht der Ableitung des Rechts des Staats von dem der Einzelnen. Die Nothwehr aber würde hier, angewandt zum Schutz des Lebens, gerade das opfern, was unverletzlich sein soll, der Tod des Verräthers, nach verübtem Verrath, diesen nicht mehr abwehren, vorher aber eine bloß politische Maaßregel sein, die der Verf. sonst selbst nicht gut heißt. Es muß aber für solche Fälle ein höherer Rechtsgrund aufgezeigt werden, wonach zwar allerdings dieselben von der Strafe verschieden sind, aber unter einem gemeinschaftlichen Princip höherer rechtlicher Nothwendigkeit stehn, wie denn Nothwehr etwas anderes ist, als Eisen brechen, nicht ein Recht „in der unmittelbaren Eile der Noth" etwas zu thun, was eigentlich Unrecht wäre, sondern was hier geschieht, ist Recht gegen das Unrecht, und jedes Uebermaaß ist selbst Unrecht.

Eine andere Seite ist es, von der der Verfasser vornämlich die Todesstrafe angreift. Sie betrifft die Zurechnung, und wir kommen hier in ein anderes weites Gebiet von Streitfragen. Der Verfasser sagt: „Es ist unläugbar, daß die intelligibeln persönlichen Rechte außer dem Bezirke des Strafrechts liegen, denn — sie machen selbst ja nur erst ein Staats- und Strafrecht möglich. Eben so unläugbar ist es aber auch, daß das Strafrecht sich nicht an dem Menschen als Material, an seiner physischen Natur vergreifen darf — denn auch diese ist nur ein gegebenes und macht erst den Staat möglich. Ohne Vernunftrechte, die heilig und unverletzlich sind (richtig), ohne Menschen- und Völkerleben und körperliche Erscheinung ist keine Existenz des Staats denkbar." Freilich ohne Menschenleben kein Staat. Aber das soll doch wohl nicht der Beweis der Unrechtlichkeit der Todesstrafe sein? Insofern hier etwas bloß Faktisches behauptet wird, so müßte der Tod, der aller Menschen Schicksal ist, auch ohne die Strafe, die doch der allerseltenste Ausnahmefall ist, es müßten Kämpfe für das Vaterland, statt den Staat zu retten, ihn auflösen.

Beschluß.

Es heißt nun weiter S. 32: „Wenn also (?) Strafen weder an der unmittelbar intelligibeln, noch auch an der unmittelbar somatischen Natur des Menschen verhängt werden dürfen, so entsteht die Frage, welches ist nun das Strafobjekt, oder an welchen Bestimmungen, in welcher Beziehung kann und darf der Mensch gestraft werden? Es giebt drei Objekte, wie sich nämlich die allgemeine Natur in Rücksicht der Bestimmung oder Selbstbestimmung äußert." Ich gestehe, daß mir in dieser kurzen Stelle mehreres undeutlich ist. Das: „Es giebt" ist ein empirisches Aufzählen ohne Begründung, das „wie" ist eine Modalität, die nicht das Objekt, sondern etwas an ihm erklärt, — die allgemeine Natur läßt auf einen Gegensatz schließen. Jene Objekte sind nun „Wille, Naturgewalt" und „noch ein drittes, wodurch sich ganz eigenthümlich das Sein der menschlichen, sinnlichen Natur zu erkennen giebt, es ist nämlich die Willkühr, das Gemisch von halb freier und halb nothwendiger Bestimmung, von theils selbstthätigen Vorstellungen, theils passiren sinnlichen Antrieben und Eindrücken." „Diese Willkühr ist nun das eigenthümliche Strafobjekt, sie bezieht sich auf den Menschen als Erscheinung, als ein zwischen Vernunft und Sinnlichkeit getheiltes Wesen." Diese Willkühr wird nun weiter bestimmt, als die einer bloß unbesonnenen leichtsinnigen Handlungsweise, als der mit Verstand und Berechnung ausgeführte Vorsatz. Diese drei Arten der Willkühr stehen nun in Beziehung auf die mannichfaltigen Objekte des willkührlichen Seins und Handelns, deren auch drei Arten sind: „Es ist nämlich Vieles in der Welt, was gleichsam bloß umhergestreut ist, die scheinbare res nullius, woran sich die Willkühr so gern und am meisten übt. Das Objekt ist gleichsam eben so herrenlos, als die Willkühr selbst." „Eine zweite Art ist das mehr gebundene Sein und Leben, was die äußere und innere Sphäre des Menschen bindet, das Mein und Dein der Personen und des Eigenthums. An diesem Objekte übt sich nun mehr der sogenannte Vorsatz, die mehr sich bindende und nach sinnlichen Zwekken handelnde Willkühr." „Ein drittes Objekt endlich, was kaum mehr Objekt genannt werden kann, ist die persönliche Natur des Menschen selbst, es sind die persönlichen Menschenrechte u. s. w., welche mit heiliger Achtung hervortreten, und es dürfe kaum eine Willkühr zu finden sein, die ohne Scheu, ohne Furcht dieselben verletzte." „Das Strafrecht kann nun ganz allein diese Willkühr zum Objekt haben, die Rechtsbefugniß der Strafe ist nun das moralische Gesetz selbst, diese Willkühr zu verdrängen und sie durch angemessene Mittel, durch Zwang oder Strafe zu bessern. Aus diesen Sätzen bestimmt der Verfasser die allgemeinen Grenzen der Rechtsstrafe, und geht über" zu den Mitteln, durch welche und an welchen (?) die Strafe verhängt werden darf. „Der Mensch tritt in die Welt ein zwar als Naturobjekt, als ein schon bestimmtes und gleichsam fertiges Wesen, aber auch zugleich als ein Wesen, welches erst werden, seine intelligible Laufbahn durch seine eigenen Kräfte eröffnen und vollenden soll. Zwischen dem intelligibeln Reiche der persönlichen Rechte, und der äußern sinnlichen, wie schon fertigen und bestimmten Natur liegt nun ein mittleres, an welchem sich die Freiheit des Menschen erprobt, oder durch welches erst der Mensch seine Persönlichkeit erweiset und zum persönlichen Wesen in und für die Sinnenwelt wird.“ Dahin gehören Arbeit, Freiheit und Ehre, und nur sie sind Mittel und Objekt der Rechtsstrafe. „Alle andere Strafen liegen außer dem Gebiete des Staats, und sind entweder irrational oder unmenschlich und grausam.“

Treffend wird gegen manche verwerfliche Strafarten gesprochen. Doch heißt es, daß die Strafe „erstlich das nothwendige Merkmal zu bessern habe,“ und daß dann neben der Milde die Gerechtigkeit erst hinterher in Betracht kommt. Jene drei Strafarten sollen S. 40 auch noch so gerechtfertigt werden: Die Willkühr sündigt am meisten an folgenden Gütern der Menschheit: Eigenthum, Freiheit, Ehre. Also Arbeits- Freiheits- und Ehrenstrafen. Alle andere Strafen sind vom Uebel.“ Allein sündigt die Willkühr nicht auch am Leben und den so genannten Urrechten, und zwar dem Leben der Individuen und dem des Staats, und ist denn das Verbrechen nur Verletzung individueller Rechte, und nicht vorzugsweise des Rechts selbst? Wenn hier das Objekt der Verletzung entscheidet, so kann auf diesem Wege nicht die Unstatthaftigkeit der Lebensstrafe gezeigt werden.

Wir kehren zu der Frage nach der Zurechnung zurück. Wenn die Schwierigkeit, selbst Unmöglichkeit, die Schuld und Zurechnung, das Dasein der so genannten Freiheit oder des Gegentheils zu bestimmen, behauptet wird, und daß, „noch gerechtere Einwürfe gegen die Todesstrafe sich auf die Erkenntniß der Zurechnung beziehen,“ so wird man zugeben, daß diese der hier zu erörternden Frage ganz fremd sei. Die Zurechnung ist die Bedingung des Verbrechens überhaupt; wo sie fehlt, ist gar keine Handlung, auch keine Strafbarkeit da, und wenn die Unmöglichkeit, sie zu erkennen, feststände, so würde diese einen allgemeinen Grund, nicht gegen die einzelnen Strafarten, sondern gegen alle und jede Strafe darbieten. Mit der Frage nach der Rechtmäßigkeit der Todesstrafe hat aber jene angebliche Unmöglichkeit nichts zu thun: diese Strafart könnte man als rechtmäßig anerkennen, und es wäre denn ein faktisches Hinderniß ihrer Anwendung in jedem einzelnen Fall, wenn man außer Stande wäre, ihre Prämisse, die Schuld, die Zurechnung, festzustellen. Vollends entsteht ein gefährlicher Widerspruch, wenn man diese Unmöglichkeit nur auf Fälle der todeswürdigen Verbrechen bezöge, hingegen jene Bedenken nicht trüge, wo es auf andere Strafen, z. B. lebenslanger Haft, ankäme, die nicht minder dieselben Voraussetzungen haben muß. Die Unzulänglichkeit seiner Gründe scheint der Verfasser selbst zu fühlen, indem er die aus der Schwierigkeit der Frage über die Zurechnung', die „noch gerechtern" nennt. Wer wollte läugnen, daß diese Frage eine schwierige sei — aber sie ist nicht unauflöslich, wenn man sich nur darüber Rechenschaft giebt, worauf es bei der Beurtheilung ankomme, wenn man nicht der Lehre des Determinismus deren neuer Vertheidiger vielfach eine Autorität für den Verfasser ist, und nicht einer Theorie sich hingiebt, die mit der Freiheit und Möglichkeit der Zurechnung zuletzt allen Unterschied zwischen Recht und Unrecht aufgiebt. Der Verf. behauptet allgemein, der Gerichtsarzt solle Bedenken tragen, über die Zurechnungsfähigkeit des Verbrechers bis zur möglichen Todesstrafe zu urtheilen, und nennt S. 20 es Blendwerk einer mechanischen Theilung: „der Gerichtsarzt habe sich nicht um die juristische Consequenz des gefällten Urtheils, nämlich über die Zurechnung zu bekümmern. Gewissenhafte Aerzte werden, wenn sie die Zurechnung begründet finden, sich durch die Größe der dem Verbrecher bevorstehenden Strafe so wenig verleiten lassen, ihrem Eide entgegen zu handeln, als unter gleicher Consequenz andere gerichtlich vernommene Zeugen. Wohin würde eine Theorie führen, die es erlaubte, den Eid zu verletzen, wenn auf der Beobachtung desselben eine strenge aber gerechte Folge für den Schuldigen gegründet würde. Sollen wir für uns gutheißen, was ohnlängst Golberg den Geschwornen mit Recht zum Vorwurf machte? und was sich auch schon bei Juristen zeigt? (Vergl. Eugene Sue la Coucaratcha II. S. 195. Bruxelles 1832.)

Die Ergebnisse seiner weitern Untersuchung stellt der Verf. S. 64. dahin auf: die Todesstrafe ist 1. „unzweckmäßig, weil sie den äußern Zweck nicht erreicht, den sie erreichen soll.“ Allein sofern von dem Zwecke noch vor dem Rechte die Rede sein kann, so ist dieser Einwand falsch; — weil sie keinen andern Zweck, als den der Strafe überhaupt hat, den verbrecherischen Willen aufzuheben, und im äußersten Falle zu vernichten, und diesen erreicht sie vollständig, 2. unrechtmäßig, 3. unrecht, jenes, „weil das Recht ihrer Anwendung unerweislich sei“ — aber damit ist kein Beweis geführt, sondern nur etwas Anderem widersprochen, und die Bestimmungen über Freiheit und Zurechnung zweifelhaft seien“, dieses: weil — die physische und intelligente Natur den Staat erst möglich machen; das Leben an sich eine unendliche Größe ist, die bis in die Ewigkeit reicht, und kein Mensch, kein Staat das Recht hat, diese Linie abzukürzen oder abzuschneiden.“ Daß der Staat dieses Recht nicht habe, war aber zu beweisen und steht daher nicht recht logisch als ein Argument dessen angeführt, was Gegenstand des Beweises ist. Die in die Ewigkeit reichende unendliche Größe wird aber, eben weil sie dieses ist, von dem physischen Tod, dem nothwendigen, nicht berührt, also auch nicht in den seltenen Fällen, wo zur Rettung der Seele der Leib hingegeben werden muß. Darum wenn 4. aus „christliche Philosophie und Religion“ die Todesentziehung Unrecht ist, bemerke ich, daß allerdings die Lehre des Christenthums und zwar der Geist derselben, nicht einzelne Stellen, die man für und gegen die Todesstrafe brauchen kann, befragt werden müssen. Unmittelbar entscheidet die Religion nicht. Aber das wissen wir, daß der Tod, den Christus überwunden, und das Leben, das wir durch ihn gewonnen haben, beides nicht die des Leibes und des vergänglichen Daseins sind, von denen hier allein die Rede ist.

Historische Unrichtigkeiten finden sich mehre in dieser Schrift. So namentlich ist die öfter vorkommende Behauptung falsch, daß wir in Deutschland mit dem Mosaismus des alten Testaments, das zugleich mit dem neuen, und der Annahme des Christenthums zu den Völkern gekommen, auch die Todesstrafe überkommen hätten (Vergl. z. B. Tac. Germ. c. 12.)

Die zweite Schrift: „An die landständische Versammlung zu Dresden, für die Abschaffung der Todesstrafe," enthält nur kürzlich die Resultate der erstern und die Bitte um deren Berücksichtigung, nebst der Verwahrung gegen einige Mißverständnisse.

Gewiß wird jeder dem Eifer des Verfassers und seiner Gesinnung Gerechtigkeit widerfahren lassen, wenn auch nicht seinen Gründen beistimmen. Um so weniger aber dürfen wir verhehlen', daß er gegen seine Gegner, die er „Freunde der Todesstrafe" nennt, (das sind sie nicht, wenn sie auch dieselbe so gut, wie berühmte Kenner der heiligen Schrift, wie Luther und jetzt wieder Ammon, für gerecht und zulässig halten) nicht selten unbillig ist, und seine Darstellung nicht stets in den Grenzen leidenschaftloser Forschung sich bewegt. Man kann sich nicht bergen, daß z. B. Hegel, dessen Grundsätze, von welcher Seite man sie auch betrachten möge, der sorgfältigsten Prüfung würdig sind, dadurch nicht, wie es sich ziemt, behandelt wird, wenn statt des Versuchs der Widerlegung eine kurze Abfertigung mit den Bezeichnungen des „Obscurantismus und Scholasticismus" erfolgt, der längst zur Genüge erörterten Mißdeutungen hier nicht einmal zu gedenken. Der Wahrheit wird dadurch nicht gedient, und jedenfalls ist es nicht der auf solche Weise Angegriffene, der dadurch verliert.

J. F. H. Abegg.

IX.

Die Todesstrafe.

1. Ueber das Princip des Strafrechts. Der Staat hat kein Recht, am Leben zu strafen. Zur Begründung einer philosophischen und christlichen Strafrechtslehre. Von J. C. A. Grohmann. Karlsruhe, Groos. 1832. Gr. 8. 12 Gr.
2. Bitte und Frage an die landständische Versammlung des Königreichs Sachsen, Dresden 1833. Für die Abschaffung der Todesstrafe von Demselben. Dresden, Grimmer. 1833. Gr. 8.. 3 Gr.

(Mit besonderer Beziehung auf die Beurtheilung der Grohmann'schen Schriften, von J. F. H. Abegg, in den „Jahrb. für wissenschaftliche Kritik," Nr. 66 f. 1833).

Der Unterzeichnete glaubt um so eher es wagen zu dürfen, in dem Gegensatze zwischen Grohmann und seinem Beurtheiler in oben gedachten „Jahrbüchern" ein Wort mitzusprechen, als er einerseits mit dem Letztern in einigen Vordersätzen übereinstimmend denkt, andererseits sich jedoch überzeugt hat,

*) S. auch die treffliche Schrift von Hr. Mehring „der Formalismus in der Lehre vom Staat u. s. w. Stuttgart bei Cotta 1833."

daß sie nicht zu dem Resultate des Gegners, sondern vielmehr zu dem Grohmann's führen. Der nächste Wunsch für die nachfolgenden Bemerkungen müßte also eigentlich der sein, zur Vermittlung zwischen Beiden etwas beizutragen, wenn anders Vermittlung ein Begriff ist, an den sich als Zumuthung überhaupt auch nur einige Hoffnung anknüpfen läßt, da er immer mehr oder weniger seiner Natur nach ein Abreißen der Entgegengesetzten von sich selbst, eine Entäußerung, also wirklich ein Aufgeben ihrer Existenz als solcher zu fordern genöthigt ist. Verbietet es sich deswegen aber auch schon aus subjectiven Rücksichten, diesen Wunsch aufkommen zu lassen, so kann dem Folgenden weniger verübelt werden, wenn es sich unter der anspruchslosen Form eines Dritten giebt, und nur als weitere Auseinanderlegung einer anderswo schon kurz angedeuteten Ansicht (S. „Der Formalismus in der Lehre vom Staate," Stuttgart 1833, insbesondere §. 55.), die eben durch ihre Stellung zwischen den berührten Gegensätzen noch einige Maßregeln zu ihrer Sicherheit, so gut sie es vermag, zu nehmen sich veranlaßt sehen dürfte.

Wir sind mit dem rühmlich bekannten Berliner Gegner vollkommen einig in seinem Widerwillen gegen die Theorie, welche ganz gemäß dem Grundsatz von der absoluten Mehrheit auch die Strafe auf einen Vertrag begründen will, da der Begriff des Vertrags so den Charakter der Zufälligkeit an sich trägt, wie er unmöglich einer Sache, die gleich dem Strafrecht als heilig geachtet und nur in dieser Eigenschaft etwas nicht Sinnloses ist, zukommen kann. Wir stimmen ein in den Widerwillen gegen die sogenannten relativen Theorieen, sofern diese etwas Selbstständiges für sich sein wollen, und „nach welchen die Begründung der Strafe und die Vertheidigung der Todesstrafe ebenso viel Blößen darbot, wonach jede solche Theorie, indem sie eines der mehren Erfahrungsmomente zur Sache selbst, zum Begriff zu erheben strebt, einen Gegner nicht nur an irgend einer andern ebenso sehr berechtigten Theorie hat, sondern in sich selbst unhaltbar, von ihrem eignen

Ausgangspunkt und dessen Verfolgung angreifbar ist." Wir stimmen mit dem Verf. ferner darin überein, daß er die Idee des Rechts zur Grundlage auch des Strafrechts gemacht, dieses in jener enthalten und, wie sich Hegel an verschiedenen Orten ausdrückt, aus ihr nur „herauspräparirt" sehen will. — Ebenso kann nicht geleugnet werden, daß manche Gründe der Gegner der Todesstrafe nur gegen mangelhafte Weisen der Vollstreckung gelten, was von dem Unterzeichneten schon vor längerer Zeit (Vgl. Nasse's „Zeitschrift für Anthropol." 1825, Heft 3) anerkannt wurde.

Allein mit alle Dem sind wir doch noch nicht so weit in die Ansicht Abegg's hineingerathen, daß wir uns derselben auf Gnade und Ungnade ergeben und sein Resultat unterschreiben zu müssen glauben. Er stellt die Gerechtigkeit, das Leben der Idee, des Unvergänglichen und Ewigen als den unmittelbaren Grund der Strafe hin, und eben darin mit ihm einstimmen zu können freuen wir uns besonders. Allein gerade, wie diese die Todesstrafe fordern, ja auch nur gestatten könne, sind wir selbst durch die Gründe des Gegners uns nicht zu überzeugen im Stande. Könnte eine wahre Collision zwischen der Idee und dem Leben des Einzelnen eintreten, so wäre allerdings keine Frage, welches von beidem zu weichen hätte. Die Menschheit, als allgemeiner Geist gedacht, könnte den Tod des Individuums fordern, sofern gegenüber von jener dieses schlechthin kein Recht, vielmehr nur in ihr sein Recht, seine Persönlichkeit hat. Allein gerade der allgemeine Geist wird es nicht wollen, sofern es vielmehr sein Wesen ist, sich Dasein zu geben, sich als Individuum zu bestimmen, statt zu vernichten, Dasein aufzuheben. Ueberdies wird Abegg als guter Jurist uns den Erweis nicht zumuthen wollen, daß eine solche Nothwendigkeit, das physische Leben der Idee aufzuopfern, nicht eintrete. Vielmehr gebührt Dem der Beweis, der mit dem Schwert des Todes in der Hand behaupten will, daß sie wirklich eingetreten sei, und der darauf den Anspruch gründet, „das irdische Dasein zu vernichten, um das

Geistige zu retten," der behaupten will, daß „das Unrecht sich in seiner höchsten Potenz personificirt habe, sodaß es ohne Widerspruch nicht weiter bestehen könne."

Man möge uns nicht übel deuten, um mit dem Letztern anzufangen, wenn wir, ohne persönliche Beziehung auf den Rec., der wissenschaftlichen Richtung, in deren Sinne sich derselbe auf eine gewiß eben so gewandte als würdige Weise ausspricht, den Vorwurf, den man den Gegnern der Todesstrafe so häufig macht, den der bloßen Declamation, hier zurückgeben. Denn wo ist die höchste Potenz des Unrechts anzutreffen, und wie ist sie, auch nur als relativ höchste gedacht, womit sich jedoch der Rec. auf seinem Standpunkte gewiß nicht begnügen wird, als solche nachzuweisen? — Wir werden doch nicht — zu dieser Frage muß sich weiter unten eine zweite reihen — wir werden doch nicht die äußere Begebenheit strafen wollen statt des Willens, der und sofern er sich darin offenbart? — Wenn aber diesen, wie bestimmen wir dann die höchste Stufe seiner Verkehrtheit? Wo ist der Teufel, den die geheiligte Rache der Gerechtigkeit sucht? — Jedenfalls kann, was hier fürs Erste und mit besonderm Nachdrucke zu bemerken ist, für Diejenigen nicht, welche, wie die Freunde der Todesstrafe, den höchsten Zweck des Staats in die Erhaltung eines abstract Allgemeinen setzen, die Verletzung eines Besondern, der Mord als die höchste Potenz des Unrechts gelten; sie können wenigstens nicht mehr nach dem Kanon richten: „Wer Menschenblut vergeußt ꝛc."; sie müssen vielmehr consequent die Gefährdung der allgemeinen Merkmale des zum Staate vereinigten Volks als dieses Höchste setzen und würden damit einen ganz andern Maßstab des Verbrechens gewinnen, als den eben angeführten. Wollen wir, wie Hegel thut („Rechtsphilosophie," §. 101) die Todesstrafe auf dem Gebiete der Privatsatisfaction rechtfertigen und demnach behaupten, das Leben sei der ganze Umfang des Daseins, die Strafe könne also hier nicht in einem Werthe, den es dafür nicht gebe, sondern wiederum nur in der Entziehung des Lebens bestehen, so hörte auf diese Weise die Todesstrafe eigentlich auf, Strafe zu sein; fürs Andere würden wir uns hier in eine Verirrung der Rechtsvorstellungen, wie dies die Rache überhaupt ist, auch die sogenannte gesetzliche, verwickeln, da auf das Gebiet der Genugthuung etwas versetzt wurde, was überhaupt nicht unter den Gesichtspunkt des Werthes gestellt werden kann. Endlich drittens aber, wenn wir auch zugeben wollten, daß namentlich für ein ganz aufgehobenes Dasein eine Genugthuung in dem angegebenen Sinne noch als möglich und nothwendig erscheine, worauf man wenigstens durch die geschichtliche Erscheinung der Familienrache hingeleitet werden könnte; wenn wir ferner gelten lassen wollen, daß eine solche Privatausgleichung durch die Tödtung des Tödtenden wirklich bewerkstelligt werde, so ist doch das wohl zu beachten, daß sich gar nicht absehen läßt, warum nach diesen Grundsätzen nicht auf gleiche Weise über die culpose, wie über die dolose Tödtung das Henkerbeil geschwungen werde. Ist einmal vorläufig die Ausgleichung als das Wesen der Gerechtigkeit angenommen, in irgend einem Falle der Grundsatz der blos intellectuellen Ausgleichung gebrochen und zu der specifischen die Zuflucht genommen, so ist die äußere Erscheinung zur Substanz der That erhoben, die That ist von ihrer Absicht, ihrem Vorsatz losgerissen und wird blos als Erfolg gewogen. Doch hiermit berühren wir einen andern Punkt, dessen wir gleich nachher weitere Erwähnung zu thun Gelegenheit finden werden. Sollte übrigens auf diesem Standpunkte die Todesstrafe wirklich als Strafe, d. i. als Aufhebung des Unrechts gelten, so müßte man uns freilich zu dem Obigen die einfache Frage gestatten: Ist denn das Leben das Unrecht, daß man glaubt, dieses nicht aufheben zu können, ohne jenes zu vernichten? — Denn dies scheinen die Extreme einer blos sinnlichen Ansicht der Sache, zwischen welchen man sich hier hin und her bewegt, daß man entweder in der unglücklichen Begebenheit oder in dem Leben Dessen, der sie veranlaßte, die Substanz des Unrechts gefaßt zu haben glaubt.

Allein auch dies Andere, als ob dadurch, daß man das Leibliche zerstöre, das Geistige gerettet werde — das Geistige, nach der Ansicht des Gegners hier wohl nicht das des Individuums, sondern das allgemeine, — glauben wir uns nicht gefallen lassen zu können. Am wenigsten sollte dies eine speculative Ansicht geltend machen wollen, die einerseits eine innige Durchdringung beider, des Leiblichen und Geistigen behauptet, sodaß, sofern der Mensch lebt, Seele und Leib nicht geschieden, dieser vielmehr „das Dasein der Freiheit" ist, andererseits aber ebenso entschieden anerkennt, daß „der Körper dem Geiste nicht angemessen sei" (Hegel a. a. O., §. 48). Aus beidem aber wird, wie wir glauben, mit Recht gefolgert, daß den Körper zernichten wohl die Rechtsidee verletzen, nicht aber das Individuum dem Geiste angemessen machen heißt. Gern geben wir zu, daß jedes Verbrechen eine Art Selbstvernichtung, ein Selbstmord des Verbrechers, ein Losreißen von seiner Substantialität sei; allein wenn wir die innere geistige Vernichtung durch eine äußere aufheben wollen, so machen wir uns nur der Vermengung zweier gänzlich verschiedenen Kategorieen schuldig. Die erste Negation war eine geistige, und nur dadurch, daß sie als solche wieder negirt würde, stellte sich die Idee in ihrer affirmativen Substantialität her, nicht aber dadurch, daß man auch das Aeußere dazu vernichtet. Die Erscheinung war durch das Vergehen zum Schein herabgesetzt, aber es erwartet erst noch seinen Beweis, daß auch dieser Schein vollends vernichtet, statt durch Wiedererweckung des wesentlichen, idealen Moments zur Erscheinung wieder erhoben werden sollte, — daß „der furchtbare Widerspruch, den der Schuldige auch in sich selbst fühle," nur durch den Tod gelöst werden könne. „Ist der Schuldige erwacht und zur vollen Einsicht seiner Schuld gelangt, vermag er sie nicht zu tragen," dann ist, muß uns bedünken, in diesem Nicht-zu-Tragen-vermögen ein ganz anderer Weg zur Restitution des gekränkten Rechts angedeutet, als uns die P. G. O. Karl V. zu eröffnen gedenkt. Selbst das System, dessen Grundsätze der Rec. zu den seinigen macht, spricht in einem andern Sinne von der Versöhnung. Auch in dem Verbrecher ist die Idee nicht völlig verloren gegangen; sonst müßte überhaupt jedes Verbrechen mit einem Male den Menschen vernichten und würde der Halsgerichtsordnung die nachträgliche Mühe ersparen, gegen ein Wesen einen Proceß einzuleiten, das, wie bekanntlich auch berühmte Rechtslehrer behauptet haben, nichts mehr als Bestie wäre. Die Idee ist in ihm nur vorübergehend zurückgesunken, ohne deshalb aufzuhören Potenz zu sein, „der häßlichste Mensch, der Verbrecher, ein Kranker und Krüppel ist immer noch ein lebender Mensch: das Affirmative, das Leben, besteht trotz des Mangels, und um dieses Affirmative ist es hier zu thun" (Hegel's „Rechtsphilosophie," S. 324). Darum ist es aber auch der ungeheuerste Irrthum, wenn der Verbrecher durch Negirung seines Lebens sich rechtlich wiederherzustellen glaubt, und nur als ein solcher, nicht aber „als ein höchst tragisches Moment" im reinen Sinne kann es auch angesehen werden, wenn „jene äußerste Nothwendigkeit sich in dem Gefühle des Schuldbewußten durch verübten Selbstmord ausspricht." Gerade dadurch sollte der wissenschaftliche Gang des Beurtheilers auf sich aufmerksam werden, daß er dem Selbstmord, und zwar dem Selbstmord des Verbrechers das Wort zu reden durch die Consequenz gedrungen wird. Diese Flucht aus dem Dasein ist nicht der Weg, den die lebensvolle Idee an die Hand gibt. Persönlichkeit ist das Recht als Resultat in dem Einzelnen gedacht, in der Persönlichkeit aber liegt es nicht blos, zu wissen, sondern als wissend da zu sein, sein Geistiges als ein Abstractes zum vollen Sein zu ergänzen in dem Dasein. Wie nun aber doch ein Fall denkbar wäre, wo man im Namen des Rechts dieses Dasein aufhöbe, dies vermögen wir eben deswegen nicht einzusehen. Sollte etwa die Menschheit nur als Gattung erhalten werden, so fänden wir hierin nichts als den entschiedensten Widerspruch gegen die Persönlichkeit und folglich nach dem eben Angedeuteten gegen das Recht selbst. Denn wir verwahren uns zwar mit dem Rec. (S. 540) dagegen, daß man die Persönlichkeit über den Staat stelle, wie dies allerdings eine sehr einseitige rechtsphilosophische Ansicht thut, aber wir verwahren uns eben aus dem Grunde, weil wir uns keine Persönlichkeit außerhalb und vor dem Staate in einem abstracten Rechte zu denken vermögen, sondern vielmehr in dem Wesen der Persönlichkeit, sofern der Mensch nur als Person existiren kann, den Staat bedingt sehen, sowie umgekehrt den Staat als die Bedingung der persönlichen Wirklichkeit, ja — nur auf diese Weise den Staat der Zufälligkeit des Entstehens zu entreißen und in seiner substantiellen Nothwendigkeit zu befestigen wissen. Eine Verkettung, aus der sich uns ergeben muß, daß der Staat die Persönlichkeit zu sichern und zu bilden habe, anderseits aber in ihr nur sich selbst aufheben würde.

Können wir uns also nach dem Gesagten ebenso wenig der Voraussetzung hingeben, daß das für todeswürdig erkannte Verbrechen der höchste Punkt des Unrechts überhaupt sei, als wir das Geistige, von dem im Recht die Rede sein kann, bei der Todesstrafe erhalten sehen, so kommt jetzt aber auch noch weiter zur Sprache, daß das Wesen der Gerechtigkeit Vergeltung sein soll. — Zweierlei haben wir bereits in Betreff der Vergeltung erinnert, nämlich einmal, wo sie sich hereinmengt in das Gebiet des Privatrechts, dort zum Irrthum wird und als Rache erscheint. Fürs Andere kann sie, worin ja auch Abegg einstimmt, keine specifische, sondern nur eine intellectuelle Ausgleichung bezwecken. Allein fragen wir nach der Realität einer solchen Vorstellung, wie die der Vergeltung, so erscheint sie uns, wir mögen sie an einem Ende fassen, an welchem wir wollen, auf dem gegebenen Gebiete des Rechts als eine Unmöglichkeit. Denn einmal wenn es eine intellectuelle Ausgleichung sein soll, so wird hier die That hauptsächlich als Wille genommen; aber hier erhebt sich nun die große Bedenklichkeit, daß, so wenig der einzelne Willensact als etwas Abgerissenes für sich existirt, sondern in die Erscheinung als etwas Gewordenes als Resultat eintritt, also in einem unendlichen Zusammenhang steht, ebenso die Vergeltung nur als etwas Unendliches denkbar sei, nicht aber in einem einzelnen abgerissenen Factum. Die einzelne That an sich hat keinen Werth und Unwerth, sie erhält ihn nur in ihrem unendlichen Zusammenhang, und soll also dieser Werth dargestellt werden, so ist dies gleichfalls nur in einer Unendlichkeit möglich. Ja, wenn für die einzelne That als solche eine intellectuelle Ausgleichung auch möglich wäre, so würde diese hüpfende Bewegung der Geschichte, diese in jeder einzelnen That abgeschlossene und in jeder einzelnen That von Neuem beginnende, aus aller stetigen Progression herausgerissene Geschichte das Wesen der ethischen Handlung, als in der Unendlichkeit empfangen, und uneigennützig nur für die unendliche Ausgleichung vollbracht, unmöglich machen; die Gerechtigkeit würde die bitterste Feindin der Tugend sein. Allein denken wir dies Alles einen Augenblick hinweg, so würde zur intellectuellen Ausgleichung doch erfordert, zu wissen, was wirklich in der Handlung Wille, was Vorsatz, Absicht war. Nun ist aber die That als Begebenheit ein Convolut von Umständen, in einem äußern Zusammenhang, und es fragt sich also immer, wieviel der Handelnde von diesem Zusammenhange gewußt, wieviel ihm also als Schuld zugerechnet werden kann. „Die Wirklichkeit," sagt Hegel in seiner trefflichen Auseinandersetzung (a. a. O., §. 119), „wird zunächst nur an einem einzelnen Punkte berührt (wie die Brandstiftung nur einen kleinen Punkt des Holzes unmittelbar trifft), aber die allgemeine Natur dieses Punktes enthält seine Ausdehnung." So bewegt sich die Handlung zwischen zwei unendlichen Reihen hin und her, die beide schon hinreichen möchten, die Unmöglichkeit der Vergeltung auf dem Standpunkte relativer Erkenntniß zur Evidenz zu erheben. Es kommt hierzu aber noch eine dritte Frage, nämlich die eben nach dem Etwas, das sich zwischen den beiden unendlichen Reihen hin und her bewegt, sie in einen wirklichen Zusammenhang bringt. Vornehmlich hier aber müssen wir uns für unsern gegenwärtigen Zweck auf eine bloße Andeutung beschränken, da wir einen Punkt berühren, in welchem wir uns im entschiedensten Gegensatze zu dem Systeme, welchem der Rec. zugethan ist, zu befinden bekennen, — jenen kategorischen Imperativ (kaum läßt es sich wagen, dem philosophischen Specificum eine höhere speculative Dignität zuzuschreiben), jenen kategorischen Imperativ von der Immanenz des Denkens, oder vielmehr bestimmter von dem Denken als der höchsten Entwickelungsstufe des Geistes. Wie die Erscheinung im Gedanken zur Wahrheit emporgehoben sein soll, so in umgekehrter Folge in der That der Gedanke als Freiheit constituirt; beides aber leugnen wir geradehin und sehen darin eine nur mit der Würde der Thesis bekleidete Voraussetzung, wodurch der psychologischen Arbeit eine ebenso willkührliche als bedenkliche Schranke gesetzt wird. Mit ihm aber steht und fällt die Folgerung, daß zwar „das subjective Dasein die Unbestimmtheit enthalten kann, die sich auf die Macht und Stärke des Selbstbewußtseins und der Besonnenheit bezieht, — eine Unbestimmtheit, die jedoch nur in Ansehung des Blödsinns, der Verrücktheit u. dgl. wie des Kindesalters in Rücksicht kommen kann, weil nur solche entschiedene Zustände den Charakter des Denkens und der Willensfreiheit aufheben und es zulassen, den Handelnden nicht nach der Ehre, ein Denkendes und ein Wille zu sein, zu nehmen" („Rechtsphilosophie," §. 120). Wir wissen, wie ungelegen wir den Begriffsystemen kommen, allein es bleibt nun schon einmal das Loos der psychologischen Forschung, speculative Aergerniß sein und geben zu müssen, und es läßt sich demungeachtet auch nicht verbergen, daß der Wille, der Mittler zwischen zwei unendlichen Reihen, etwas weit Complicirteres als eine logische Direction ist, und daß das Denken oft noch in seiner ganzen formellen Stärke, welche bei ihm eben die Klarheit ist, vorhanden sein kann, während die Freiheit längst schon untergegangen. Gesetzt aber auch, die That wäre wirklich nur das Resultat eines so einfachen Grundes, so ist doch die Unbestimmtheit des Selbstbewußtseins, welche in der angeführten Stelle zugegeben wird, an sich schon hinreichend, um ein für die Vergeltung nothwendiges Urtheil insbesondere in den weniger entschiedenen Zuständen unmöglich zu machen, die gerade hier am meisten in Betracht kommen, da offenbar nichts Bedenklicheres gedacht werden kann, als die Ehre des Denkens mit dem Kopfe bezahlen zu sollen.

Soviel über die Wiedervergeltung als Ausgleichung an sich und objectiv genommen. Wenn diese Ausgleichung aber zugleich ein Subject, wenn sie ein im Denken erzeugtes Identisches zwischen Richter und dem Gerichteten, das zwischen Beiden die Allgemeinheit des Gesetzes für den concreten Fall darstellt, sein soll, so erhellt, daß auch die genauste und richtigste äußere Ausgleichung der Strafe nur ein Abstractes bleiben würde, das dem Begriff der Strafe noch nicht entfernt nahe käme. Wir werden hier auf den idealen Charakter der Vergeltung geführt, der noch nicht in dem äußern Uebel vollendet, sondern dieses Uebel vielmehr als den Ausdruck eines Begriffs, näher des Rechtsbegriffs, genommen wissen will, ein Charakter, der also dieselbe als den Ausdruck eines Allgemeinen (des Gesetzes) nur in dem Selbstbewußtsein des Strafenden und Gestraften zugleich zur Wirklichkeit kommen läßt, und dem zufolge vor Allem die Herstellung einer solchen Identität des Selbstbewußtseins bezweckt werden müßte. Ein solches Resultat aber wäre nimmermehr durch ein äußeres Uebel allein, in seinem Losgerissensein vom Gedanken, am wenigsten durch Vernichtung des Daseins zu erreichen. Man vergesse doch ja nicht, daß schon das Verbrechen, das Unrecht als That, als Wille etwas Geistiges ist, daß es also vor den rohen Mitteln der Zerstörung, vor jeder Einwirkung, die nicht frei von der Präsumtion der Willkühr, nicht mit dem Charakter höherer Nothwendigkeit bekleidet ist, sich nur ergrimmt in sich zurückzieht; man wiederhole nicht allzulange das kindliche Manoeuvre, die Tischecke zu schlagen, an der man sich selbst eine Beule gestoßen hat. Der Rec. selbst erkennt ja recht wohl den Idealismus der Strafe an, wenn er mehr als einmal von dem Erwachen des Verbrechers, von dem Gefühle des Schuldbewußten spricht, und wir sind überzeugt, daß er uns am ehesten das Paradoxon nachsehen würde, daß der Verbrecher nur sich selbst richten könne, wenn wir schon dies nicht anders als mit der grammatischen Figur des Inhalts für das Enthaltende und also nicht im Sinne eines magern Subjectivismus genommen wissen wollen. Ja, wir können nicht einsehen, wie der Rec. die blos äußere Vergeltung verwirft und eine innere realisirt wissen will, wenn er nicht eine der eben angeführten wenigstens verwandte Ansicht hegt. Ist aber dies, dann leuchtet wohl die Unmöglichkeit ein, daß das äußere Gericht, das kein Moment im Bewußtsein mit Nothwendigkeit bedingt, vergelten, oder überhaupt etwas Anderes beabsichtigen könne, als den Verbrecher vor sein inneres Gericht zu stellen. Allerdings spricht auf diese Weise die Unmöglichkeit der Imputation nicht gegen die Todesstrafe allein, sondern überhaupt gegen die Strafe (Abegg S. 547), jedoch mit dem einzigen, unabweisbaren Zusatze, — sofern diese auf eine Theorie der Wiedervergeltung sich gründen soll. Es dürfte nunmehr klar sein, daß jede Theorie, welche auf eine andere als die oben angegebene Weise die Vergeltung darzustellen bemüht ist, fürs Erste sich selbst ein absolutes Wesen nach Macht und Wissen zuschreibt, das eben in diesem Falle nur ein tyrannisches wäre, sofern das Wesen aller Tyrannei eben darin besteht, ein Besonderes mit der Anmaßung des Allgemeinen, ein Abstractes mit der Geltung des Concreten zu setzen. Sofern sie fürs Andere nur eine Erhaltung der Gattung beabsichtigte, würde sie sich dadurch wirklich jener Abstraction schuldig machen, die die Schule des Rec. wenigstens nicht durch ihre Principien zu rechtfertigen versuchen wird, und bei der wir es nur wunderbar finden dürften, wenn man dem spartanischen Gesetze, dem bekanntlich sogar Plato's Beifall nicht ganz fremd war, und nach welchem die misgestaltet zur Welt kommenden Kinder als Sachen dem Untergang preisgegeben werden, nicht sofort beipflichtet. Ist einmal die

Freiheit, als Persönlichkeit des Individuums, nur als etwas Untergeordnetes, als Mittel für eine Gattungseinheit hingestellt, dann möchte sich allerdings oft mit noch weit größerer Wahrscheinlichkeit darthun lassen, daß die Unregelmäßigkeiten der Natur für den Nutzen dieser Einheit untüchtiger machen, als die Gebrechen des selbst gebildeten Lebens. Dem Gegner scheint auch wirklich jenes absolute Wissen sich als etwas Unheimliches zu verrathen, wenn er auf das Gefühl des Schuldigen, also in letzter Instanz auf Einstimmung des Gestraften, somit auf die Herstellung des rechtlichen Bewußtseins in demselben recurrirt und dasselbe voraussetzt. Ist aber der Verbrecher einmal erwacht, so wird er wohl die Vernichtung seiner als des Verbrechers auf eine ganz andere Weise und besser in Ketten und Banden suchen, als durch den Tod. Romantischer mag es wohl sein, wenn sich das Drama mit einem Selbstmord oder mit einem Act auf dem Rabensteine endigt, als die lange Buße eines Besserungshauses zu durchwandern, die selbst die Genugthuung des sinnlichen Mitleides und den Ruhm des Heroismus zu verweigern hart genug ist; allein es ist ja nicht Romantik, die wir suchen. Man provocire ja nicht auf die Nothwehr und den Krieg, auf Zustände, die außerhalb alles Rechts sind, bei denen das Recht temporair zurückgedrängt, oder bis zu welchen es noch nicht hindurchgedrungen ist, und bei denen der Tod nicht einmal als Mittel schlechthin gewollt wird. Aber wenn dies auch der Fall wäre, wie es bei dem bekannten Gesetze Solon's scheint, nach welchem Der mit dem Tode gestraft werden sollte, welcher in Zeiten bürgerlicher Zwistigkeiten keine Partei ergriffe, so enthält ein solches Gesetz eigentlich einen Widerspruch in sich, es giebt eine rechtliche Bestimmung für einen Zustand, der außerhalb des Gesetzes ist, es nimmt ein rechtliches Urtheil an auf dem Gebiete der Rechtlosigkeit.

Die Todesstrafe ist, wo sie sich findet in der Geschichte, ein Zeichen des noch nicht im ganzen Umfang seines Gebiets vollendeten, verwirklichten Staats, eine Negation des Staats im Staate selbst, ein Verhältniß von Naturkräften, deren eine ihr Bestehen durch Vernichtung der andern zu sichern bemüht ist. Der Staat gebraucht in der Todesstrafe seine Gewalt, aber nicht sein Recht. Bei jeder andern Strafe beschränkt der Staat seine Gewalt durch etwas Anderes als durch das Vermögen derselben, durch einen Gedanken, sei dieser auch nur eine untergeordnete Stufe der Entwickelung des Rechtsbegriffs, und erhält sich dadurch noch immer als ein Intelligentes, eine Person. In der Todesstrafe dehnt er aber seine Macht schlechthin so weit aus, als er kann. Er erklärt factisch: ich kann vernichten, und in die allgemeine Vernichtung der Substanz, der Person reißt er unter andern Accidenzen auch das Moment des einzelnen Unrechts, Verbrechens mit fort. Der Staat erscheint in der impotentia eines Tyrannen, der unfähig ist, unter den unendlichen Bestimmungen des Lebens ausschließend die des Unrechts zu negiren. — Was man auch gegen die relativen Strafrechtstheorieen mit der vollsten Befugniß einwenden mag, als eine nothwendige Entwickelungsstufe in der Geschichte der Theorie erscheinen sie uns doch; sie lassen uns gleichsam in die Werkstätte des arbeitenden Gedankens blicken. Sie danken bald mehr bald weniger bewußt ihre Entstehung dem Gefühle, im Reiche der Vergeltung nicht zu Hause zu sein. Sie sind als das Herumschwärmen der noch als Trieb wirkenden Wahrheit anzusehen, Wahrheit, daß etwas, wie hier die Strafe, die Alles für das Recht zu sein vorgäbe, ohne dabei etwas für das Individuum zu sein, auch für jenes Erste aufhörte etwas zu sein, nichts würde, — ein Unrecht. Jene relativen Theorieen sind die kritische Thätigkeit des Geistes auf diesem Gebiete, nicht blos absolut zweifelnd, d. i. verzweifelnd an dem Rechte, wie etwa Diejenigen thaten, die den Begriff der Strafe überhaupt nur für einen positiven erklärten, sondern die vom Zweifel angeregte und zum Suchen hingetriebene Thätigkeit. Gerade aber ihre Menge ist ihr eigner Untergang, sie zehren sich dadurch, daß eine der andern Blöße und Aeußerlichkeit erkennt, unter einander selbst auf und weisen so zur Rechtsidee selbst zurück. Sie sind die einzelnen Momente der Erfahrung, die ihre Bestimmung erfüllt haben, wenn sie auf das Substantielle, die Idee hinleiten und in ihr sich aufheben. Diese soll erhalten, auch durch Wiederherstellung erhalten werden, also auch in dem Verbrecher. Nur darin hatte die alte Vergeltungstheorie gefehlt, daß sie dies verkannte, daß sie sich zum Arzt, Gott weiß, welches in ihrer Einbildung kranken Weltgesetzes berufen glaubte und darüber das Recht und seinen Gegner vergaß; daß sie die Wiederherstellung des Rechts durch eine reine Negation zu Stande zu bringen meinte, als ob das Recht nichts wäre als eine Negation; daß sie mit ihrem Urtheil in ein Jenseits eingreifen zu dürfen wähnte, ohne nur noch die Mittel der Gegenwart ganz erkannt und erschöpft zu haben. Ist es doch aber auch ein Lieblingsspruch jenes Meisters der Philosophie, das: hic Rhodus, hic salta.

Sollte man den Ausdruck Besserung relativer finden, als daß er seinen absoluten Inhalt bezeichnen könnte, sofern er allerdings mehr von dem Standpunkte des Verbrechers aus auf das Substantielle des Rechts hinweist, so lassen wir uns recht gern gefallen, daß man statt dessen die Versöhnung wähle, in deren Begriff aber Erhaltung, nicht Vernichtung liegt, Erhaltung zweier, deren Ungleiches, das aber nicht das Leben, sondern das Unrecht ist, aufgehoben wird, sodaß die Besserung nicht neben der Gerechtigkeit (Abegg S. 529), nicht neben dem Hauptzweck der Strafe, sondern wesentlich in ihm gegeben ist.

Trotz dem aber, daß wir uns also auf ein anderes Resultat geführt sehen, als der Gegner, so müssen wir uns doch immer freuen, wenn solche Vertheidiger des Alten auftreten, die mit ebenso viel Wissenschaftlichkeit als Mäßigung die gründliche Durcharbeitung der Sache fordern und so dem heraufsteigenden Neuen einen weit größern Vorschub leisten als oft selbst seine Freunde.

G. Mehring.

X.

Das Neueste über das politische Problem: ob der Staat kein Recht habe, am Leben zu strafen? oder ob durch die Criminaljustiz eigentlich der Teufel und die Sündhaftigkeit bestraft werden müssen? Mit Hinweisung auf einen neuen mißkannten Gesichtspunkt der ganzen Untersuchung und mit Bemerkungen zu Grohmanns, Groos, Heinroths, Pölitz, hierher gehörigen Schriften. *)

Von G. K. R. Dr. Paulus.

Die wichtige Frage, ob Abstellung der Todesstrafen moralisch und juridisch nothwendig sei, ist nicht mehr bloß eine wissenschaftliche Aufgabe. Sie ist in die Reihe der politischen Tagsbegebenheiten eingetreten, seit Prof. Dr. Grohmann seine

Bitte und Frage für die Abschaffung der Todesstrafe (Dresden 1833. S. 18. 8°)

an die „landständische Versammlung des Königreichs Sachsen" gebracht hat und sie auch dort vorläufig als Veran-

*) Annalen der Geschichte u. Politik. Von Dr. Weick. Bei Scheible. Stuttgart 1833. August und October.

lassung weiterer gesetzgeberischer Erwägungen berücksichtigt worden ist.

Er begründet diese Bitte durch eine vorausgegangene juridisch-politische Schrift:

Ueber das Princip des Strafrechts. (Carlsruhe 1832. S. 73. 8°),

welche, dem König und dem Mitregenten von Sachsen dedicirt, als ihren Zweck die Behauptung ausspricht: „Der Staat hat kein Recht, am Leben zu strafen."

So wie der Verfasser hierdurch „die philosophische und christliche Strafrechtslehre zu berichtigen" beabsichtigt, hat Er schon früher durch Ansichten aus dem psychologischen und gerichtärztlichen Gesichtspunkt in Zeitschriften von Nasse zu Bonn und Friedreich zu Würzburg, auch in meinem Sophronizon, nach Gründen der Seelenkunde vornämlich für Gerichtärzte und Richter die Unzulässigkeit der Todesstrafe dadurch zu zeigen gesucht, daß er die Möglichkeit der moralischen Zurechnung solcher Verbrechen, die noch am ehesten mit dem Tode bestraft werden, sehr zweifelhaft macht.

Die Frage ist also eigentlich eine gedoppelte. Zuerst nämlich ob die Todesstrafe überhaupt der Vernunftpflicht und der Rechtsidee entgegen sei? und dann ob Gerichtsärzte und Richter eine zuverlässige Gewißheit haben könnten, sie auf einzelne, durch Leidenschaftlichkeit entstehende Fälle anzuwenden? indem der ganze vorher gebildete Gemüthszustand und dann besonders die zunächst entweder möglich oder in einer trüben Befangenheit tief wirkende Passivität und Leidenschaft des Verbrechers in ihm häufig diejenige Besonnenheit unterdrückt, ohne welche Handlungen nicht moralisch zugerechnet werden können.

Auch Andere haben vorzüglich auf die Zurechnungsfähigkeit der meisten Verbrecher, mit einer gewissenhaften Sorglichkeit aufmerksam gemacht. Namentlich ist unter diesen ausgezeichnet der vieljährige Beobachter einer großen Irrenanstalt, die seit einigen Jahren von Pforzheim nach Heidelberg versetzt worden ist, Hofrath Dr. Groos, durch seine „Untersuchungen über die moralischen und organischen Bedingungen des Irrseins und der Lasterhaftigkeit, Aerzten und Rechtsphilosophen zur Würdigung vorgelegt." 1826. — „Nachwort über Zurechnungsfähigkeit." 1828. — „Schüchterne Blicke in die Tiefen der Philosophie." 1832. mit einem kritischen Nachwort über Geistesstörung. Nachdem nämlich dieser selbstständig philosophirende Arzt schon in früheren Schriften der schweren Frage über die Willensfreiheit nachgeforscht hatte, so leiteten ihn seine tägliche Anschauungen, aus denen auch sein „Entwurf einer philosophischen Grundlage für die Lehre von den Geisteskrankheiten 1828." entstanden ist, noch vielmehr auf bedenkliche Zweifel: ob nicht ein großer Theil der Verbrecher in der Zeit, wo sie die Missethat ausüben, wegen vorhergegangener Einflüsse auf ihre Gemüthsanlagen, vornämlich aber durch eine Uebermacht sinnlicher Umstände während der leidenschaftlichen Thathandlung, in dem geheimen Verhältniß zwischen Denken und Wollen so gestört und zerrüttet seien, daß sie in solchen Momenten nicht als moralische Personen zu handeln vermochten.

Wer es dann mit diesem ganzen Gegenstand, wie es sein soll, genau nimmt, der müßte wenigstens sehr zweifelhaft werden, ob ein anderer Mitmensch, nämlich der Gerichtsarzt und der Richter, davon, daß der Uebelthäter in dem Zustande der moralischen Zurechnungsfähigkeit gewesen sei, eine so vollständige Ueberzeugung haben könne, wie sie, um ein Todesurtheil zu begründen, erforderlich wäre. Nicht nur die im Aufbrausen einer Leidenschaft plötzlich begangene Verbrechen veranlassen große Zweifel, ob der Thäter während jenes Seelenzustands sich der Unrechtmäßigkeit seines raschen Entschlusses bewußt war und ob also seine Handlung nicht bloß eine Uebelthat, sondern eigentlich böse, das ist eine solche gewesen sei, zu welcher er mit Bewußtsein, dem Rechten zuwider zu handeln, sich entschlossen habe. Sogar bei Uebelthaten, welche viel langsamer ausgeführt werden, kann vielleicht durch einen langsam wirkenden Drang der Noth ein an sich weiches Gemüth, wenn es überhaupt nicht viel Urtheilskraft zu üben gewöhnt ist, und eine vernachläßigte oder verkehrte Erziehung vorausging, so betäubt, rathlos und verzweiflungsvoll gemacht werden, daß der Handelnde eher wie eine automatische Maschine, als wie ein sonst denkfähiger Mensch Schritt für Schritt bis in die Vollendung des Verbrechens fortgetrieben wird.

Wer als empfänglicher Menschenbeobachter verständig geführte Criminaluntersuchungen überdacht hat und wer überhaupt durch psychische Erfahrungen weiß, wie bisweilen die gesammte Geistesthätigkeit irgend einer Person fast wie unbeweglich in einer einzigen fixen Richtung still stehen kann, der wird wenigstens in vielen Fällen sehr bezweifeln müssen, ob ein Dritter von der Willensfreiheit des Handelnden in dem Grade überzeugt sein könne, daß er ihm die That als moralisch, d. h. als Ausdruck des selbstthätigen Denkens und Wollens zugleich, zuzurechnen die Gewißheit habe und auf die Gewißheit ein so unabänderlich entscheidendes Urtheil, wie das Todesurtheil ist, gründen könne. Wir verweisen allernächst auf die trefflich motivirte Criminalentscheidung über die schauerliche Ermordung, welche ein von der Mutter verlassener Taglöhner an seinem Kinde aus Liebe, oder vielmehr aus zärtlichem Mitleiden über dessen Hülflosigkeit verübte, wie sie uns im Jahrgang 1833 der Hitzig'schen Zeitschrift für Criminalrechtspflege aus amtlichen Quellen vorgelegt ist, während gerade in diesem Journal für die Fortdauer der Todesstrafe überhaupt und für die moralische Zurechnungsfähigkeit der Verbrechen sehr geeifert wird. Daß der dort sein allzu verlassengeschienenes Kind, mit der Gesinnung, das Möglichbeste für dasselbe zu thun, tödtete (also nicht ermordete), auch dabei nicht eigentlich Gewissensvorwürfe, (Ahnungen und Vorwürfe, daß er ein Unrecht begehe) sondern nur ein abwechselndes Schaudern über seine unnatürliche Handlung fühlte, ist wohl nach allen dargelegten Umständen unverkennbar und deswegen am Ende schwerlich zu behaupten, daß der nichts Schändliches und Schädliches zu denken beabsichtigte, höchst unklar denkende Vater im Zustande einer moralischen Person seine Missethat vollbracht habe. Der Gemüthszustand, in welchem er offenbar sich befand und nach welchem also auch die Zurechnung der Handlung beurtheilt werden muß, war zwar nicht ein Verrücktsein, aber eine Schwäche seines Denkvermögens, nach welcher er sich, ohne eine Verkehrtheit in seinem Wollen, handeln zu dürfen meinte. Er wollte nicht einer Pflichteinsicht zuwider handeln. Nicht sein Wollen war verdorben, sondern sein schwacher Verstand hielt ihm die Pflichteinsicht nicht vor, durch welche sein Mitleiden hätte überwältigen sollen. Unmoralität konnte ihm nicht aufgerechnet werden, da ihm nur die Intelligenz, nicht das Wollen des Rechten fehlte.

In Wahrheit aber scheint dieser Streitpunkt, insofern er die Zurechnungsfähigkeit betrifft, sich dadurch zu lösen, daß das moralische und das juridische Gebiet deutlicher unterschieden werden müßte. Es ist durchaus eine Verwechslung zwischen dem Innern und Aeußern, wenn im äußern Verhältniß der Menschen gegen einander überhaupt, und besonders im staatsbürgerlichen Verein, die Frage darauf gestellt wird, aus welcher Gesinnung für Recht- und Unrechtthun, also aus welcher Richtung der Moralität ein Uebelthäter seine Uebelthat begangen habe. Alle Staatsgenossen miteinander müssen vielmehr zum Voraus entschieden sein, daß sie das Innere, d. i. die Gesinnung, in ihrem ganzen Zusammenhang von dem ersten Anlaß eines Gedankens bis zum Entschluß und zur Vollziehung nie mit soviel Zuverlässigkeit wissen können, um darauf mehr als Wahrscheinlichkeiten bauen zu dürfen. Nach diesen Wahrscheinlichkeiten über die Gesinnung oder den guten Willen des Andern, soweit wir sie durch Indicien (selbst der Physiognomie) gradweise erkennen, haben wir zwar uns in unserer Vorsicht gegen ihn zu richten. Ueber ihn selbst aber nach solchen Wahrscheinlichkeiten zu verfügen, können die

Uebrigen kein Recht haben, da ohne Gewißheit, wie er beschaffen sei, er nicht rechtlich behandelt werden darf.

Sogar wenn in der Reumüthigkeit des Verbrechers selbst dieser hintennach sich die Momente, wo er zweifelte und vor der That zurückbebte, als Beweis der moralischen Schuld aufrechnet und zum Protokoll giebt, kann es doch sehr zweifelhaft sein, ob bei dieser später eingetretenen Selbstbeurtheilung er sich des vormaligen Gemüthszustandes zuverläßig erinnere, oder ob vielmehr, wie fast alle dergleichen Rückblicke in die Vergangenheit, auch diese Rückerinnerung nur eine unwillkührliche Mischung von Wahrheit und Dichtung sei, wenn er gleich dabei nichts zu erdichten im Sinne hat.

Der Verlust des zeitlichen Lebens, wenn er im Namen der Staatsgesellschaft durch unpartheiische Richter verhängt wird, ist rein eine juridische Wirkung, die aus juridischen Gründen entsteht, über welche nur zu fragen ist, ob sie ohne Widerspruch gegen das, was der Mensch an sich und ohne den Staat ist, der sein soll, ohne Widerspruch der allgemein gültigen Moral, gesetzlich festgestellt werden durfte. Alle, welche in eine Staatsgesellschaft zusammentreten, haben nicht darnach zu fragen, ob und wodurch sie Sünder, das ist zu böser Gesinnung oder überhaupt zu Entschließungen wider ihre Ueberzeugung vom Rechten zu handeln, fähig oder geneigt seien. Der ganze Staatszustand sollte seiner Natur nach nur die Sicherung eines wohlgeordneten äußeren Zusammenlebens zum Zwecke haben. Dies sollen seine Gesetze beabsichtigen. Auf das Wissen, wie es mit Jedem in seinem Innern, mit der Richtigkeit seiner Einsichten und mit dem beharrlichen Rechtwollen stehe, kann der Andere nichts mit Entschiedenheit gründen. Damit man sich aber doch zuvörderst an Etwas unmittelbar gewisses halten könne, muß mit dem, was man als äußerlich fühlen kann, und was sich als ein Aeußeres dem Bewußtwerden aufnöthigt, der Anfang menschlicher Ordnung gemacht werden. Ist dieses Aeußere wohl zusammengeordnet, alsdann kann innerhalb desselben das Nichtsichtbare, das Innere, was der Menschen Ehre und Würde bestimmt, in einer gesicherten Zusammenwirkung gedeihen, von welcher die gesetzliche Staatsordnung den Mißbrauch der Kräfte, Gewalt und List äußerlich abhält und durch äußerliche Mittel wegzutreiben sucht.

Es ist nicht eine Herabsetzung oder Entfernung der an sich viel wichtigeren inneren Gemüthsbestimmungen der Moral als Pflichteneinsicht, und der Religion, als des Strebens nach Harmonie mit Gott und allen guten Geistern, wenn der Staatsrechtsphilosoph behauptet und darauf festhält, daß der Staat als äußerer Verein für äußere sinnlich-erkennbare Zwecke sogar jene erhabene und ideale Richtungen der Geistesbildung, und ebenso das eigentlich Wissenschaftliche, nur insofern in seinen Wirkungskreis ziehen dürfe, als daraus Mittel für seinen äußeren, eigenthümlichen Zweck abgeleitet und benutzt werden können. Der Sinn ist nie, daß Wissenschaft, Pflichtenlehre, Religiosität an sich nichts mehr als Mittel sein könnten oder sollten. Aber für einen äußern Zustand, für welchen nur das Aeußere existirt, und der zuvörderst viel thut, wenn er den äußeren Boden, auf welchem alsdann die Menschen ihr Inneres bilden und in Thätigkeit setzen können, durch äußere Ordnung reinigt und gegen äußere Störungen sicher stellt, können und dürfen auch die rein geistigen Dinge nur insofern in Wirksamkeit gesetzt werden, als sie durch mancherlei Zeichen und Erscheinungen dem Gesetzgeber und Richter etwas Aeußerliches werden können, welches er für den Zweck des rechtlich geordneten Zusammenlebens mit Zuverläßigkeit anwenden zu können voraussieht.

Nicht einmal darüber also hat er den Metaphysiker, als Uebersinnlichkeitslehrer, zu fragen, ob das Leben eines Menschen nach dem irdischen Tode wahrscheinlich fortdaure oder aufhöre. Wer in das äußere Leben der Staatsgesellschaft tritt, hat die Sicherstellung dieses seines irdischen Lebens und seiner sinnlich erscheinenden Güter zum äußerlich erkennbaren und erreichbaren Zweck, wenn gleich jeder Einzelne eben diese

Sicherstellung wegen einer innern Pflicht, damit er um so gewisser das Recht anzuerkennen und zu befolgen vermöge, sich zur Absicht und sogar zur Obliegenheit zu machen hat.

In Wahrheit nämlich geht der Gehorsam gegen die gesellschaftliche Staatsordnung von der Moral oder Pflichteinsicht jedes Einzelnen aus. Denn, müßten nicht alle Vernünftige, die sich selber verstehen, sich in Staatsgesellschaften dieser Art, wenn wir je noch keine hätten, deswegen vereinigen, weil der Vernünftige es als Pflicht erkennen muß, daß er sich zuvörderst auf einen gemeinschaftlich (constitutionell) wohlgeordneten Rechtsboden zu stellen habe, um auf demselben in seiner inneren Vervollkommnung zuzunehmen und dafür auch durch vereinte Kräfte andere moralisch zweckmäßige Einrichtungen, die aber von der Anwendung der Staatskräfte wohl zu unterscheiden sind, hervorbringen zu können. Selbst wenn alle unsere Staaten anfänglich nur durch despotische Gewalt zu einer gewissen Einheit des ungestörten Zusammenlebens gezwungen worden wären, würde doch die Pflichteinsicht einen jeden, der bis zum Bewußtsein des Vernünftigen sich erhoben hat, in der Vereinigung zu bleiben, auffordern, sobald nur dieselbe so regiert und verbessert zu werden anfängt, daß durch die äußere rechtliche Ordnung das innere Rechtwollen und dessen Ausübung mehr möglich wird, als sie ohne Staatsverein, also in der Anarchie, möglich wäre.

Soll nun äußere, d. h. sinnlich erkennbare, Ordnung werden und bestehen, so sind dafür äußere Mittel, folglich auch gegen sinnliches Uebelthun andere sittliche Uebel als Zurückhaltungsmittel unentbehrlich. Der Verstand des vernünftigen oder nach moralischer Vervollkommnung strebenden, sagt ihm dies als in Folge unsers Gesammtzustandes: das Sinnliche kann zuvörderst nicht anders, als durch Sinnliches gemäßigt werden. Damit Vernunft und Verstand gehört werde, muß das Sinnliche zur Unterordnung und Recht genöthigt werden. Es muß vorauswissen, daß sein Toben ihm selbst zum unabhaltbaren Uebel würde.

Das höchste äußere Gut nun, welches durch ein das Sinnliche ordnendes Zusammenleben gesichert werden kann und soll, ist das sinnliche Leben. Wer in den sicherstellenden Verein tritt oder darin bleibt, und also für alles das, was er selbst Nutzwerthes besitzt, dessen Schutz benützt, muß demselben auch verhältnißmäßig seine eigene Sinnlichkeit gleichsam zur Bürgschaft geben. Daß er das Leben Anderer nicht verletzen wolle, dafür kann nur sein eigenes sinnliches Leben das genügende Pfand sein. Dieses giebt also der Einzelne Schutzgenosse dem mit allen übrigen Einzelnen geschlossenen Verein zur wechselseitigen Gewährschaft. Daher darf die im Namen aller (so richtig wie möglich) denkende Gesetzgebung zum Voraus bestimmen, in welchen Fällen selbst jenes höchste Pfand des sinnlichen Lebens dem wahren Schutzzweck der ganzen Gesellschaft entweder zum Theil (durch Gefängniß und Deportation) oder sogar auch ganz (bis zur gerichtlichen Tödtung, als dem furchtbarsten Sicherungs- und Abhaltungsmittel) verfallen sein müsse, um auf dergleichen Gesetze die nothwendige Sicherstellung, wenn auch nicht mit einer ausnahmelosen Gewißheit, doch mit der in menschlichen Anstalten möglichen Wahrscheinlichkeit zu gründen.

Die gesammte Staatsgesellschaft als ein vereintes Ganzes kann demnach verständiger Weise sich selber, d. h. allen einzelnen Mitgliedern, die Verpfändung des sinnlichen Lebens sogar bis zu einem gesetzlich und richterlich zu bestimmenden Lebensverlust zum Voraus als Bedingung der Theilnahme an ihrem Verein erklären.

Nur wenn der Einzelne das höhere Vernunftgebot oder die Pflichteinsicht in sich hätte, daß Er, als moralische Person, eine solche vollständige Verpfändung seines äußeren Lebens einzugehen für pflichtwidrig halten müßte, würde er an dem Staatsvertrag keinen Antheil nehmen dürfen, alsdann aber auch von der darin möglichen Sicherstellung sich wie ausgeschlossen verhalten müssen. Und dies ist es auch hauptsächlich, was Professor Grohmann hervorhebt, um gerichtliche

Tödtung als eine Bedingung in den Staatsgesellschaften für unzuläßig zu erklären, weil der moralische Mensch diese Zerstörung seiner Persönlichkeit nicht zur Bedingung machen und nicht als Bedingung eingehen dürfe.

Daß aber der pflichtmäßig denkende Mensch sogar über die Fortdauer seines sinnlichen Lebens, wenn durch die Aufopferung eine umfassendere Pflicht gesichert oder erfüllt werden kann, zum Voraus disponiren und Bedingungen eingehen dürfe, können auch die Gegner der Todesstrafe oder, wie man besser sagen würde, des gerichtlichen Lebensverlustes nicht verneinen, da sie vielmehr zugeben, daß die in der Staatsgesellschaft Vereinigten nicht blos das Leben selbst, sondern auch andere Rechte und äußere Güter mit Gefahr des Lebens zu vertheidigen, die moralische Erlaubniß haben, weil sonst überhaupt kein sinnlich schützender Staatsverein bestehen könnte, wenn andere Raubsüchtige wüßten, daß eine gewisse Gesellschaft es für unmoralisch halte, mit Lebensgefahr die Güter des Lebens gegen Gewalt zu beschützen. Wie demnach jedes Mitglied des Staats sogar für die Vertheidigung des geringeren Eigenthums sein Leben zum Pfand oder zur Gewährschaft giebt, so muß es noch vielmehr moralisch erlaubt sein, daß jeder Einzelne allen Uebrigen sein Leben dafür zum Pfand einsetze, das Leben Anderer, oder das, was ihnen dem Leben gleich ist, so gewiß nicht verletzen zu wollen, als er sich selber im gleichen Grade durch die Verpfändung des Lebens Aller für das seinige, als durch die möglich höchste Gewährschaft geschützt zu wissen beabsichtige.

Ist demnach, vermöge dieses Gedankenzusammenhangs zwischen der Moral aller Einzelnen und den nothwendigen Bedingungen der, durch sie, für sie Alle, möglichen Schutzgesellschaft, dem Einzelnen, der in der Theilnahme am Stadte bleibt, moralisch gar nicht verwehrt, daß er der Staatsgesetzgebung sogar sein sinnliches Leben als Gegenstand gesetzgeberischer Zweckmäßigkeit, Klugheit und richterlicher Entscheidung unterordne, so ist auch bei jeder Uebelthat, auf welche in einem, auf solchen offenkundigen Bedingungen bestehenden, Staatsverein Lebensverlust durch die auf verständige Weise anerkannte Gesetzgebung gesetzt ist, nicht die Frage: ob der Vollzieher eines auf diese Weise verpönten, (d. h. durch diese Drohung des äußersten Uebels zu verhüten gesuchten) Verbrechens, sich der moralischen oder religiösen Gründe, es nicht zu begehen, bewußt war? Die Frage ist auf dem Boden des bürgerschaftlichen Rechtszustandes vielmehr eine juridische: ob der Mitmensch, er sei nun Staatsgenosse oder Auswärtiger, das höchst einfache Bewußtsein hatte, daß er etwas, wofür er den Lebensverlust in diesem äußeren Rechtszustande befürchten müsse, zu verüben im Sinne habe? Daß ein solches Bewußtsein auch bei dem leidenschaftlichsten Morden gewöhnlich da ist, ergiebt sich schon aus dem Bemühen, die Uebelthat zu verheimlichen, und dadurch dem bedrohten Gegenübel sich zu entziehen.

Alles demnach führt uns darauf hin, daß nach einer moralischen Zurechnung des Bösewollens, welches der Lust zum erkannten Unrecht nicht durch Willensfreiheit und Pflichtüberzeugung widerstanden habe, von Seiten des äußeren, sinnlichen Staatsvereins gar nicht zu fragen ist. Der Gesetzgeber und der Richter hat vielmehr nur auf eine juridische Zurechnung zurückzugehen, welche nicht darnach fragt, ob der Thäter seine Handlung als eine Sünde erkannte, und wie eine Sünde vermeiden konnte, sondern: ob er wußte, welches sinnliche Gegenübel in dem rechtlichen Zustande, durch welchen er selber lebt, dem Uebel, das er so eben widerrechtlich bewirken will, dem allgemeinen Willen der Vereinten gemäß, d. i. gesetzlich, entgegen gestellt sei? Durch diese neue Ansicht erhält die Untersuchung einen ganz anderen, als den, bestehendes äußeres Recht und Moral erweiternden Standpunkt. Jede Frage soll nur innerhalb ihrer Sphäre gemacht und beantwortet werden! Wird nun das Forschen nach einer Theorie über gerichtliche Todesstrafe, oder besser zu sagen: über das Recht der Staatsgesellschaften, sich sogar durch Lebensverlust in ihrem moralisch gebotenen Schutzzweck zu sichern, nicht mehr durch die Einwendung gestört, daß die moralische Zurechnungsfähigkeit des leidenschaftlichen Verbrechers gar oft für Andere, und sogar für ihn selbst, nicht mit Zuverläßigkeit zu beurtheilen sei; wird dagegen, was jetzt anders, als in den meisten bisherigen Untersuchungen gezeigt ist, richtig befunden, daß im Verhältniß zu den äußeren Gesetzen auch nur von einer juridischen Zurechnung, ob man der Nichtbefolgung des äußeren Gesetzes bewußt gewesen sei, die Rede sein könne; so kommen wir nunmehr auf die höhere Frage: ob und woher denn ein Recht der Staatsgesellschaft, Lebensverlust gegen ihre Mitglieder oder selbst auch gegen auswärtige Menschen mit gerichtlicher Unparteilichkeit zu verhängen, entstehen könne?

Denken wir uns, ohne wirklichen Verein, einen einzelnen Menschen dem andern gegenüber, so sagt beiden die moralische Vernunft, d. i. der Geist, insofern er für das Wollen regulirende Ideen denkt, daß ein jeder von ihnen den Zustand, worin er sich mehr vervollkommen kann, dem minder verbessernden vorziehen soll. Der moralische Verstand aber giebt dieser Vervollkommnungsidee als Mittel zu ihrer Verwirklichung in dem Gemüth der beiden Einzelnen dieses an, daß sie sich zu einem Zusammenleben vereinigen sollten, wodurch sie sich zuvörderst wechselseitig für die Sicherheit aller ihrer äußeren, sinnlich erkennbaren Güter Gewähr leisten könnten, um desto besonnener und von Willkühr freier, was ihnen sonst der Geist aufgebe, zu verwirklichen.

Die Gewährleistung muß wechselseitig gleich sein. Der Eine hat in dem Andern sich selbst als sinnlichen und geistigen Menschen noch einmal zu sehen und also sein Menschenwesen in dem Andern zu schätzen und zu achten. Nun hat, schon ehe sie sich mit einander vereinigen, jeder von ihnen die Pflicht und dadurch auch das Recht, sein sinnliches Dasein, wenn es willkührlich gefährdet wird, sogar durch Lebensverlust des Andern zu vertheidigen und zu sichern. Denn er soll nicht das bloße Belieben des Andern seinem eigenen Denken und Wollen vorziehen oder es sich zum willkührlichen Gebieter aufzwingen lassen. Mit dieser Pflicht, und mit dem durch sie begründeten Recht treten nun beide in die von der Vernunft geforderte und von dem Verstande zu berathende wechselseitige Rechtsgemeinschaft. Die Moral oder die im Einzelnen zu erweckende Pflichteinsicht führt ihn in den Rechtszustand hinein, welcher dann durch Verstand und Klugheit möglichst zu ordnen und zu sichern ist. Verletzt er alsdann diesen Rechtszustand, so ist nicht mehr die Frage: ob er dabei unmoralisch und irreligiös zu handeln sich bewußt sei? Als Verletzer des Rechtszustandes leidet er, wenn sein Bewußtsein nur bis zu diesem reichte, rechtlich behandelt.

Treten mehrere solche zusammen, um für diese Rechtsgemeinschaft einen fortdauernden Zustand (Staat als status) zu ordnen, so kommt die doppelte, große Verbesserung zu dem Naturzustand hinzu, daß die äußeren Pflichten und Rechte dieses Zusammenlebens nicht mehr blos nach der Meinung des Einzelnen gegen den Einzelnen auszuüben sein sollen, daß vielmehr mit soviel Klugheit und Sachkenntniß, als sie unter- und miteinander haben können, das zur Sicherung ihres aus Pflichteinsicht entstandenen Zusammenlebens dienliche in Gesetzen ausgesprochen, daß er und fernerhin durch nichtparteiische Beurtheiler vollzogen werden soll.

Ist es nun dem Verstande dieser Staatsgesellschaft oder derer, welche von ihnen als ihre gesetzgeberischen Stellvertreter anerkannt werden, gemäß einzusehen, daß von Verletzung des Lebens ihrer Mitglieder, jeder andere, er sei Mitbürger oder überhaupt nur Mitrath durch die gesetzliche Drohung eines gleichen Lebensverlustes, zwar nicht durchaus für immer, doch für viele Fälle abzuhalten sein werde, so wird es ihnen unstreitig eine Pflicht, dieses schon im Naturstand erlaubte Mittel, als Sicherung nicht blos der Einzelnen, sondern sogar auch des auf das sinnliche Dasein aller Verbundenen berechneten Vereins unter sich festzusetzen, ihren Entschluß zur zweckmäßigen Ausübung desselben bekannt zu machen und diesen auch so sehr, als es für die Erhaltung der Gesellschaft nöthig ist, zu vollziehen. Hier ist demnach, dünkt mich, nicht mehr der Fall, daß, wie Prof. Grohmann S. 14 seinen durch Ironie geschärften Hauptgrund andeutet, der, „Staat durch die Abschreckungstheorie das kleine Verbrechen gegen die Moral begehe, Mittel durch Zwecke zu heiligen.“ Die entscheidende Gedankenreihe ist vielmehr diese: Alle Rechte sind als Mittel, eine Pflicht auszuüben, aus dieser Pflicht und ihrem Zweck abzuleiten und dadurch auch die Begränzung zu bestimmen, daß sie nur in hohem Rechte sind, als sie verständiger Weise als Mittel zur Erfüllung einer Pflichteinsicht angeordnet werden können. Die moralische Vernunft oder die Pflichteinsicht nun giebt den Menschen auf, als Gesellschaften, die durch gemeinschaftlichen Verstand in ihren Erhaltungsmitteln als Rechten geordnet werden sollen, zusammenzutreten. Jeder Einzelne bringt schon in sich die Pflicht und das Recht dahin, theils sein Leben sogar durch den Lebensverlust des Andern, wenn er es zu zerstören droht, sicherzustellen, theils aber durch sein Leben, bei Angriffen auf materielle Güter der Schutzgesellschaft Gewähr dafür leisten zu helfen, ungeachtet die äußern Besitzgüter immer an sich weniger als das Leben werth sind. Das Leben einem der zum Pfand für die Erhaltung der Moralität nöthigen Vereine zu geben, ist also ein schon ursprünglich durch die Selbsterhaltungspflicht geheiligtes Mittel. Auch ist es nicht ein blos beliebiger und willkührlicher Zweck, daß man in die Sicherungsgesellschaft trete, da er vielmehr durch die Pflichteinsicht gefordert ist. Das Mittel, durch Abschreckung sich wechselseitig soviel möglich zu sichern, ist schon im Naturstand pflichtgemäß, wird aber jetzt noch doppelt geheiligt, weil es für Viele zugleich, aber nur nach gesetzgeberischer Klugheit und durch richterliche Unparteilichkeit zur Vollziehung gebracht werden soll.

Wenn es demnach wahr ist, daß, wer als vernünftig den Zweck will, auch als verständig die möglichen Mittel dafür wollen müsse, und wenn es ebenso wahr ist, daß die Vernunft uns die Erhaltung der sichernden Staatsgesellschaft zur Pflicht macht, der Verstand aber kein entscheidenderes Mittel zur Sicherung des Lebens anzugeben weiß, als eben das, wozu der Einzelne schon zuvor gegen den Einzelnen berechtigt gewesen wäre, so kann wohl der achtungswürdige Bestreiter der Todesstrafe das, was seine Hauptfrage ist, nicht mehr in Frage stellen, nemlich: woher denn eine Staatsgesellschaft das Recht haben könne, einen Menschen mit Lebensverlust zu bedrohen, und sogar die Drohung als gerecht zu vollziehen? Ihm ist, wie es sein soll, alles an zwei Grundmaximen gelegen, daß durch die Staatsgesetze nichts Unmoralisches und nichts Unrechtmäßiges festgesetzt sein und bleiben solle. Nun aber ist der als Sicherungsgesellschaft durch die Moral oder Pflichteinsicht gebotene Staat zu denen für seine Erhaltung dienlichen Mitteln berechtigt, nur unter der Voraussetzung, daß er nicht ein an sich unerlaubtes Mittel wähle. So theuer aber einem jeden sein sinnliches Dasein sein muß, so ist doch das leibliche Leben nicht das höchste, und darf vielmehr, wenn sein Verlust für eine umfassendere Pflichterfüllung Mittel werden kann, dafür als Gewähr ausgesetzt werden; folglich darf auch die gesetzgeberische Staatsklugheit, wenn sie die Drohung des Lebensverlustes zur Sicherung ihres Vereins dienlich findet, diese ihre Einsicht zum Gesetz machen. Sie darf dieselbe nicht nur als Bedingung der Theilnahme, sondern sogar als Erhaltungsmittel ihres pflichtgemäßen Zustandes gegen Auswärtige oder Feinde bekannt machen und zur Vollziehung bringen gegen Jeden, welcher so viel Bewußtsein hat, bedenken zu können, daß die Gesellschaft ihr Recht, zu bestehen, unter anderen auch durch Vollziehung dieses Mittels zu sichern entschlossen sei.

Auch der anscheinende Widerspruch: Ich trete in die Schutzgesellschaft zur Abwehr des Lebensverlustes und doch lasse ich diese Gesellschaft selbst mein Leben dem Verlust aussetzen, löst sich. Denn jeder muß denken und erkennt auch stillschweigend: Ich suche Abwehr des äußersten Verlustes, für mich und für Viele zugleich, durch Verpfändung des Aeußersten, weil mir dieses nicht entgehen kann, wenn ich es nicht selbst dem Verlust aussetze und weil es selbst alsdann mir nicht durch Willkühr, sondern rechtlich und richterlich entgeht.

Ist nun gleich die Bestreitung der Todesstrafe zu weit gegangen, wenn sie dieselbe der Immoralität und der Unrechtmäßigkeit überweisen zu können meinte, so werden durch diese eifrigen Untersuchungen gegen die Todesstrafen doch allerdings manche wichtige Punkte in Anregung gebracht, die, wenn gleich die Bedrohung mit Lebensverlust weder unmoralisch noch unrechtmäßig ist, bedeutende Berichtigungen erhalten können und müssen.

Das wichtigste ist wohl, daß diese Betrachtungen aufs Neue sehr klar machen, wie der Staat bei weitem nicht bloß durch dergleichen extreme Mittel, die aber leicht zu decretiren und zu vollziehen sind, seiner Selbsterhaltungspflicht Genüge leisten könne. Nichts führt mehr zu Irrthümern, als wenn in dergleichen Materien eine gewisse steife Einseitigkeit sich einschleicht, und z. B. der Eine nur auf Präventionsmittel, der Andere nur auf Verbesserung durch Erziehung, Moral, Religiosität oder selbst durch abergläubische Kirchenmeinungen, welche dann Religion sein sollen; der Dritte durch psychologischen Zwang oder vorläufige Abschreckung allein wirken lassen will. In der wirklichen Welt muß, was die Betrachtung (Theorie) um das Vereinzelte genauer betrachten zu können, separirt, zur Zusammenwirkung vereinigt und alles Mögliche zugleich in Anwendung für den Zweck gesetzt werden. Nöthig ist also vielmehr, daß man zu dem allgemeineren Grundsatz aufsteige: Die Schutzgesellschaft hat in sich die Pflicht, durch alle zweckdienliche und nicht zum voraus unerlaubte Mittel jede Störung ihrer Rechte, und zwar sowohl der Rechte des Ganzen, als der Einzelnen, mit Entschiedenheit abzuhalten.

Sehr wünschenswerth ist es daher, daß durch die jetzigen Bestreitungen der Todesstrafe die große Erinnerung an die Staatsgesetzgebungen und Regierungen kräftig erneuert werde, wie sehr dieselbe bei weitem nicht blos oder am meisten an die gewaltsamen Abhaltungsmittel, sondern noch viel mehr an alle übrigen gesetzgeberisch zu denken und ohne die gewöhnliche, bei'm nöthigsten unverzeiliche und erbärmliche Sparsamkeit sie hinreichend wirksam zu machen, die Pflicht habe.

Unter diese wichtigen Abhaltungsmittel, für welche aber gewöhnlich jeder Groschen zu viel zu sein scheint, gehört, daß alle unsere Unterrichtsanstalten zugleich als Erziehungsmittel gebraucht, und hiezu mit der größten Sorgfalt und Einsicht verbessert werden sollten. Wo bei der Kindheit Eltern und Schullehrer nicht blos an ein gewisses Lernen, sondern überall an Abgewöhnungen von Trägheit und Leidenschaftlichkeit und an Förderung der Besonnenheit denken, da wird in der Folge der Staat keiner Schaffotte bedürfen. Der Staatszweck darf freilich nicht sein, diesen oder jenen Meinungsglauben, er sei nun kirchlich oder sektirisch, in den höheren oder niederen Schulanstalten zu betreiben; denn aus aller Dogmatik oder kirchlich gewordenen Methaphysik entsteht kein Abhaltungsmittel gegen die ihm drohende Gefahr. Aber daß bei jeder Gelegenheit als Moral, Ueberzeugungen und Empfindungen für die Rechtschaffenheit und Klugheit geweckt werden, daß die Erziehung auch den Wunsch, mit Gott und allen guten Geistern durch Rechtwollen in unbezweifelbarer Harmonie zu stehen, als den eigentlichen Religionssinn, in den kindlichen und jugendlichen Gemüthern erregt und bis zur Sehnsucht steigert, dies ist für den Staat wichtig, wenn er gleich nicht weiter gehen darf, als daß er Moral und Religion als Mittel für seine pflichtgemäße Erhaltung benütze, den übrigen specielleren Inhalt aber der Wissenschaft vorzuschreiben sich nicht anmaße.

Ebenso besteht eine große Reihe von Abhaltungsmitteln gegen Staatsverbrechen darin, daß die Staatsgesellschaft und in ihrem Namen die gesetzgebenden und staatsverwaltenden

Behörden tagtäglich die vielerlei Uebelstände in ihrer eigenen Wirksamkeit, wie das Zuvielfordern, die Justizungewißheit, das Besteuern dessen, was zu Ausschweifungen führt und also nicht taxirt, sondern polizeilich verhindert werden sollte und dergl. m. zu verhüten und abzustellen eilen sollte; Uebelstände, welche sonst zur Verletzung der Sicherheit im Ganzen und Einzelnen nur zu sehr aufreizen. Ein eben so wichtiges Abhaltungsmittel liegt im Verhüten der Armuth, der Arbeitslosigkeit rechtloser oder das Recht erschwerender Heuchelei und Rechtssinn veranlassender Behandlung und dergl.

Recht laut mögen deswegen die Bestreiter der Todesstrafe ihre Stimmen erheben, daß kein Staat, wenn er gleich zu dem wirksamsten Aeußersten berechtigt ist, zu den extremen Mitteln genöthigt zu sein behaupten dürfe, wenn er nicht weit mehr, als es jetzt geschehen könnte, vor Gott und dem öffentlichen Gewissen zu behaupten und nachzuweisen vermag, daß er für die beispielsweise genannte und andere vorbereitende Abhaltungsmittel wenigstens eben so viel gethan habe, als für viele unwichtigere, oft schädliche Zwecke aus vollen Händen verwendet zu werden pflegt.

Ferner berühren die Bestreiter der Todesstrafe gewiß dadurch einen wichtigen Punkt, daß sie den Staatsgesetzgebungen die Pflicht vorhalten, zum Voraus wohl zu überlegen, in welchen Fällen der Lebensverlust einem Verbrechen verhältnißmäßig entgegengesetzt werden dürfe. Denn dächte man an die Abschreckungstheorie blos überhaupt, so könnte es leicht das Folgerichtigste scheinen, wenn gegen alle mögliche Rechtsverletzungen drakonisch der Lebensverlust angedroht wäre. Gesetze, welche jedem den Strang zuerkennen, der so viel als der Strick kostet, gestohlen hat, mag der Kaufmannsdämon einer Nation machen, aber nicht die rechtliche Staatsklugheit.

Auch darauf, daß die Todesstrafen weder mit Quälereien, noch mit sentimentaler Ostentation verbunden bleiben dürfen, wird mit Grund aufmerksam gemacht. Die Oeffentlichkeit der Vollziehung aber ist theils als Abhaltungsmittel, theils überhaupt, weil man gegen geheime Justiz gesichert sein muß, unentbehrlich.

Aus dem Begriff Todesstrafe, wenn er in seinem ganzen Umfange genommen wird, entsteht auch noch eine scheinbare Einwendung. Strafe, denkt man, soll nicht sein, ohne den Zweck der Besserung, die Hinrichtung aber nimmt dem Verbrecher, wenn er auch vorher Besserungsvorsätze faßt, wenigstens die Zeit, diese zur Reife und zur Wirklichkeit zu bringen. Dagegen ist zu bemerken, daß der Lebensverlust des einzelnen Verbrechers, wenn seine Missethat damit in Proportion steht, vornemlich als das möglichst stärkste Abhaltungsmittel für alle Uebrige wirken soll, also in dieser umfassenderen Beziehung immer auch einen Besserungszweck in sich schließe, die Staatsgesellschaft aber im Collisionsfall viel mehr für Alle, als für den Einen zu sorgen hat, der sich selbst der Fürsorge durch die gewaltsamste Verletzung Aller unwürdig gemacht hat.

Daß aber die Aussicht auf Lebensverlust doch für die Meisten ein eindringlicheres, äußerlich mehr besserndes Abhaltungsmittel ist, als lebenslänglicher Verlust der äußern Freiheit, dünkt mich der Menschennatur und der Erfahrung gemäß. Gerade der sinnlichere Mensch, welchem am meisten sinnliche Abhaltungsmittel entgegengesetzt werden müssen, hat keine größere Furcht als zu sterben. Die Drohung der Todesstrafe wirkt nur deswegen nicht so ganz entscheidend, weil dergleichen Menschen in ihrer träumerischen Gedankenlosigkeit auf Nichtentdeckung des Verbrechens oder auf sonst einen günstigen Zufall zu hoffen gewohnt sind. Lebenslänglicher Freiheitsverlust kann, besonders wenn er nicht mit erschwerenden, peinlichen Umständen verbunden ist, nur dem Gebildeteren furchtbarer sein als eine schnelle Hinrichtung. Es giebt wohl Fälle, wo der Lebensverlust die geringere Strafe wäre. Einem Mann, der in Würden und großer Freiheit zu leben gewohnt war, kann man vielleicht verhältnißmäßiger dadurch strafen, daß er als entehrt und beschränkt fortleben muß, um das

Gegentheil von dem, was er verbrecherisch wollte, lange noch mit ansehen zu müssen. Wenn er z. B. die Willkührherrschaft zu restauriren und sogar dabei einen Bürgerkrieg zu wagen versucht hatte, nun aber dafür sich verabscheut sieht, und tagtäglich erfährt, daß das von ihm betriebene Unrecht nur seine Theilnehmer unglücklich gemacht, sonst aber eine Vermehrung konstitutioneller Freiheit hervorgebracht hat. Und doch ist noch schwer zu sagen, ob nicht selbst bei einem solchen lebenslänglich Herabgewürdigten die Hoffnung, irgend dennoch frei werden zu können, ihn bewegen würde, sogar eine solche erschwerte Gefangenschaft dem Lebensverlust vorzuziehen. Von den meisten Menschen, dünkt mich, wäre dies entschieden gewiß.

Uebrigens möchte ich wohl bemerken, daß der Ausdruck „Todesstrafe," weil das Bestrafen des Zuchtwidrigen zum persönlichen Besserwerden mehr in das moralische und pädagogische Verhältniß, als in das juridische gehört, in dieser Materie zum Theil Mißverständnisse veranlassen kann. Lieber gebrauchte ich deswegen den Ausdruck: rechtlich verfügten Lebensverlust, so wie man auch in diesem juridischen Gebiete nur von Uebelthaten oder Missethaten, nicht von Sünden und Lastern reden sollte. Indeß scheint der Ausdruck: Strafe für diese Art von Lebensverlust doch nicht gerade unrichtig, wenn er nemlich deswegen gewählt wird, weil sie zwar nicht wie in der Zucht zur Besserung des Zöglings, aber doch vermöge einer gesetzlichen Vorausbestimmung und nur nach unparteiisch richterlicher Beurtheilung verhängt wird, folglich von der Rechtlichkeit abhängt. Nur darf nicht aus pedantisch=einseitigem Rigorismus hinzugedacht werden, daß die Strafe vollzogen werden müsse, damit der Staat gerecht sei. Was der Staat darf, dessen Vollziehung hat er dann nach der Klugheit und Zweckmäßigkeit abzumessen. Er ist nicht eine Strafgerechtigkeitsmaschine. Die Vollziehung darf nicht, um schlechterdings strafgerecht zu sein, sondern nur deswegen nicht fehlen, weil sonst der Staat den pflichtgemäßen Zweck, seine Erhaltung dadurch zu sichern, selbst aufheben würde, wenn er das Mittel unsicher und zweifelhaft machen wollte. Freilich aber hat der gemeine Mißverstand, welcher oft die sonderbarsten Unvollkommenheiten der Gottheit wie Vollkommenheiten andichtet, sogar auf Gott eine Strafgerechtigkeit übergetragen, welche durchaus, und wäre es auch an einem Unschuldigen, Execution fordere.

Zu dergleichen Uebertreibungen kann man nur gelangen, wenn man vergißt, daß die Moral oder Pflichteinsicht zwar auf den juridischen Boden hinführt, und auch remotiv verlangt, daß auf diesem nichts Unmoralisches geschehen solle, alsdann aber die Anwendung der erlaubten Mittel der Klugheit, d. i. der Kenntniß der Verhältnisse, überläßt. Erlebt haben wir (denn wir leben ja in einer Zeit, wo überall das Verstandloseste erlebt wird, weil man im Namen der absoluten Vernunft den Verstand für seine Aufklärungsperiode mit Hohn und Verwirrung aus der Wissenschaft zu bestrafen gewußt hat!) nicht nur die gutgemeinte Verwechslung des moralischen Standpunktes mit dem juridischen, aus welcher die unbedingte Bestreitung der Todesstrafen entsteht. Der unübertrefflich sonderbarste Vertheidiger der Todesstrafen und einer drakonischen Criminaljustiz überhaupt ist von diesem moralischen, nicht mehr positiv, sondern blos remotiv anwendbaren Gesichtspunkt, vollends gar auf einen theologischen oder vielmehr mataiologischen Standpunkt übergegangen.

Genug hätte es wohl dem Herrn Professor der psychischen Therapie an der Universität zu Leipzig, Dr. Heinroth, sein sollen, daß seine schon 1828 bei dem preußischen Ministerium des Innern eingereichte Schrift „Ueber das falsche ärztliche Verfahren bei criminalgerichtlichen Untersuchungen zweifelhafter Gemüthszustände" durch die dortige wissenschaftliche Deputation für das Medicinalwesen auf höhere Veranlassung durch ein sehr belehrendes Gutachten beleuchtet worden ist, welches der Geh. Medicinalrath Kley im I. Bd. seiner „Auswahl medicinisch-gerichtlicher Gutachten jener Deputation," schon 1828 durch den Druck bekannt gemacht hat. Dennoch hat sich der unglücklich theologisirende Arzt von seiner übermenschlichen Theorie der Seelenstörungen sogar nicht losmachen können, daß er sie vielmehr jetzt eben unter dem Titel:

„Grundzüge der Criminalpsychologie, oder die Theorie des Bösen (!) in ihrer Anwendung auf die Criminalrechtspflege." Berlin 1833. S. 458. 8°.

den Staatsgesetzgebungen aufzunöthigen und diese dadurch, wenn sie sich von ihm transcendent mystificiren lassen wollten, in einen direkten Kampf mit dem leidigen Satanas psychologisch hineinzuraisonniren sucht.

Bedenklich muß freilich gegen diesen Psychologen der wissenschaftlich-denkende gleich anfangs werden, wenn derselbe S. 9 davon ausgeht, das Bewußtsein sei die Vernunft, weil dieses bedeutungsvolle Wort von „vernehmen" abstamme, und der Mensch das durch die Vernunft vernehmende Wesen sei. Er meint sodann — der vernommene, oder durch die Vernunft aufgenommene, Gegenstand möge sein, was er wolle — im Aufnehmen und durch dasselbe werden demselben Gegenstand die Eigenschaft des Wahren oder Wirklichen beigelegt, die man mit dem Worte: Seyn bezeichnet. Und wie das entschiedenste, wird das nur zur Hälfte wahre Sprüchelchen nachgesprochen: Das Wahre oder Wirkliche ist; und was da ist, ist wahr und wirklich. Was kann nach solchen Verstoßen in den Anfangsbegriffen durchgedacht richtiges folgen? Wem das Seyn — (nicht ein Zustand, sondern) eine Eigenschaft sein kann, welche man durch das Aufnehmen in das Bewußtsein dem Wahren oder Wirklichen beilege (!) der zeigt sich allerdings zum Voraus als einen Logiker, welcher wohl alles zu verwirren im Stande ist, da er sogar den uns aufgenöthigten Begriff vom Zustand des Seins oder der Wirklichkeit sich wie eine Eigenschaft zu denken vermag, die der Bewußtseiende erst dem wahrgenommenen Ding beilege. Ferner ist freilich das Wirkliche wahr, weil es nemlich ist, was es ist, und weil das Wahre eines jeden Dings in dem Umfang und Inbegriff dessen, was es ist, besteht, die Einsicht von jedem Ding aber eine wahre ist, je mehr sie jenem Inbegriff oder Complex dessen, was das Ding ist, gleich ist oder denselben erschöpft. Allerdings ist also die erste Hälfte jenes analogischen, tiefscheinenden Ausspruchs, sobald man sie versteht, in sich richtig. „Alles Wirkliche ist wahr; oder: ist dieses Wirkliche!" Wer aber ist ein Psycholog, wenn er nicht eben so schnell begreift, daß jener Satz nicht umgekehrt werden kann, wie wenn das Wahre immer auch ein Wirkliches oder Seiendes wäre. Auch jedes Gedankending, jede Fiction, Vermuthung, Erscheinung — ist wahr, wenn ich sie, wie sie ist, nur als Fiction, Vermuthung, Erscheinung, erfasse und behaupte, nicht aber ausrufen zu dürfen meine: Alles wahre ist wirklich da! wie Hr. H. sich im Cirkel drehen zu können meint. Ich mache mir den Begriff einer Fee so vollständig, daß er mir ein wahrer, voller, adäquater Begriff, aber von einem Phantasma ist.

Hr. H. macht sich in der That einen ebenso wahren Begriff von seinem Teufel. Aber wird man uns nicht auslachen, wenn wir deswegen aussprechen wollten: Dieses Wahre ist wirklich, da es uns doch nur als Begriff von einer Fiction wahr ist. Sagen wir: die Sonne läuft, (vor und nach Josua's Zeit) so sagen wir etwas sehr Wahres, wenn wir dadurch nichts anderes sagen wollen, als daß für uns das Laufen der Sonne eine wahre, wirkliche „Erscheinung" ist. Jedes Monstrum, das ich denke, ist da, ist in mir wirklich, aber nur als Gedankending. Hr. H. hingegen ist schon so weit, daß er ausspricht: das Wahre „oder" Wirkliche ist! und also schon zum Voraus durch sein Oder das Wahre und Wirkliche identificirt.

Nach diesem guten Eingang dürfen wir uns nicht wundern, daß S. 12. diesem Psychologen das Bewußtsein —

„das Gewissen, die Vernunft und die Wahrheit selbst, ja die absolute Wahrheit ist, als das sich selbst vernehmende, sich selbst wissende und seiner selbst bewußte Sein!“ Wollten wir, um auf einen möglichen Sinn einzulenken, dieses etwa so fassen, daß das Selbstbewußtseiende, welches Hr. H. die Vernunft nennt, allerdings das Wesentliche des Menschen oder vielmehr der eigentliche Mensch sei, und hoffen wir, dadurch diesem Psychologen einen wahren Begriff von dem Wirklichen zu unterlegen, so verderbt er uns sogleich wieder die gute Absicht, indem er mit der Entdeckung dazwischen tritt, daß „die Vernunft und der Mensch nicht Eines und Dasselbe sei.“ Ist denn aber in Hr. H. das, was nicht sein Bewußtsein ist, Mensch zu nennen?

Verzeihung, daß wir uns in diese Subtilitäten einließen! Sie charakterisiren uns zum Voraus den Psychologen, der nicht einmal über Bewußtsein, Vernunft, Mensch, Wahrheit, Wirklichkeit nach verständigen Unterscheidungen zu denken und zu sprechen sich gewöhnt hat, dafür aber eine unerbittlich strenge Strafgerechtigkeitstheorie auf den Teufel und die Erbsündhaftigkeit der Menschen gründen will.

Das sonderbarste in dieser ist, daß wenn die in der Unbesonnenheit und im Wahnsinn ausgeübte gemeinschaftliche Uebelthaten dennoch deswegen strafbar sein sollten, weil selbst der Wahnsinn ursprünglich aus wirklicher Sünde, diese aber aus des Teufels Verführung und der Erbsünde entstehe, vielmehr das Gegentheil von Hrn. H. criminalischen Folgerungen folgen müßte. Denn müßten nicht alle solche Uebelthaten weniger strafbar oder mehr entschuldbar sein, wenn nicht der Menschengeist in sich allein, sondern nur wegen Einwirkung des Teufels und der Erbsünde, zum Gegentheil des wohlbewußten Guten, zum Bösewollen, sich hinneigte? Aber was ist beim Umherirren im Dunkel solcher Mystifikationen natürlicher, als daß man die gröbsten Widersprüche nicht sieht, die man sich selbst so gegenübergestellt hat, daß das erkünstelte

Scheinsystem alle Augenblicke daran anstoßen und in allen seinen Fugen erschüttert werden muß.

Unsern Lesern, welche sich weder durch mataiologische Mystik durch die Einbildungskrankheit von geheimer Einweihung in fingirte Geheimnisse aus dem Uebermenschlichen, noch durch speculatives und Ideale phantasirendes Philosophiren verstandesscheu machen lassen, genügt es, in einer kurzen Reihenfolge von Behauptungen die Methode zu überblicken, durch welche der mystische Psycholog die Criminaljustitz in eine Strafvollstreckerin gegen den Teufel und seine Werkzeuge verwandeln möchte.

Hr. H. stellt sich gleich Anfangs auf eine Bahn und in eine Richtung, um für den Verbrechensrichter aufsuchen zu lehren, was dieser gar nicht zu suchen Ursache, und zu finden Hoffnung hat. Die Verbrechensjustiß hat vor sich eine äußere Uebelthat, durch welche in den Staatsverein, der sie beschützen soll, ein Bruch gemacht wird, der, wenn er von Andern auch gewagt würde, eine Vernichtung des Vereins befürchten ließe, welcher doch zu sein und sich zu erhalten eine Vernunftpflicht und daher ein Recht auf alle zweckmäßige Mittel hat. Der ihn beschützende Richter hat deswegen die Entstehung des Uebels aufzusuchen, ob es etwa durch bloßen absichtlosen Zufall, oder ob es durch das äußere, leibliche Erscheinen einer Person entstanden sei, die dabei im Zustande der Verschuldung war, das heißt, die nicht bewußtlos oder völlig unbesonnen, sondern mit dem Bewußtsein, daß ihre Uebelthat ein Verbrechen sei, d. h., daß es den Verein unrechtmäßig mit einem vernichtenden Bruch bedrohe, sie hervorgebracht habe. Anstatt also, daß dem Criminalrichter gezeigt werden müßte, wie er eine äußerlich erscheinende Person als rechtsbewußte Ursächerin einer äußeren Uebelthat von Wichtigkeit durch wahrscheinliche Zeichen suchen und finden könne, will ihn der mystificirende Criminalpsycholog auf die Entstehung und auf die Entdeckung des Bösen oder des Sündigens, also vom Boden des äußern Rechts, nicht nur in der Sphäre der Moral und Religion, sondern sogar in die Labyrinthe des arimanischen Afterglaubens hinführen, ungeachtet bei äußeren Verbrechen nicht die Frage ist, ob sie der Vernunft dem höchsten Gesetz des persönlichen Bewußtseins, und daher auch der göttlichen Vernunft entgegen ei? da vielmehr nur davon die Frage ist, ob es als eine äußerlich verbotene und verpönte Uebelthat den als Staat geordneten Menschenverein zu brechen bedrohe?

Hr. H., und wer irgend über diese staatsrichterliche Wissenschaft philosophiren will, sollte zum Wenigsten die treffende Unterscheidung benutzen, welche uns die teutsche Sprache durch die beiden, etwas sehr Verschiedenes bezeichnenden Worte: „Uebel und Böses" so deutlich vorhält. Viel entschuldbarer sind die, welche durch eine Sprache philosophiren, die für das Physische und Moralische nur ein und dasselbe Wort (z. E. malum, *κακον* oder im Hebräischen Ra), anbietet. Die teutsche Sprache, welche so oft durch ihr richtiges Distinguiren die Anlage der Nation zum Philosophiren factisch beweist, macht es viel leichter, daß wir das Innere, was im Ich, oder in der selbstbewußtseienden Person, als ein Wollen dessen, das man als Geist nicht wollen soll, von dem äußerlichen Uebel unterscheiden, welches durch die Person nur insofern sie eine äußere Erscheinung ist, als That oder facinus hervorgebracht wird und über welches die Person zunächst nur dies zu wissen hat, daß der pflicht- und rechtmäßig bestehende Verein jeder solcher störenden Uebelthat ein gewisses bestimmtes Uebel, als Abhaltungsmittel, entgegengesetzt habe.

Diesen unläugbaren großen Unterschied zwischen dem Inneren und Aeußeren muß der Criminalrichter nach der Natur der Sache gar sehr festhalten, weil er keineswegs mit der Persönlichkeit in ihrem Innern, mit der Frage: ob das Ich, als denkend und wollend mit sich selbst in Harmonie, also moralisch gut, gewesen sein könne? sondern nur mit der sinnlichen Erscheinung des in sich persönlichen Ich oder des Menschengeistes zu thun hat und sich nur an den Leib, durch welchen der (wollende? oder nicht wollende? oder vielleicht sogar gutwollende?) Geist ein gemeinschaftliches Uebel bewirkt hat, zu halten vermag. Dieser Leib ist nicht die Person, vielmehr gehört er dem Ich, so daß dessen Selbstbewußtsein dadurch in der verwirklichten Uebelthat erscheint und auch umgekehrt nur wieder durch dieses Erscheinungsmittel erkannt und berührt werden kann. Aber selbst dieses Erkennen hat deswegen der Richter des Aeußeren nicht weiter zu treiben, als bis er durch äußere Zeichen von dem Inneren oder dem Persönlichen zuverläßig die Entdeckung erreicht hat, daß das bewirkte Uebel nicht etwa durch den Leib allein, während eines ganz oder großentheils besinnungslosen Geisteszustandes, sondern durch die „Person" in einem Zustande bewirkt worden sei, wo sie des rechtlich verbietenden und drohenden Staatsgesetzes kundig war, also das Uebel mit einem widerrechtlichen Vorsatz hervorbrachte, wegen dessen der sich beschützende Staat um so mehr die zur Abhaltung dienenden Uebel zu realisiren die gerechte Klugheit haben soll. Daher weil eben diese Erforschung der Uebelthat und ihrer juridischen Imputabilität der erste Stand- und Richtungspunkt des Verbrechensrichters sein muß, so ist es ohne Einfluß auf das Staatsurtheil, ob der Verbrecher (wie z. B. höchst wahrscheinlich Sand, in seiner innern Persönlichkeit, im Wollen nach dem, was er — irrthümlich — für eine Vernunftidee hielt, mit sich selbst in Harmonie war und weder böse noch böses wollte) als innerlich gut oder bösewollend zu erkennen sein möchte. Er ist Verbrecher, wenn er, durch sein Erscheinungsmittel, den Leib, eine Uebelthat begonnen oder vollbracht hat, wobei von der innern Persönlichkeit soviel erkennbar wird, daß der Leib nicht wie eine Maschine, sondern als Organ einer des Verbots und der Verpönung bewußt seienden Persönlichkeit, die gemeinschaftliche Wirkung hervorgebracht habe. Kurz, die Uebelthat kann ein Verbrechen sein, ohne daß sie Sünde ist und jenes allein hat die Criminalistik zu erforschen und zu richten.

Von diesem ganzen, für die äußere Gerichtsbarkeit gegen Verbrecher nothwendigen Gang aber kann nun die Heinrothsche Criminalistik kein vernünftiges oder verständiges Wort sagen, weil sie sich auf eine ganz andere Fährte gestellt hat und nur auf das Innere vernunftwidrige Böse oder auf die Sünde, durch welche das wollende Ich das Gegentheil von dem anerkannten Guten wollen kann, — allerdings mit großem mystisch-medizinischen Kunsteifer Jagd macht. Diese Methode verwickelt sich nothwendig in mehrere Irrgänge. Mit vielen andern hat sie dies gemein, daß, weil man allzugerne rhetorisch und poetisch unterhalten will, sie es viel zu trocken und alltäglich findet, nur von dem Einen Geist oder dem Ich-Selbst zu sprechen, welches allein die menschliche Person ist und alles das thut, was wir als Fühlen, Vernünftigsein, Wollen, Verstehen, Urtheilen u. s. w. unterscheiden, aber nie wie Personen gegeneinander stellen sollten. Dagegen ist Hrn. H. S. 58 der Wille „Vasall der Vernunft," folglich sehr im Unrecht und strafwürdig, wenn er nicht mit den sogenannten Gesetzen der gleichsam für sich bestehenden Vernunft übereinstimmt. Unvermerkt verwickeln sich dann dergleichen durch Phantasie Philosophirende in lauter Gegensätze und Widersprüche, weil ihnen die in Personen verwandelten Wirksamkeiten des nemlichen Geistes, die Vernunft, der Wille, der Verstand und die begehrende Sinnlichkeit (welche Hr. H. gar in das Gemüth oder Herz verwandelt), als Personen einander entgegentreten, und miteinander in Streit und Kampf kommen, worauf sodann etwas außer ihnen gesucht wird, und wodurch sie bald versöhnt, bald wieder entzweit würden.

Das Schlimmste ist, daß Hr. H. für dieses Innere, weil es doch nicht sich selber entgegen sein könne, einen äußeren Entzweier bedarf und daher ein an sich bestehendes Princip des Bösen oder den Teufel nicht entbehren kann, vielmehr gegen die „bekannte Aufklärung," welche durch richtigere Ableitung des innern Bösen denselben ihm entbehrlich machen würde, überall wie S. 78 äußerst unfreundlich sich geberdet und sie, fast wie wenn sie ihm ein heiliges Kleinod, nämlich den Schlußstein seiner systemartigen Konstruktion zu rauben suchte, von sich wegexorcisirt.

Wie eine Kettenreihe aufgestellt, erscheinen besonders S. 77 die Halbwahrheiten, durch welche dieser Vernunft- und Seelenkenner dahin gelangt, daß es außer der menschlichen Person einen bösen Geist, als Widerpart des Guten und Erreger des Bösen im Menschen geben müsse. Sehr richtig sagt Er: der menschliche Wille (das Ich, insofern es überhaupt zu wollen vermag) kann weder böse noch gut genannt werden. Er wird (!) gut, wenn er der Vernunft gehorcht, er wird (!) böse, wenn er ihr widerstrebt, indem er sich nach dem Bösen (!) hin richtet. Für den menschlichen Willen ist also das Böse (zu welchem er sich hinneigen kann) wie das Gute, schon gesetzt. Es ist da, als Objekt, als äußerer (?) Impuls des Willens, ohne sein Zuthun und vor all seinem Zuthun." — Gesetzt? Allerdings vor dem Wollen. Aber durch wen? müssen wir fragen. Das Wollenkönnen wird ein Gutwollen oder Bösewollen. Aber durch wen anders, als durch den alles Bewußtsein und Selbstbewußtsein umfassenden Geist, welcher nicht nur die Idee des Guten und deren Aufforderung, es zu wollen, einsieht, sondern auch die vielerlei Erfahrungen des äußern Wohlbehagens und die Mittel dazu versteht und nun zwischen Vernunft und sinnlichem Begehren Vergleichungen anstellt, nach denen er, der Geist, sich in seinem Wollenkönnen eine Selbstbestimmung, eine Regel giebt. Der nämliche Ich, welcher, indem er ein Denkenkönnen und ein Wollenkönnen ist, noch weder gut noch böse zu nennen sein kann, denkt nur den großen Unterschied, daß er wollen könnte mit der Absicht, an sich gut, geistig gut, in der bleibenden Geistigkeit gut, zu sein, daß er aber auch wollen könnte, mit der

Absicht, sich als veränderliche Erscheinung auf irgend eine beliebige Weise wohl zu befinden. Der dieses beides denkende Ich sieht klar ein, daß, wenn er jene Absicht, im bleibend geistigen gut zu sein, sich zum Grund seines Wollens setze, er als wissend und wollend in seinem bleibenden Wesen wahrhaftig gut sei. Nicht weil ein anderer guter Geist es ihm sagt, sondern er es selbst als das vollkommene, welches durch ihn werden sollte, erkennt, ist es ihm auch Gottes, des vollkommenen Geistes Wille. Er ist aber auch ebenso wissend, daß, wenn er sich das bloße vergängliche Wohlbefinden, selbst wenn es dem anerkennbaren, geistigguten entgegen sei, zum Grund seines Selbstbestimmens mache, er, und Niemand als Er selbst ein dem Guten mit Widerstreben drohende Absicht, das Böse als Widerpart des Guten, als möglichen Impuls des Wollens, in sich setze. So ist demnach allerdings vor dem Wollen Gutes und Böses gesetzt. Vorerst jedoch nur im Denkenden Ich, als ein Objekt für eben dasselbe Ich, insofern es wollen kann.

Nur Hr. H. hat selbst sich zum Voraus die Einsicht schwer gemacht, daß das Ich als denkend sich vor dem Wollen den auch vom Einfältigsten geahneten Unterschied von Gut und Böse setze. Denn weil seine Psychologie Bewußtsein überhaupt und Vernunft, das ist, das Ganze und Eine seiner Theile, zum Voraus identificirt, so setzt er sich nun: „Das Princip des Guten ist die Vernunft, „der gute Geist, der den Menschen im Bewußtsein als Eu-„ropäer zum Guten antreibt.“ Und so muß er sich denn den Scrupel machen, daß eben dasselbe Bewußtsein, als der gute Geist, nicht auch das Böse vor dem Wollen setze oder denke. Ist denn aber das Bewußtsein nur ein Bewußtsein des Guten? Die Vernunft freilich ist ein idealisiren des Guten allein? Aber eben deswegen wird und ist der Bewußtseiende von noch viel mehreren voll, als von der Vernunft; ja sogar von der Unvernunft.

Auch durch das Wort *Setzen* macht Hr. H. zugleich sich eine verwirrende Zweideutigkeit. Zuvörderst ist das Böse nur gesetzt im Denken, als *mögliches* Nichtachten und Nichtbefolgen des Geistigguten. Als innere Verwirklichung aber ist das Böse erst gesetzt, wenn der Denkende Ich auch als wollenkönnend *sich so setzt* oder die Selbstbestimmung sich zum *Vorsatz* macht, Wohlbefinden, auch wo es der Einsicht vom Geistigguten entgegen sei, wenigstens ausnahmsweise nach Umständen und Belieben vorzuziehen. Selbst dieses Vorziehen aber hängt nicht ab von einem äußern Erreger zum Bösen, ist vielmehr ohne den leidigen Ariman und sogar ohne geerbte Sündhaftigkeit, sehr begreiflich. Aber klar begriffen würde es von Hrn. H. nur, wenn er begreifen wollte, daß das Bewußtsein auch noch manches andere, und nicht Vernunft allein ist; daß der Mensch vielmehr des Wohlbefindens viel lebhafter und früher als der Vernunft, bewußt wird; daß jeder Menschengeist von der ersten Nahrung an in Begehren und Wollen des Wohlbefindens und des Gegentheils vom Uebelbefinden, ehe der Geist als Vernunft den Unterschied von Böse und Gut denkt, gewöhnt und lange schuldlos so gewöhnt, weil das meiste Wohlbefinden nöthig und dem Geistigguten gar nicht entgegen ist. Alsdann aber, wenn ein gewohntes und anreizendes Wohl wirklich in Collision mit dem Vernünftigguten zu stehen erkannt wird, ist dasselbe an sich auch leichter und beliebiger als das mühsame, ernste Rechtwollen und Rechtthun. Die Erfahrung, wie leicht alsdann das mit der Vernünftigkeit collidirende Wohlbefinden überwiege, ist unleugbar, entsteht aber und erklärt sich eben aus der größern Leichtigkeit, träg als fleißig, listig als klug, leichtsinnig als bedachtsam zu sein, ohne daß ein böser Hang dafür ererbt sein müsse. Das Leichtere und doch Wohlbehagliche wird sogar, ehe die bösen Beispiele dazu kommen, nur, weil es leichter ist, gewählt und zur Fertigkeit gemacht; jedoch immer so, daß der Geist, des Guten und Sollens bewußt bleibend, sich zum Bösen, nicht um Böses zu wollen, sondern nur als zu einer beliebigen Ausnahme vom Guten, um der Behaglichkeit und Lust willen sich entschließt und dazu sich bis zur wilden Unbesonnenheit verwöhnen kann. Selbst dem Monstrum oder Spectrum, Satanas, schreibt der Menschengeist, der ihm anders nicht als nach seinem eigenen Bilde schaffen kann, nur dies zu, daß er aus Hochmuth gefallen sei und aus Lust und Schadenfreude Uebel stifte, nicht daß er Böses, um Böses zu wollen, wolle, wie man allerdings Gutes wollen kann und soll, absolut weil es gut ist.

Fremd möchten unstreitig diese Schilderungen aus dem Innern der Geisteskunde, als der Wissenschaft über die eigentliche menschliche Persönlichkeit, einem Journal für Politik sein, wenn nicht so eben nach der Tagesgeschichte die gesetzgebende Staatskunst von einer wissenschaftlich scheinenden und durch den Hang der Zeit zu phantastischer Geheimnißweihe empfohlenen Forderung bedroht würde, die Criminaljustiz in die Tiefen und Willkührlichkeiten des Mysticismus unterzutauchen und sie wie zu einer Heiligen zu taufen.

Nicht einmal das Abentheuerlichste in dem Volumen der Heinrothischen Criminalpsychologie ist der weitläuftig ausgesponnene Versuch, die Sünde und den Teufel in unsere Gerichtsstuben einzuführen, die doch nicht eine dominikanische Inquisition sein sollen und wollen. Wir hoffen ohnehin, daß der Leidige doch auf keinen Fall unsern Criminaluntersuchungsrichtern, weder als Gehülfe noch durch Einhauchung (Inspiration) erscheinen wird. Gefährlicher aber ist es, daß Hr. H. durch unendliche Entwickelungen des Bösen die Strafrichter dahin treiben will, daß selbst Verrücktheit als schuldig erkannt werden müßte, weil jede vesania nur das Endresultat von Sünden und Verschuldungen sei. Immer wieder die verwirrende Verwechslung von moralischer und juridischer Zurechnung!

Am Ende jedoch hoffen wir zuversichtlich, daß gerade das Schlimmste, was der Mystische den Verbrechensuntersuchern von Seite 212 bis an's Ende einzureden versucht, einen jeden am allermeisten gegen seine Verwandlung der Gerichte in Sündenbüßungsanstalten behutsam machen werden.

Gewiß nämlich umsonst bestrebt er sich, glaublich zu machen, daß durch allerlei äußerliche Zeichen das Bewußtsein der inneren (Sünden=) Schuld von dem Untersucher zuverläßig entdeckt werden könne. Für diese in das Gewissen eindringen wollende Verschuldungs = Semiotik setzt er die absprechendsten Entscheidungen voraus. Z. E. S. 214 „Kein Zeichen kann als äußeres etwas anderes aussagen, als jenes innere, von dem es abhängig ist.“ Hr. H. merkt also nicht, in welch' sonderbarem Zirkel er sich herum drehe. Der Untersucher sieht allerlei Gebärden und andere Veränderungen im Aeußerlichen des Beklagten oder der Zeugen. Er vermuthet freilich, daß manches davon von der innern Beschaffenheit dieser Personen abhange, manches hingegen auch aus andern Ursachen entstehen könne. Wüßte er, mit welchem Bezeichneten die äußere Erscheinung in Abhängigkeit und nothwendiger Beziehung stehe, so wäre er allerdings im Reinen, aber gerade diese vorläufige Hauptfrage, von welcher dadurch bezeichneten Ursache die erscheinende Wirkung abhange? ist höchstens zu vermuthen, und es bleibt daher jeder Zeit ungewiß, ob die zu beobachtenden Gebärden vom inneren Bewußtsein einer Schuld abhangen, da sie auch von zehn anderen Ursachen abhangen können.

Als Arzt denkt Hr. H. natürlich an die medicinische Zeichenlehre und möchte etwas Aehnliches für die Criminalistik erfunden haben. Wie groß aber ist der Unterschied! Die Krankheitszeichen sind körperliche Aeußerungen eines körperlichen Zustandes. Die Criminalpsychologie will aus körperlichen Bewegungen eine Beschaffenheit des Geistigen erkennen lehren. S. 215 ruft er aus: die Medicin sei eine trügliche Wissenschaft; aber nur nicht in ihrer Zeichenlehre. Denn in den Krankheitszeichen spreche die Natur, die nicht lüge und nicht täusche. Dieser Entschiedenheit aber muß natürlich das Bekenntniß hintennach hinken: „Alle ärztliche Täuschung ent=

stehe nur aus dem falschen Verständniß der Worte, welche die Natur redet." Würde denn aber Hr. H. als Criminalist diesem Falschverstehen der Seelenzeichen weniger ausgesetzt sein, als der Arzt bei den Zeichen der körperlichen Natur? Wie viel Mißverständniß muß man befürchten, wenn man den Blicken z. E. der Schwurrichter zutraut, daß sie das Gewissen der Consultation von Aerzten, wo der Eine die Nieren, der andere die Leber im Verdacht hat, an dem durch Zeichen erscheinenden Lebensangriff schuld zu sein? Jede Gebärde des Zeugen hängt gewiß mit ihrer Ursache zusammen, aber mit welcher? Wer, wenn ihn nicht der Mysticismus zum Inspirirten macht, ist sicher, daß er nicht das, was die unsichtbare Ursache gleichsam als ihr Wort hervorbringt, wenigstens eben so falsch verstehe als der Arzt, der doch nur von körperlichen Erscheinungen auf körperliche, nicht auf das Bewußtsein im Inneren zu schließen hat? Zum Schaudern ist es, wenn dann ein solcher Criminalzeichenlehrer S. 357 von allerlei Gebärden, welche Verlegenheit, Unbehülflichkeit, Furcht u. s. w. andeuten mochten, ausspricht: So bezeugt sich die Unschuld nicht, und wo die Unschuld nicht ist, da ist Schuld; es giebt hier kein Drittes. Welch ein Logiker! Eines solchen bedürfte es noch, um die nicht auf brittische Weise eingerichteten, französirten und napoleonisirten, durch Willkührlichkeiten der Präfekten noch mehr verkehrten, durch die Leitung der Untersuchungsrichter, Beamten, Präsidenten rc. influenzirten Schwurgerichte *), die, wenn auch aus natürlich

*) Ich bitte sehr zu unterscheiden, daß, wenn ich gegen die Schwurgerichte, wie sie in den teutschgewordenen Rheinländern in der Wirklichkeit modificirt sind, große Zweifel habe, ich nicht gegen besser organisirte Ueberzeugungsgerichte rede und daß ich noch viel weniger gegen die Oeffentlichkeit der Gerichte den geringsten Zweifel erweckt haben möchte. Umgekehrt! 1) Oeffentlich sollte alle Justiz sein, sobald die Untersuchung ein Vergehen gefunden haben wird und dasselbe nun an den Richter zu bringen hat. Oeffentlich con-

verständigen Männern zusammengesetzt, doch, weil die Meisten keiner Prüfungsregel deutlich bewußt und darin geübt sind, sich nur gar zu leicht auf eine „Ueberzeugung," von welcher sie keine Gründe anzugeben hätten, berufen, völlig unbrauchbar zu machen. Denn wer wird behaupten und seinen Kopf dafür zum Pfand geben, daß die meisten Beisitzer solcher Gerichte scharfsichtige Beobachter seien? Was müßte nun daraus werden, wenn sie dem zurufenden Criminalpsychologen glaubten: „Wo die Unschuld nicht ist, also wo ihr nicht

---

trollirt sollte sogar während der Untersuchung auch die Behandlung der Verhafteten in sofern sein, daß sie unter einen gewissen, den Inquirenten controllirenden Schutz der Municipalitäten gestellt, nicht Mißhandlungen im Aufbewahrungslokale, in der Kost, im Zulassen von Polizeispionen, ausgesetzt werden dürfen, wie dies in der Fonkischen sechsjährigen Prozeßleitung so sehr geschehen ist. 2) Schwur- oder eigentlich „Ueberzeugungsgerichte", welche nicht zum Voraus und ausschließend an eine vorgeschriebene Art von Ueberweisungsmitteln gesetzlich gebunden sein, sondern auf jede, nicht vorauszubestimmende, aber z. B. dem geregelten Verstand genügende und nicht bloß dem dunkeln Gemisch sogenannter Gefühle des Gewissens überlassene Wahrheitsentdeckung angewiesen sein sollen, lassen sich ohne Zweifel reorganisiren, daß der natürlich gesunde Bürgerverstand mit der wissenschaftlichen Rechtskenntniß vereinigt würde. Alsdann aber müßten solche öffentliche Ueberzeugungsgerichte 3) von all' jenen großen Gebrechen befreit sein, welche oben im Text gegen die jetzt jenseits des Rheins bestehende Assisen nur allzukurz angedeutet sind, da diese eigentlich nur als Copien von Copien eines alten, zeitgemäßen verbesserungsbedürfenden Originals entstanden, und zwar so, daß bei jeder Copie theils Willkührherrschaft, theils Mangel an Erfahrung verwerfliche Züge genug hineinpinselte. Ich unterschreibe, was 1822 Zachariä wegen des Fonkischen Prozesses über die „Ueberzeugungsart" so klar aussprach, nebst seinem Ausruf: „Der Himmel bewahre uns vor den Geschwornen des französischen Rechts, aber deswegen nicht vor den Schwurgerichten, wie sie sein könnten und sollten."

Zeichen der Unschuld sehet, da ist Schuld; es giebt hier kein drittes."

Die selbststrafendste Probe von seiner Theorie giebt Hr. H. S. 371—406 in der Anwendung seiner Kriminal-Semiotik auf den ehemals Fonkischen Prozeß von 1816. Die, zum Glück aus mehrfachem Nachschreiben in den Druck gekommenen, Protokolle und Zeugenverhöre (ohne deren Veröffentlichung durch den Druck der Nichtschuldige verloren und der ganze, hauptsächlich auf den Leitern der Untersuchung lastende Scandal nicht zu enthüllen gewesen wäre) hat dieser Zeichendeuter nicht eingesehen *). Nur was ein

*) Dieses Muster Heinrothischer psychologischer Kunstfertigkeit verdient die Ehre, den Bewunderern seiner mystischen Sündentheorie und Verbrechens-Zeichenlehre klarer gemacht zu werden. Hr. H. setzt S. 379, 387 das Meiste darauf, daß der Handelsmann Fonk bald anfangs nach seiner Arretirung dem Untersuchungsrichter geschrieben habe: „Er halte den Küfer Hamacher für den Mörder." Daraus folgert Hr. H. flugs und zuversichtlich: Fonk habe sich selbst verrathen. Hier würde Er als Kriminalpsycholog als einen Selbstüberwiesenen gepackt haben. Denn wie hätte F. den Hamacher für den Mörder halten können, ohne Theilnehmer zu sein? — Wie scharfsichtig! Aber fiel denn dem Psychologen nicht auf, daß Fonk entsetzlich dumm gewesen sein müßte, wenn er selbst auf den Hamacher hingedeutet und den Untersucher auf ihn hingeleitet hätte, während er Mitschuldiger gewesen wäre. Auch fiel Hrn. H. nicht auf, daß dennoch der alles gegen Fonk aufsuchende Generalprokurator von Sandt nebst dem Untersuchungsrichter über allen Begriff kurzsichtig und nachläßig gewesen sein müßten, wenn sie nicht sogleich Fonk über die „Zeichen" verhört hätten, welche er für seinen Verdacht gegen Hamacher habe. Davon ist aber in der ganzen Untersuchung nie eine Frage. Und warum? Entweder weil das, was der mystische Kriminalpsycholog als baares Datum voraus annimmt und was Er, wenn Er für psychologische Verbrechenserforschungen Talent hätte, als höchst unwahrscheinlich entdecken und desto genauer untersuchen mußte, gar nicht erfolgt, gar nicht von Fonk gedacht, nicht in jenem Brief geschrieben war. Hr. H., welchem es doch

einzelner Vertheidiger der Verurtheiler, Prof. Brewer 1823 für seinen Zweck excerpirte, ist Hrn. H. für seine infallible Diagnose Alles und Alles, und Er weiß daher, daß nicht genug Zeichen der Unschuld, daß folglich die Schuld da war. Ich kann diesem Zerstörer seines eigenen Systems versichern,

eine Angelegenheit hätte sein müssen, in seiner eigenen ersten Probe von Anwendung seiner für die Kriminaljustiz und für den Teufel gleich wichtigen Entdeckungstheorie ein Meisterstück zu liefern, bekümmert sich nicht darum, die von zwei Herausgebern gedruckten, einander ergänzenden und controllirenden öffentlichen Verhandlungen selbst einzusehen und daraus seine unfehlbaren Kriminalzeichen zu schöpfen. Aber so schwer macht sich ein Mystiker seine Sache fast nie, weil eben diese Klasse von Ekstasirten gleichsam ein Einweihungsprivilegium zu haben wähnen, wodurch ihnen das Wahre wie durch Ahnung und Erleuchtung zu finden gegeben sei.

Hr. H. faßt sein Hauptdatum, daß Fonk bald Anfangs in einem Brief an den Untersuchungsrichter den Hamacher als den Mörder verdächtigt habe, bloß aus Excerpten, welche Professor Wenk über „die Kriminalprocedur, wie sie nicht sein soll" (Leipzig 1823) bekannt machte und wo S. 69, Nr. 97 wie im Vorbeigehen angegeben ist: „Auch äußere Fonk in dem Briefe: daß er den Hamacher für den Mörder halte," nebst der Citation: Criminalprocedur I. 356. Allerdings lesen wir auch in der Gallischen Ausgabe in 4, Trier 1822, auf der citirten Seite: „Appellations-Rath Efferz (dies war der von dem Hrn. Generalprokurator gebrauchte vortreffliche Untersuchungsrichter, der nach S. 367 nicht orthographisch teutsch schreiben konnte) überreichte einen Brief des Angeklagten (Fonk) an ihn vom 4. Mai 1817, worin Fonk unter anderm schrieb: daß er selbst den Hamacher für den Mörder halte."

Aber wie? Waren dies Fonks Worte? Oder der Sinn seiner Worte? Gerade das Gegentheil! Nur der nach Belieben abkürzende Protokollist schrieb dies so hin, wie er sich den Brief gedeutet hatte, nahm aber den Brief selbst nicht in das Protokoll auf. Auch dieses Beispiel gehört unter die tausend ähnlichen, für den wahren Psychologen wichtigen Warnungszeichen, daß, wenn die Protokollisten ipsa verba aufzuschreiben zu träge sind und sie so, wie im Augenblick ihnen der Sinn erscheint, kurz

und ihm im Nothfall noch die schriftlichen Zeichen darlegen, daß „der vortreffliche kriminalistische Psycholog," wie er selbst S. 356 Hrn. v. Feuerbach anerkennt, mit der größten Lebhaftigkeit von der Nichtschuld Fonks überzeugt war. Diesen lernte ich selbst erst mehrere Jahre nach der Lossprechung, zu

---

in ihre Worte übersetzen, die gefährlichsten Mißverständnisse in die Akten kommen, welche den ganzen Prozeß verwirren können.

Zum Glück ist der Brief selbst vollständig abgedruckt im 2. Bd. der zu Köln bei W. Spitz 1822 in kl. 8. herausgegebenen Akten der öffentlichen Untersuchung dieses Kriminalprozesses S. 47—55. Darin ist nun (wie es jeder wahre Psycholog zum Voraus nicht anders für möglich halten mußte) mit keinem Wort davon die Rede, daß Fonk auf Hamacher als den Mörder hingedeutet habe. Der Zusammenhang vielmehr (von welchem aber nur Der gewiß sein kann, der diese Akten zu studiren sich die Mühe nimmt) ist folgender: Es wurden (nach der französischen antimoralischen Manier von gerichtlicher Spionerie) Laurer in den Gefängnissen gebraucht, die dem Küfer Hamacher einflüsterten, daß Fonk ihn als einen dummen ehrlosen Kerl verdächtig mache, während Fonk ihn als einen dummen ehrlichen Kerl beschrieben hatte. Durch diese und andere nie zu rechtfertigende Einflüsterungen bewog man den Hamacher, seinen bisherigen Ernährer, Fonk, für seinen Feind zu halten und daher endlich, ein Mährchen gegen Fonk, daß er der Mörder sei, zum Protokoll zu geben, das er, Hamacher, aber doch bald widerrief. Gleich anfangs nun wurde eben so auch dem Fonk beigebracht, wie wenn Hamacher damals schon gegen ihn Verdacht hätte erwecken wollen. Deswegen verlangte dann Fonk in diesem Briefe mit Hamacher confrontirt zu werden, wo er ihn, wenn der Untersuchungsrichter es zweckmäßig finde, „auf eine Art reizen und behandeln wolle, welche zeigen soll, daß er, Fonk, keine Ursache habe, den Hamacher zu schonen oder zu fürchten." Dies sind die Worte, welche der unverständig abkürzende Protokollführer in den Satz umdeutete, daß „Fonk den Hamacher für den Mörder halte." Daran aber war, nach der Natur der Sache, kein Gedanke, wie wenn Fonk den Hamacher in den Verdacht des Mords bringen wollte, vielmehr begehrte Fonk Confrontation, nur um den Hamacher so zu behandeln, daß derselbe ihn, den Fonk, gewiß der Ermordung überweisen würde, wenn er dafür

welcher nach allen Kräften beigetragen zu haben, ich mich um so mehr freue, persönlich kennen; und wie ich vorher durch das aufmerksamste Aktenstudium „nach erweislicher Objektivität" den durchgegangenen Mangel von Schuldbeweisen entschieden erkannt hatte, gelangte ich nun auch so weit, als die

---

je Gründe anzugeben hätte. Dem Hamacher gab Fonk keine Schuld. Nur beschleunigen wollte Er, daß Hamacher auch eingestehen müßte, nichts von Schuld gegen Fonk angeben zu können. Hätten die Untersucher die begehrte Confrontation zugegeben, so wäre die ganze Verdächtigung viel schneller gelöst worden. Nur der das Gegentheil aus eingebildeter psychologischer Ueberzeugung voraussetzende Generalprokurator vereitelte diese simplere Wahrheitsentdeckung.

Was zeigt sich also hieraus für den wahren Kriminalpsychologen? Gewiß fürs Erste dies, daß, wer eine Zeichenkunst, um Verbrechen zu entdecken, lehren will, wenigstens die Zeichen am rechten Orte aufsuchen, oder aber sich gar kein Urtheil anmaßen sollte. Noch mehr aber zeigt sich, wie gering die Spürkraft dieses neuen Diagnostikers sein muß. Denn wäre auch der Brief nicht mehr aufzufinden, so hätte doch der Psycholog, der sich in die Menschen hineinzudenken fähig sein muß, sicher merken müssen, daß der kluge Fonk sich nicht auf eine so plumpe Weise compromittirt haben könnte. Hoffentlich ist die medizinische Krankheitszeichenkenntniß des Hrn. H. eine ganz andere, als seine Theorie der Verbrechenszeichen.

Ueberhaupt ist gerade die Leitung jenes gegen die damalige Organisation der rheinpreußischen Schwurgerichte laut zeugenden Fonkischen Prozesses ein furchtbar warnendes Beispiel: wohin ein hartnäckiges Beharren auf vorgefaßten psychologischen Muthmaßungen und Zeichen Schritt für Schritt verführen könne!! Die Akten beweisen, daß der Generalprokurator von mancherlei (nachher als grundlos erwiesenen) Indicien, wie wenn die Wegschaffung des ermordeten Cönen für Fonk hätte vortheilhaft sein können, eingenommen war. Darauf faßte er, da Fonk bei plötzlicher Ankündigung des Mordverdachtes und Arrestes zwischen ruhigen Remonstrationen und der natürlichen Unruhe über den Angriff aller seiner Verhältnisse schwankend erschien, ein fixes, von dem jungen Geschäftsmann für psychologisch und wunderklug gehaltenes, Vorurtheil, daß psychologische Zeichenlehre reicht, mit mehreren Beobachtenden zu der, wie man es nennt, moralischen (vielmehr subjektiv-individuellen) Ueberzeugung: Wo in der ganzen Person so viele Zeichen der Unschuld neben so vieler Gemüthsstärke zu bemerken sind, da kann jene Schuld nicht gewesen sein! für welche

---

Fonk der Schuldige sein müßte. Dies verfolgend verwickelte er sich, wahrscheinlich im Bestreben, ein Meisterstück von Verbrechensentdeckung durchzuführen, immer tiefer und gefährlicher in Maaßregeln, die er sich ohne das Vertrauen auf jene vermeintliche Scharfsichtigkeit und Zeichenkunst ohne Zweifel nicht so sehr erlaubt hätte. Es wurde nun zugegeben, daß ein Gefängnißspion den erbärmlich eingekerkerten Hamacher beredete, wie wenn Fonk der Familie des Hamacher, sobald er den Mord auf sich nehmen würde, 4000 Thlr. bezahlen wollte. Da nun Hamacher aus dieser ihm beigebrachten Lüge schließen mußte, daß Fonk der Mörder sei, da ferner der Generalprokurator ihm vorhielt, wie Fonk ihn (was gleichfalls erlogen war) ehrlos nenne, und da Hamacher endlich beredet wurde, daß er selbst ohne einiges Eingeständniß aus dem Cachot nicht loskäme, bei den Assisen aber die Protection des Generalprokurators zu hoffen habe, so führte die vermeintlich psychologische Ueberzeugung so weit, daß der Generalprokurator in mehreren nächtlichen Unterredungen mit Hamacher nach und nach eine zusammengestoppelte Erzählung des Mordes erhielt, wie derselbe (auf die unglaublichste Weise) von Fonk begangen, von Hamacher aber durch allerlei Hülfsleistungen unterstützt worden sein sollte.

Wer wirklich ein psychologischer Prüfer war, mußte aus dem Inhalt jener Ermordungsgeschichte ihre Erdichtung um so mehr entdecken, da sie nicht einmal mit den Verwundungen des endlich gefundenen Leichnams übereinstimmte, Fonk durch alle seine Hausgenossen die Unmöglichkeit, daß Cönen und er um jene Zeit zusammengewesen wären, bewies und alle die Gründe, wie wenn Fonks Tod für seinen Handel wünschenswerth hätte sein können, nicht nur aufgelöst, sondern in das Entgegengesetzte verwandelt werden konnten. Dennoch führte die psychologisch genannte Rechthaberei gegen ihn zuletzt, weil natürlich die Schwurrichter, welche für solche verwickelte Untersuchungen mit dem regellosen bon sens nicht auszureichen vermögen, aus einer fünf Wochen lang angehörten Verwirrung von ein paar hundert Zeugen, Gutachten durch unverzeihliche Untersuchungsfehler und Beamtenkünste doch keine dem Forscher wahrscheinliche Zeichen gefunden waren.

Das Resultat überhaupt muß uns dieses sein: Nach psychologischen Zeichen darf ich wohl mein persönliches Zutrauen und Verhältniß gegen andere reguliren. Ein verabscheuungswürdiger Rath aber ist es, daß Strafurtheile auf jene immer so leicht fallible Ahnungen gegründet werden sollten.

Ueber manches Specielle dieser Heinrothschen Kriminalpsychologie ist schon von Prof. Grohmann durch

„Mittheilungen zur Aufklärung der Kriminalpsychologie und des Strafrechts.“ (Heidelberg 1833.)

vieles Treffende kurz und schonungslos bemerkt, und zwar so bemerkt, daß auch die Darstellungsart es anziehend macht.

---

und künstlichen, einseitigen Vorträgen sich nicht mehr zurecht fanden, zu einem Verdammungsurtheil von sieben gegen fünf, dessen blutige Wirkung nur dadurch rühmlichst verhindert wurde, daß der König die bedachtsame Erklärung gab, von der Schuld der Verurtheilten nicht überzeugt zu sein, und folglich das Todesurtheil als Staatsoberhaupt nicht confirmiren zu können.

So hatte eine damals noch nicht in Theorie gebrachte Infallibilität von Kriminalpsychologie einen sechsjährigen Untersuchungsprozeß erzeugt, durch dessen einzelne Scandala die Justiz besonders von eigensinniger Muthmaßungskunst ewig abgeschreckt und zu der umsichtigsten Verbesserung des schwurgerichtlichen Prozesses angetrieben worden sein sollte. Für unsern nächsten Zweck veranlaßt derselbe besonders die Reflexion, bis zu welchem bethörenden Eigensinn dergleichen psychologisch scheinende Aufspürungen eines Geheimnisses verleiten können, weil, wie der Menschenkenner leicht begreifen kann, nicht nur die Untersucher und Richter, sondern auch der ganze schwatzhafte, auch zur Mystik geneigte Theil des Publikums sich der Kunst und Inspiration, etwas aufgespürt zu haben, so sehr erfreuen, daß sie sich darin durch die vernünftigsten Schlüsse nicht mehr stören lassen mögen. Wehe deswegen, wenn sogar noch ein theoretisch eingekleideter Mysticismus hinzukäme, um dergleichen anmaßliche Einbildungen mit der Religion, oder vielmehr mit dem Teufelsglauben, in Verbindung bringen, den Verstand aber und die Aufklärung wegexorcisiren zu wollen.

Zur Einleitung in die ganze Frage aber kann die klare historische Darstellung benutzt werden, welche so eben in dem dritten Band der

„Staatswissenschaftlichen Vorlesungen für die gebildeten Stände in konstitutionellen Staaten." Vom Geheimenrath Pölitz. (Leipzig 1833.)

in der Vorlesung 35, 36 über die verschiedenen Theorieen des Staatsrechts vorgetragen ist.

In den „Mittheilungen" hat Prof. Grohmann einen Hauptbegriff genauer zu bestimmen gesucht, auf welchem allerdings der wichtigste Theil seiner Argumentationen beruht, nämlich S. 23, den Begriff von der Persönlichkeit des Menschen. Wir ersehen dadurch, wie ein die Menschheit idealisirender Denker, indem er das Geistig-persönliche des menschlichen Wesens auch auf den irdisch erscheinenden Theil jedes Individuums allzu unbeschränkt überträgt, für theoretische Forderungen begeistert werden konnte, welche nur, wenn die Menschengeister körperlos wirken könnten, zu erfüllen wären, weil alsdann unverletzliche Naturen den Unverletzlichen gegenüber stünden. Dieser ideologische Anlaß edelgedachter, aber doch unstatthafter Folgerungen verdient um so mehr Beleuchtung.

Schon die Schrift „Ueber das Princip des Strafrechts" stellt S. 39 die Sätze auf: „Die moralische Persönlichkeit und die physische Natur der Menschen, diese als Träger der Persönlichkeit betrachtet, sind unverletzlich; darauf gründen sich die ewigen, unveräußerlichen Vernunftrechte." Daraus wird S. 40 gefolgert: „die Strafe dürfe nicht die Urrechte der Menschheit lädiren. Diese seien 1) die Persönlichkeit, als ein unverbrüchliches Geschenk einer ewigen Welt, und 2) die physische Natur als ein unmittelbarer Ausdruck der Intelligenz in der Erscheinung. Dadurch werde das Strafrecht beschränkt in seinen Strafen. Diese könnten deswegen nur verwirklicht werden an den Mitteln und Objekten, welche die intelligente Natur vorschreibt. Sie müßten diese (die intelligente Natur?) darstellen und vermitteln, daß zugleich die Willkühr, wie die stürmischen Wogen, zurückgedrängt werde. Die Willkühr aber sündige am meisten an Eigenthum, Freiheit, Ehre, als Gütern der Menschheit. Daher Arbeits=, Freiheits= und Ehrenstrafen." Alle andere Strafen, wird hinzugesetzt, sind vom Uebel! Die Todesstrafe sei (S. 54.) laesio summae majestatis der unverbrüchlichen Menschenrechte. S. 60 wird sogar ausgesprochen: „Wenn die menschliche und physische Natur zum Gegenstand der Strafe genommen wird, so ist dieses nicht Rechtsstrafe, sondern schmähliche Naturgewalt. Daher werde eine Strafrechtslehre nothwendig, die nur solche Strafen gelten lasse, welche nicht dem Rechte der Menschheit auf intelligentes und physisches Leben, auf Erhaltung und Achtung der heiligen Natur diesseits und jenseits widerspreche. Jede Strafe sei, Seite 63, unrechtmäßig, welche über die physische Natur des Menschen verfügt werde, ebenso jede Strafe, die den freien moralischen Willen zum Gegenstand habe."

Gerne führe ich diese durchlaufende Reihe von Behauptungen wörtlich an, weil sie am meisten die Idee entdecken, durch welche der denkende Mann über die Gränzlinie hinausgeführt werden konnte. Schon die Folgerungen, zu denen Er dadurch genöthigt ist, müßten wohl eine Unrichtigkeit in den Prämissen zu vermuthen nöthigen; und betrachtet man die Prämissen genauer, so stehen sie zwar hier wie Axiome, haben aber keineswegs diese innere Festigkeit.

Durch den — nicht gut passenden — Ausdruck: physische Natur, bezeichnet Prof. G. das, was zum lebendigen Erscheinen des ganzen Menschen gehört. Dürfte nun aber 1) keine Strafe „über die physische Natur des Menschen" verfügt werden, und auch 2) keine den freien moralischen Willen zum Gegenstand haben, so müßte folgen, daß gar keine Strafe zu vollziehen sei. Denn ein jedes als Abhaltungsmittel zum Voraus gedrohtes Uebel der äußern Natur hat auf jeden Fall die Absicht, auf das Denken und freie Wollen des innern Menschen deswegen zu wirken, damit der Wille nicht eine Willkühr werde, welche die äußere Natur des Menschen als Werkzeug gebraucht, um ein gemeinschädliches Uebel, ein Verbrechen gegen Einzelne und gegen die Staatsgesellschaft, innerhalb der äußeren Natur oder der Erscheinungswelt hervorzubringen. Entweder darf also überhaupt keine Strafe (richtiger: kein äußeres Abhalten und Zurückdrängen der innern Willkühr) gedroht werden und wirklich eintreffen, oder sie muß diejenige physische Natur treffen, welche von der denkenden und wollenden inneren Natur, d. i. von der eigentlichen Persönlichkeit als Werkzeug wider andere in Bewegung gesetzt wird. Wenn S. 40 ausgesprochen wird: alle andere Strafen sind vom Uebel außer den Arbeits-, Freiheits- und Ehrenstrafen, welche die Willkühr vom Sündigen gegen Eigenthum, Freiheit und Ehre zurückdrängen, so hätte doch gerade dieser Gedankenzusammenhang Hrn. G. daran erinnern müssen, daß die Willkühr vornemlich auch von Angriffen gegen das Leben Anderer durch Abhaltungsmittel, die der Willkührliche seinem Leben gleichachtet, zurückgedrängt werden müsse. Schwerlich konnte das Leben unter dem Begriffe: Eigenthum, mitgedacht sein?

Versteht Prof. G., wie es wohl scheint, unter der „unverletzlichen physischen Natur als dem Träger der Persönlichkeit" das körperliche-apparente Dasein eines Menschen als ein Ganzes, so daß dasselbe, als ein Ganzes, unverletzlich bestehen solle und die Strafen also nur theilweise die Wirksamkeit des erscheinenden Menschen betreffen dürften, so ist doch gewiß auf der andern Seite nicht zu übersehen, daß, wenn der innere Mißbrauch des Willens, als der Persönlichkeit, die äußere ganze Natur des Einzelnen, als ihre Trägerin, gegen die ganze äußere Existenz eines Andern mißbraucht, eben diese äußere Natur oder das Leben des andern wenigstens eben soviel Schutz seiner Unverletzlichkeit anzusprechen hat, als das von der Persönlichkeit des Mordenden willkührlich gemißbrauchte Erscheinungswerkzeug, nämlich sein lebender Körper. In diesem Sinne ist das aus Victor Hugo angeführte Wort: „En verité la vie d'un homme est grande chose.“ Die größte Aufforderung, daß das Leben eines Jeden durch die äußerste Bedrohung desjenigen Lebens, durch welches, als durch ihr Werkzeug, die innere Persönlichkeit andern, die wenigstens gleichviel werth sind, die Zerstörung droht, möglich geschützt, d. h. die Willkühr davon „zurückgedrängt“ werde.

Prof. Grohmann will allerdings nicht Straflosigkeit. Er will nur (S. 56) „dem Hochgerichte lebenslänglichen Gewahrsam des Verbrechers zu seiner Bekehrung und Besserung substituiren.“ Würde denn aber dadurch der Träger der innern Persönlichkeit nicht auch sehr verletzt? Der freie Wille, die innerste Lebenskraft der Persönlichkeit, durch lange fortgesetzten Zwang beleidigt? Auch setzt diese Ansicht immer voraus, wie wenn die Bekehrung diesseits vollendet sein müsse und mit dem Ueberschreiten in das Jenseits das Besserwerden abgebrochen, die Verdammung entschieden wäre. Ueberall Einwirkungen ungewisser Moralphysik in das, was diesseits nur physisch und rechtssinnig zu behandeln sein kann.

So viel wegen der Folgerungen! Noch entscheidender aber ist es, daß die beiden Prämissen: 1) die moralische Persönlichkeit und 2) die physische (als äußeres Ganzes erscheinende) Natur des Menschen oder der Träger der Persönlichkeit sind unverletzlich! keineswegs als Axiome gelten könne. Alle Strafen als gerecht gedrohte Uebel und Verlust wollen nur das Erscheinungsmittel des denkend-wollenden Ich oder der eigentlichen Person treffen. Durch dieses gerechte und kluge Drohen und Treffen (fast möchte ich das teutsche Strafe von Treffen abstammen lassen!) will man eben diese innere, nicht erreichbare Person bewegen, daß sie ihr Erscheinungsmittel nicht zur Verletzung anderer gleich Persönlichen willkührlich mißbrauche. Riskirt nun dennoch der innere, immer unverletzliche Geist sein körperliches Dasein, das

Organ, welches für ihn weit mehr Werth haben muß als für Andere, so hat er es Niemand, als sich selbst zuzuschreiben, wenn diese sich an sein Organ halten, nicht um ihm wehe zu thun, sondern zuvörderst um ihn selbst vom Mißbrauch abzuhalten oder wenigstens für Andere, jenes von ihm gemißbrauchte und in die gedrohte Gefahr gestürzte Werkzeug, auf welches er selbst kein Recht mehr hat, und das allein er selbst der Gefahr aussetzt, zum Abhaltungs= oder Schutzmittel zu machen.

Es klingt wohl wie ein Postulat, wenn ausgesprochen wird: Der Träger der Persönlichkeit, der lebendige Leib als ein Ganzes, ist unverletzlich! Am Ende würde auch kein Theil dieses „Träger der Persönlichkeit" als verletzlich bedroht und behandelt werden dürfen. Fragt man aber Warum? so ist kein Grund weder angegeben, noch an sich zu denken. Denn in diesem Organ besteht doch nicht des Menschen Majestät, sondern in seinem denkend=wollenden Ich. Mißbraucht aber der innere Regent, gleichsam als souveräne Majestät, sein Organ gegen die durch Pflicht und Recht gegründete, geordnete Gesellschaft anderer eben so viel geltender Majestäten (den Staat), so geschieht ihm kein Unrecht, wenn man sich an sein Werkzeug oder an den Träger seiner Erscheinung hält; sobald nur gewiß ist, daß er, der innere Gebieter, wußte, welcher gerichtlichen Gefahr er dieses sein Erscheinungsmittel aussetze.

Ob alsdann durch den Verlust dieses Mittels Er, der innere Gebieter, selbst viel oder wenig, diesseits oder jenseits, verliere, dies hat nicht der verletzte Theil, sondern der willkührlich=verletzende zum Voraus in Betrachtung zu ziehen. Denn da nur erscheinende Organe gegen andere ihresgleichen hier wirkend werden, so kann davon, ob für den Verletzer ein jenseitiger, ewiger Schade wirklich, oder gar nicht entstehe, keine Frage sein, da die innere Persönlichkeit durch den selbstverwirkten Verlust ihres Organs entweder aufhört oder dennoch unverletzlich bleibt, auf jeden Fall aber jene mordende

Persönlichkeit sich auch darum nichts bekümmert hat, ob sie mit dem Leben des Unschuldig gemordeten sein ganzes Sein oder nur sein körperliches Aufhören mache.

Noch ist übrig, daß Prof. Grohmann den gerichtlichen Lebensverlust oder die Todesstrafe nur aus einer sehr unreinen Quelle, nämlich aus dem Gefühl der Rache, der Lust zur Wiedervergeltung und der orientalischen Blutrache ableiten zu können oder zu müssen glaubt. Das vermeintliche Recht der Todesstrafe sei dann leider S. 56 aus dem Mosaismus auch in die christliche Welt übergegangen, ungeacht Jesus Christus jenes mosaische „Aug' um Aug', Seele (oder Leben) um Seele" nach Matth. 5. 38 — 40 aus der Christenwelt verwiesen habe. Das Letztere ist wohl insofern richtig, als Jesus zum letzten Endzweck seiner gotteswürdigen Wirksamkeit die Bildung eines ächten Gottesreichs setzte und beabsichtigte, welches aus wahren Messianern bestehen sollte. Bei diesen würden dann willkührliche Verletzungen gar nicht denkbar sein und sein Rathgeben, daß sie den Beleidigungen nur Geduld, Unempfindlichkeit und Nachgiebigkeit entgegensetzen sollten, konnte sich nicht auf wahrhaft messianische Mitbürger, sondern nur auf ihr Betragen gegen Feinde und Verfolger beziehen. Dagegen führt Jesus als Messias doch Matth. 5, 21. 22. Anordnungen ein, durch welche Er verhütete, daß es im wirklichen Christenreich nicht zu sinnlichen Verletzungen kommen dürfte, weil schon der Verläumder aus diesem Staate weg und in das Teufelsreich hinaus verwiesen werden sollte.

Da diese Fragen aus der Geschichte des Alten und Neuen Testaments meistentheils von Geschichtsforschern und Juristen, weil dafür nur aus Studien fremder Sprachen, Sitten und religiöser Meinungen geschöpft werden muß, selten ächt archäologisch beantwortet werden können, so erlaube ich mir hier noch einen kleinen Beitrag zur geschichtlichen Kenntniß der alten Gesetzgebungen, welcher zugleich eine nicht allzu bekannte Rechtfertigung ihrer Hauptsätze zur Prüfung darbietet.

Das Noachische Naturverstandesgesetz ist gedacht, als etwas, das vor allen Staatsvereinen und vor der Blutrache gelten mußte. 1. Mos. 9, 4 — 7 wortgetreu übersetzt, sagt:

V. 4. „Nur Fleisch, dessen Blut ist, um es zu beleben, sollt Ihr nicht essen.

V. 5. Und nur Euer Blut, welches ist für Euer Leben, will ich (Gott) suchen. Von der Macht jedes Lebenden will ich (Gott) es suchen (= wie mir gehörig fordern) und von der Macht des Menschen (= vom Selbstmörder) und von der Macht jedes Bruders (= von jedem Menschen, der einen Andern mordet) will ich suchen das Leben (Nephesch = die Lebenskraft, anima).

V. 6. Des Menschen Einer, welcher vergießt Blut des Menschen, durch den Menschen soll dessen Blut

V. 7. vergossen werden. Ihr aber seid fruchtbar und vervielfältigt Euch! Regt Euch auf der Erde und vervielfältigt Euch!"

Ueber diesen althebräischen Text, denke ich, auf folgende Weise geschichtlich und psychologisch commentiren zu dürfen:

1) Ein alter Weiser dachte sich — nach einer großen Fluth — einen Menschenverein nur von 4 Paaren. Sie sollten sich multipliciren. Das Leben in diesem physisch und moralisch-socialen Zustande muß, dachte er, äußerst garantirt sein. Nicht das Leben des Einzelnen an sich, insofern es sich dem Andern willkührlich und pflichtwidrig entgegensetzen kann, vielmehr das gesellschaftlich geordnete und zusammenwirkende Leben ist das der sittlichen Fortbildung des Menschenthums nöthigste. Die Garantie des geordnet zusammenwirkenden Lebens also ist nothwendig.

2) Die Sicherung der acht Individuen gegen jedes einzelne von ihnen erforderte das höchste sittliche Gegengewicht gegen die Sinnlichkeit irgend eines der Einzelnen, welche bald dieses, bald jenes Mitglied in auf-

brausende (Kains=) Leidenschaft oder gar in willkührliche Vorsätzlichkeit versetzen und zum Kain (1. Mos. 4, 8.) oder noch schlimmer zum Lamech (1. Mos. 4, 24.) machen könnte.

Also ungeachtet es bei 8 Menschen sehr bedenklich sein mußte, im Fall eines Mordes, nicht nur den Gemordeten, sondern auch noch den Mörder zu verlieren, sah es doch der Noachische Weise, der uns unbekannte Denker seiner ungesetzlichen Wege 1. Mos. 9, 4 — 7. als das gegen sinnlich passionirte und um so mehr der Versittlichung durch häusliches und noch vielartigeres Zusammenleben bedürfende Menschen nöthigste, mindere Uebel an, gesetzgebend auszurufen:

Gebet nicht zu, daß ein Siebenter unter euch lebend bleibe, welcher das achte Mitglied eures Menschenvereins gemordet hat!

Für die Garantie des moralisch nöthigen Zusammenlebens der Achte gab es kein höheres entscheidenderes (wenn gleich menschlich nicht ganz und gar sicherndes) Mittel, als daß ein jedes der Achte gewiß voraussehen sollte: Wenn ich der Gesellschaft eines der Mitglieder durch Mord entreiße, dürfen sie mich — der ich das sichere, zur sittlichen Ausbildung nöthige Zusammenleben mit Gefahr aus sinnlicher Willkührlichkeit bedrohe — nicht unter sich leben lassen.

3) Das äußerste Gegenmittel, damit kein Lebender dem zur Fortbildung Aller nöthigen Gesellschaftsleben aus sinnlicher Willkühr entrissen werde, das Entseelen des Mordenden, wird um so gewisser höchst selten anzuwenden sein, je gewisser es gemacht ist, daß Alle den Mordenden nicht leben lassen. Der sinnlichen Leidenschaft wirkt zwar die höchste Gefahr der eigenen Sinnlichkeit nicht ohne Fehl und immer genugsam entgegen. Aber es giebt doch kein höheres Gegenmittel. Es muß also das Möglichhöchste angewendet werden, nicht blos, damit der Verein von Acht gegen den Einzelnen, wenn er sich einmal des Mordens fähig gezeigt hat, gesichert, sondern hauptsächlich deswegen, damit der Sinnlichkeit Aller, welche bei Jedem in diese sinnlich=leiden=

schaftliche Willkühr irgend ausarten kann, zum Voraus das möglichst = höchste sinnliche Gegengewicht ohne Ausnahme entgegengestellt sei. Und gerade damit das Vorauswissen dieses Gegengewichts desto zuverlässiger Sinnlichkeit durch Sinnlichkeit abhalte, muß der gesetzgeberische Zuruf unerbittlich sein:

„Ihr dürft jeden Siebenten von Euch nicht fortleben lassen, wenn er nach einer bis zum Mord steigenden sinnlichen Willkührlichkeit dem Achten das Mittel, im menschlich-geordneten Zusammenleben (= im Staat) sich sittlich fortzubilden, das sinnliche Leben entrissen hat."

4) Nur die Ungewißheit, wenn der Mörder dem Lebensverluste zu entgehen hoffen kann, schwächt die durch Sinnlichkeit wider Sinnlichkeit zu wirken bestimmte Garantie für das Leben Aller gegen Alle. Also mußte selbst dort, wo die Erhaltung des Menschengeschlechts nur auf vier Paaren zu beruhen schien, die Gewißheit, daß kein Mörder lebend bleibe, allen zur (göttlichen) Pflichtaufgabe gemacht werden.

5) Meine ich gleich nicht, daß ein Weiser nach der Noahsfluth explicite so raisonniren konnte, da ihm die deutliche Begriffsbestimmung und die Sprache dazu fehlte, so bin ich doch der Ueberzeugung, daß der alterthümliche Verstand (ohne die Worte Sinnlichkeit, Sittlichkeit, für sittliche Fortbildung unentbehrliches Gesellschaftsleben rc.) doch der Hauptsache nach ahnen und gleichsam durch Inspiration (indem der Mensch das, was in ihm selbst licht wird, sich nicht als selbstwürdig zu erklären weiß, und also von Einwirkung ableitet), konnte, daß eben dieses sittlich nöthige Zusammenleben nur durch die größte gewisse Gefahr für die Sinnlichkeit (durch den Lebensverlust) gegen das Aufbrausen der Sinnlichkeit möglichst bei Allen zu schützen wäre.

6) Um sinnlich gegen die aufbräusende Sinnlichkeit zu wirken, wären die (an sich vielleicht die Hinrichtung an Härte oft übertreffende) Verfügungen lebenslänglichen Einsperrens mit Arbeit oder mit Verbannung in menschenleere Gegenden (wie bei Kain ins Land Nod, d. i. des Umherirrens) doch

nicht möglichst stark wirksam, weil sie die Phantasie nicht eben so plötzlich und heftig, als die Mordlust, afficiren können und immer die stille Hoffnung zu fassen, daß das die Sinnlichkeit zu bändigen bestimmte Uebel entweder (durch Verheimlichung, Flucht rc.) zu vermeiden oder eine Abänderung (der Verbannung, des Einsperrens rc.) zu erleben sein möchte.

7) Gerade also, um die höchsten Zwecke des Erdenlebens, die Vervollkommnung des Menschengeschlechts durch zahlreiches, geordnetes Wirken Vieler auf Viele möglich zu machen, hatte der sittliche Verstand des Noachisch-Gesetzgebenden dafür zu sorgen, daß sich die Menschen nicht vor der Vermehrung der Zahl (vor Ausdehnung des Zusammenlebens auf Tausende und Millionen von Unbekannten und Roheren rc.) als vor größerer Gefährdung des Lebens zu fürchten hatten. Wäre nicht die Einsicht: der Mörder darf überall nicht seines Lebens sicher sein! allgemein und vor jeder bürgerlichen Gesetzgebung, so würden verständige Menschen nur in die kleinste, möglichst abgesonderte, nach Vertrauen ausgewählte Socialität sich zurückzuziehen Ursache haben. Es würde folglich die so nöthige Wechselwirkung der Vervollkommnung „durch Viele" für die, welche mit Vorsicht und Besonnenheit das Zusammenleben wählen sollen, von Anfang her gehindert gewesen sein.

8) Um dieser sittlich praktischen Ansichten willen war es also schon im Noachischen Hausgesellschaftszustand oder überhaupt dort, wo nur der an Gottes Statt sprechende Naturverstand Gesetzgeber war, sehr klar gedacht und richtig, den Zuruf:

Dem, der Einen durch Mord aus der Bedingung der sittlichen Ausbildung, aus dem Leben auf Erden hinauszuwerfen gelüsten möchte, sollen Alle und Alle zum Voraus gewiß machen, daß er das Leben, welches ihm als Zustand sinnlicher Willkühr beliebt, nicht behalten werde—!

nicht einmal als ein bürgerliches oder theokratisches Gesetz, sondern — schon als ein Noachisches Gebot, d. h. als ein alles bürgerliche, zahlreiche Zusammenleben dem Vorsichtigen erst möglich machendes Naturgesetz vorauszusetzen und über Abraham und Mose weit hinaufzurücken. (Bekanntlich unterscheidet auch der orientalische, rabbinische, moslemische rc. Sprachgebrauch die aller Staatsgesellschaft vorausgehende Natur- oder Naturverstandsgesetze von den nationalen, dem theoretischen und dem rationellen, durch die Benennung: Noachische Gebote d. i. Urgeselligkeitsbedingungen, universale Gründungs- und Erhaltungsmittel des menschlichen Zusammenlebens.

9) Jedem Einzelnen geschieht dadurch, daß jedem, der nach seiner Menschenpflicht zur sittlichen Fortbildung sich andern Vielen anschließen will, diese möglich höchste Lebensgarantie reciprok zur Bedingung gemacht wird, kein Unrecht. Denn auch sein Leben, als Bedingung seiner sittlichen Fortbildung in unbeschränkt zahlreicher Socialordnung ist durch diese Opposition des sinnlichen größten Verlustes gegen sinnliche (Mord-) Lust so viel möglich garantirt.

10) Jeder Einzelne, weil er die Pflicht hat, seine und Aller sittliche Fortbildung durch zahlreiches geordnetes Zusammenleben möglich zu machen, hat sogar als verständig und vernünftig die Pflicht, einer solchen Menschengesellschaft, welche das Leben als Sittlichungsmittel für Alle aufs Aeußerste zu sichern entschlossen ist, sich anzuschließen. Eben diese Pflicht aber verbindet ihn in ihm selbst, das Recht, das Leben durch Gewißheit des Lebensverlustes gegen jeden Mörder zu sichern, als etwas zur allgemeineren Pflichtausübung dem Menschenverein nöthiges auch gegen sich selbst anzuerkennen, wie es ihm die andern wechselseitig zu seinem Vortheil gegen sich einräumen.

11) Dadurch thut der Nachdenkende auch nicht etwa ein Unrecht gegen sich selbst oder etwas, wozu er in sich selbst nicht berechtigt wäre. Die Pflichtansicht, in zahlreicher gesicherter Socialität auch mit solchen, die ihm zum Voraus nicht allesammt näher bekannt sein können, sich zu vervollkommnen, fordert, daß er sich dem allgemeinen Zusammenleben der Menschen nicht blos in Einem Staate, sondern in allen einigermaßen geordneten Völkerzuständen, unter der die Vielen möglichst sichernden Bedingung anschließe, wenn er je, diese Bedingung einzugehen, in sich selbst ein Recht hat. Nun aber hat jeder Einzelne, als Menschengeist, ein Recht, (eine durch die Verständigkeit ihm klar werdende Einsicht,) über sein sinnliches Leben zur Erfüllung einer Pflicht (z. B. zur Vertheidigung Aller, selbst zur Beschützung des Vereins gegen bloße, nicht einmal das Leben nicht gefährdende Eroberung) zu verfügen. Wie vielmehr muß er das Recht haben, sein Leben einem das Leben Aller, wie sein eigenes, möglichst schützenden naturgesetzlichen Zustand der sittlichen Fortbildung auch als Pflichterfüllungsmittel anzuschließen und unterzuordnen. (Die Behauptung, daß der Menschengeist kein Recht habe, sein sinnliches Leben aufzuopfern, scheint mir antimoralisch. Denn für wirklich anerkannte Pflichterfüllung darf kein in der Macht der Ueberzeugungstreue stehendes Mittel zu theuer sein. Hebr. 9, 14.).

12) Mose fand nun das Noachische Naturgebot:

> „Wer das Lebensblut des Andern ausgießt, soll selbst von allen Andern nicht lebend gelassen werden," und auf der andern Seite: Ein solcher soll sich, wie nach Gottes Befehl, das Leben nehmen lassen.

Er fand das Leben Aller unter den zur Pflicht gemachten (nicht blos beliebigen) Schutz Aller für Alle und gegen Alle gestellt; er fand also reciproke Gerechtigkeit beobachtet, und verständiger Weise auch für das Theuerste den theuersten Preis bestimmt. So weit hatte der an Gottes Statt denkende Naturverstand richtig geurtheilt. Eben deswegen ist auch der Satz: der Mörder verschuldet gemordet zu werden, gleichbedeutend mit dem Satz: Der höchste Mißbrauch der sinnlichen Willkühr verschuldet, die Sinnlichkeit selbst zu verlieren. Und dies ist consensus gentium. Schon vor allem bürgerlichen Recht ist das Leben jedes Einzelnen dem Schutz Aller, und zwar der Pflicht, es durch das möglich höchste Mittel zu beschützen, also der Blutrachepflicht anempfohlen.

13) Nur hatte das Naturverstandsgebot (aus Mangel in der Sprache und wohl auch, wie es sich von selbst zu verstehen schien,)

a) Morden und Tödten nicht bestimmt unterscheiden gelehrt;

b) nicht bestimmt verfügt, daß der Schutz Aller nicht als Rache, sondern als Pflicht, also nach ruhiger Beurtheilung ausgeübt werden solle.

Diesen durch Erfahrung ohne Zweifel klar gewordenen Mangel besserte Mose's (meist musterhafte) Gesetzgebungsklugheit.

Der Dekalogus spricht bestimmt vom Morden (nicht blos vom Lebensblut ausgießen rc.).

14) Seine Freistätten gaben, als nahe, eine leichte Möglichkeit, in ein halbfreies Gefängniß sich zu flüchten, und dort Richtern die Unvorsätzlichkeit der Tödtung zu erweisen. Wer dies nicht darthun konnte, wurde der Pflicht Aller, das Leben Aller durch Gewißheit des Lebensverlustes für den Einzelnen zu schützen, ausgeliefert. Selbst dem unvorsätzlichen Tödter wurde ein Uebel, das Bleiben im Asyl bis zum Tode des Hohenpriesters, als lästige Warnung, auferlegt.

15) Gerichte. Begnadigungswillkühr. Bei allen Völkern trat allmählig der Zustand ein, daß die Gewalthaber den Menschenverstand so weit in ihr Interesse zogen, um den „Allen" in der Gesellschaft einzureden:

Alle sollten den ihnen als Pflicht obliegenden Schutz aller Einzelnen den Regierenden überlassen, damit desto unparteiischer erst Gericht gehalten und alsdann die Beschützung desto mächtiger ausgeübt würde.

Daher dann die Criminal-Jurisprudenz, die Erfindung der Untersuchungen weniger durch Verstand, als durch Qualen (Tortur rc.) und der Tödtungen der Verurtheilten durch Martern, die mehr Mitleid als Abschreckung erregen.

16) Daher aber auch ferner die noch größere Ausartung, daß die von den Gewalthabern abhängigen Richter oft

nur nach Willkühr, Kabinetsjustiz rc. verurtheilten, die Gewalthaber selbst aber abolirten, begnadigten oder aufopferten, wie es ihnen gut dünkte. Der Zweck, um der Unparteilichkeit willen den von Allen für Alle beabsichtigten Lebensschutz durch criminalrechtsgelehrte Richter ausüben zu lassen, wurde immer mehr verfehlt, je despotischer und zugleich verkünstelter Regierungen und Gerichte wurden.

17) Jesus Christus beabsichtigte und beschrieb, wenigstens theilweise, in der Bergrede, wie Er ein moralisch gutes Reich Gottes als Messias oder Unterregent der Gottheit auch äußerlich zu verwirklichen trachte.

18) Ein Grundgedanke nach Matth. 5, 21. 22 war: theokratische (= das, was Gott wollen kann, als Gesetz befolgende) Obrigkeiten sollen als kleinere und als höhere Synedrien schon die Anfänge der Verbrechen vor Gericht ziehen. Nicht erst Mord soll von seinen messianischen Ordnern der Christengesellschaft abgewartet werden. Schon wenn einer der Messianer Haß, Zorn gegen einen andern vom Messiasreich zeige, soll ein messianisches Untergericht, wie ein jüdisches unteres Synedrium, davon Kenntniß nehmen, die böse Quelle von Vergehungen untersuchen, unschädlich machen.

Wenn einer den andern als Raka, das ist leer, nichtswürdig behandle, so solle dagegen schon so verfahren werden, wie bis dahin die obersten Synedrien und Richtercollegien gegen die Verbrecher verfuhren, die ihnen zur Verurtheilung zugetheilt waren.

19) Wer den andern als Messianer wie einen Moreh = Rebellischen, Ungehorsamen angebe, der soll (wenn er log) dem höllischen Feuer übergeben werden, d. i. der gehöre nicht mehr in sein, des Messias, Reich, sondern in das Gebiet des Satans, dem die Hölle bevorstehe.

20) Der Sinn ist: Der Messias nahm demnach alles, auch insofern er messianische äußere Obrigkeiten als Ordnungserhalter in seinem Gottesreich doch (nach Matth. 19, 28) für

nöthig hielt, moralisch viel strenger. Die Prämissen zum Mord sollten schon richterlich behandelt werden.

21) Welche Correctionsmittel Er seinen untern und höhern Synedrien in seinem Messiasreich anzuweisen im Sinne hatte, ist **nicht** gesagt, und (außer den Ermahnungen) schwerlich zu errathen. Nur soviel sehen wir: Wer den Andern einer verbrecherischen Denkart — des Moreh=seins, beschuldigte, der war Ihm schon nicht mehr ein Messianer, er war außer seinem Gottesreich, todt für dieses, bereits ein Angehöriger des Satans, einer, der auch in das Schicksal des Satans, die Gehenna, hinausgewiesen, also im Christusverein nicht geduldet werden sollte. Ob durch Lebensverlust? ob blos durch Verbannung aus allen Christengesellschaften? ist nicht gesagt.

Aber daß die Obrigkeiten seines Messiasreichs strenger als die jüdischen Synedrien das Nichtmoralische (Zorn, Haß, Schimpfen rc.) beurtheilen und coneciren sollten, dies ist klar, wenn man den **ganzen** V. 22. Matth. 5. zusammenfaßt.

22) Dagegen kann man sich nicht wohl darauf berufen, daß Jesus das alte Ausgleichungsrecht: Aug' um Aug', Zehe um Zehe! in sein Gottesreich, wo es bis zu solchen Verletzungen gar nicht kommen durfte, nicht aufgenommen hat.

23) **Gegen Verletzungen des Lebens und des Leibes bestimmt** der Mosaismus das Gleichvergeltungsrecht

2. Mos. 21, 23. 24.
3. Mos. 24, 20.
5. Mos. 19, 21.
(Obadjah V. 15.)

Dieses jus rationis aber ist doch **nicht auf andere Verbrechen**, wie eine Grundregel zur Strafbestimmung, von Mose ausgedehnt.

24) Jesu Rede vom Berge, Matth. 5, 38., erinnert an diese Mos. Gesetzgebung und erklärt V. 39. 40. dagegen: Ich aber sage Euch, nicht entgegen zu stehen den Bösehandelnden, sondern wenn einer dich auf die rechte Wange schlägt, wende ihm auch die andere hin; und dem, welcher gegen dich ein

Gerichtsurtheil aussprechen lassen will, und dir den Chiton nehmen, lasse auch das Oberkleid.

Unmöglich kann hievon der Sinn sein, daß ein Christenstaat diese Sage als Gesetz zu befolgen habe. Welcher Staat, wo nicht Alle faktisch Christen sind, konnte so bestehen?

25) Der Apostel Paulus. Daß dieser, da er noch während des guten Quinquennium Nero's, Röm. 14, 4., nach Rom schrieb:

> „Die Obrigkeit ist Gottes Dienerin für dich in Beziehung auf das Gute. Wenn du aber das Böse thust, so fürchte. Denn vergeblich trägt sie nicht das Schwert. Denn Gottes Dienerin ist sie, Recht ausübend zum Strafzwang gegen den das Böse Verübenden." —

doch nur das Schwerdt als Schutz gegen auswärtige Feinde bei der Obrigkeit anerkannt habe, wäre eine Fiktion, die der Exegete fast eine Chikane nennen müßte.

XI.

Beschluß und Dank an Herrn Dr. Paulus.

Nur einige Worte der innigsten Danksagung an Herrn Dr. Paulus, der unsere obengenannte Schrift über das Strafrecht auch seiner Aufmerksamkeit und Beurtheilung unterwarf. Wir erkennen mit Dank die scharfsinnigen Bemerkungen an, die er unserer Ueberzeugung von der Unrechtmäßigkeit der Todesstrafe entgegen setzt. Aber wir können dennoch nicht umhin, mit guten Gründen unsern alten Lehrsatz zu behaupten, daß der Staat kein Recht habe am Leben zu strafen, weil eine solche Strafe über alle Rechte und Pflichten der Vernunft hinaus liegt und ein socialer Vertrag auf eine solche Strafe, wie ihn Herr Paulus annimmt, schon an sich nichtig und leer ist. Auch bleiben wir bei allen Einwendungen unseres freundlichen und scharfsinnigen Gegners unserer alten Ueberzeugung getreu, daß der Mensch immermehr von der Pflicht der Selbsterhaltung seines Lebens ohne höhere Gründe und Bedingungen nachlassen dürfe. Es ist etwas ganz anderes, um der Wahrheit, um der Rechte der Menschheit willen, sein Leben nicht achten und es der Gefahr Preis geben, ohne daß der Tod oder die Tödtung das herbeigerufene nothwendige Instrument der That ist; und etwas ganz anderes, um der Wahrheit willen den Tod gleichsam auffordern und durch ihn, als einem möglichen Zwecke, die Wahrheit zu befördern wähnen. Denn dieses führt zum Mord und Selbstmord, wenn auch der feinsten und subtilsten Art. Jenes ist aber der Moral anständig und würdig, zu thun, was die Vernunft und das Recht gebietet, selbst mit Gefahr der Person, welche wirket und handelt.

Gern würde ich aus der Reihe der Einwendungen gegen mich diejenigen Stellen weggelassen haben, die sich auf Heinroth's mystisches Strafsystem beziehen. Ich bin mit diesem Psychologen durch seine eigene Veranlassung und Verschuldung in einen Streit gerathen, der mir der unangenehmste und unerfreulichste ist. Er kann sich allein die Rechtfertigungsschrift, die ich ihm entgegen setzen mußte, zuschreiben. So gern ich nun auch die gerechte Polemick des Herrn Dr. Paulus gegen Herrn Dr. Heinroth weggelassen hätte, um nicht an einen Streit, den ich für die bessere Sache führen mußte, zu erinnern, so war doch diese Episode so mit dem Ganzen verwebt, daß es unbillig und ungerecht gewesen wäre, aus einzelnen Rücksichten der ganzen Mittheilung der so scharfsinnigen Abhandlung des Herrn Dr. Paulus Eintrag zu thun.

Ich muß freilich dem Exegeten weichen, der sich um die Kunde der biblischen Auslegung unsterbliche Verdienste erworben hat. Allein es sei doch auch meiner Philosophie erlaubt, zu zweifeln, daß, wie auch die buchstäblichen Worte der Schrift lauten mögen, es wahrhaft in dem Sinne und Geiste des höchsten Lehrers der Menschheit habe liegen können, ein hör- und sichtbares Richteramt auf Erden über die inneren moralischen Unthaten und Sünden der Menschen oder für diejenigen, die zu dem Messiasreiche gehören wollten, aufstellen zu wollen. Christus spricht freilich, wie es auch die Moral und Religion mit sich bringt, von den noch größeren Sünden des inneren Menschen und daß diese noch weit mehr und härter bestraft werden möchten als die Vergehen und Verbrechen der äußern Welt, über welche das weltliche Tribunal richtet. Aber Christus war und mußte meiner Ueberzeugung nach weit entfernt sein, ein wirkliches geistliches Gericht „— eine messianische äußere Obrigkeit —" aufstellen zu wollen, welches auf eine sichtbare Weise über die Sünden der Menschen urtheilte und dieselben strafte, und eben so weit entfernt sein, das gewöhnliche Wiedervergeltungsrecht, welches nach dem Mosaismus bestand, zu billigen oder gut zu heißen. Beides widersteht dem innern Wesen der Christuslehre, der christlichen Religion. Die Christusreligion ist die unsichtbare heilige Macht vom Himmel, die nicht mit dem Schwerdte, sondern mit dem Worte, nicht mit dem Worte, sondern mit dem Geiste richtet.

Und so beschließe ich die Reihe von Untersuchungen, unter welchen die meinigen nur die geringsten Beiträge sind, mit den Worten eines seiner und meiner Freunde. „Aber so wahr „hiermit das Recht der Justitz zu strafen, um zu strafen und „nicht blos um zu bessern oder zu schützen, als begründet her„vortritt; so wahr haftet aber auch eine heilige Pflicht der „Selbstbeschränkung und weiser Mäßigung auf ihr. Da „nämlich der Mensch immerhin nicht anders handeln konnte „als er nun einmal gehandelt hat; da er den wirklichen Frei„heitssinn in ihm, nur in Folge seines verfinsterten Verstandes „und ihm beigebrachter schädlicher Neigungen, beleidigte, welche „dem wahrhaft Guten im Scheingut als Motiv zur ver„brecherischen Handlung unterschoben, so ergeben sich von selbst „die Schranken, welche der menschlichen Justiz gesetzt sind; „und wenn sie sich nicht selbst entweihen und an der Mensch„heit versündigen soll, so muß fürwahr Humanität und weise „Mäßigung, wie sie schwache Sterbliche ziert, mit Verbannung „aller sinnlichen Rachlust gegen Unglückliche, die das noth„wendige Werkzeug des Schicksals sein müssen, — sich glück„lich paaren mit dem Ernste, welchen der beleidigte Freiheits„sinn des Volkes wie des Verbrechers erheischt. Jetzt wird „die Bestrafung von Seiten der Justiz sich darauf beschrän„ken müssen, das Unheil, welches der Verbrecher angerichtet, „zwar so viel möglich auf sein eigenes Haupt zurück fallen

„zu machen; aber immer mit gewissenhafter Berücksichtigung „des in ihm schlummernden, nur nicht gehörig entwickelten, „angebornen göttlichen Triebes zum Guten, welcher, gehörig „gepflegt, zur Besserung des Verbrechers so gewiß führen „muß, als gewiß er als Mensch auch am universellen Cha„racter der Menschheit participirt. — Kann jetzt der Staat „noch das Recht haben, am Leben zu strafen"? „Groos über die geistige Natur des Menschen."

Mögen die bisher angestellten Untersuchungen zur Wahrheit führen, die Rechte der Menschheit aufklären und Jahrhunderte herbeiführen, in welchen mildere Sitte, ein milderes Strafrecht die Menschheit beglückt! Es liegt in dem Gange der Weltbegebenheiten, daß unter dem Beistande der Vorsehung die Sonne der Aufklärung immer mehr ihre erwärmenden und erhellenden Strahlen dem Menschengeschlechte zusendet! —

XII.

Nachtrag.

Begriff des christlichen Strafrechts.

Nur erst später wurde ich mit einer Recension, des Heinrothschen Werks über die Criminal-Psychologie, von Herrn Göschel bekannt, die sich in den „Jahrbüchern für wissenschaftliche Critik, Berlin, 1834. Juli, Nr. 14." befindet. In derselben ist folgende Stelle, die namentlich mich betrifft und der ich eine kurze Erwiderung oder Antwort schuldig zu sein glaube, da der Begriff, welchen ich mit einem christlichen oder vernunftgemäßen Strafrechte verbinde, weit verschieden ist von denjenigen Ansichten, welche das Strafrecht nur mystificiren oder zu einer orthodoxen dogmatischen Lehre von Sünde und Versöhnung zurückführen. Wenn eine jede Wissenschaft, so sehr sie sich auch auf Principien der Vernunft gründet, doch einer zeitgemäßen Entwickelung unterworfen ist, so steht auch das Strafrecht, wie es bisher in den Gerichtshöfen gegolten hat, unter solchen geschichtlichen Einflüssen, und es darf daher nicht vornehm thun, auf eine unbedingte Geltung Anspruch zu machen, oder sich auf seinem alterthümlichen Standpunkte behaupten zu wollen. Denn gerade das Strafrecht bedarf einer solchen vernunftgemäßen Reform, da es bisher nur bei allen verschiedenen Auslegungen und

Theorieen mehr oder weniger auf positiven vorgeschriebenen Gesetzformen ruhete. Wenn auch die Straf-Erkenntnisse sich in der Praxis oder in einzelnen Fällen nach Zeit und Umständen milderten, so war und blieb immer das vorgeschriebene Strafgesetz eine unbedingte und höchste Richtschnur für das zu fällende Urtheil. Ein Satz, den die Jurisprudenz um desto weniger abstreiten kann, je mehr sie sich immer als abgeschlossene Doctrin, wider welche keine Einrede sei, zu behaupten suchte. So ging es dieser Wissenschaft in ihren positiven Gesetzformen wie einer verwandten Wissenschaft, die über überzeitliche Dinge richtet oder richten wollte, nämlich der Theologie und ihren kirchlichen Dogmen. Nur nach und nach läuterten und erhellten sich die Urtheile, und die Grenzen der Wissenschaft waren nicht so fest und geschlossen, daß nicht nach und nach Strahlen des Lichtes die dunklen Schatten oder die Finsterniß in ihr hätte vertreiben sollen. Doch die Stelle der Recension, von welcher wir oben Erwähnung thaten, und die in genauer Beziehung mit einer möglichen und nothwendigen Aufklärung des Strafrechts steht, lautet folgendermaßen: „Wenn nun auch in der allgemeinen Ansicht „von Recht, Verbrechen und Strafe so wenig als in der psy„chologischen Seite des Strafrechts für die Wissenschaft Neues „aus dem Heinrothischen Werke zu fördern sein möchte: so „bleibt doch dem Verfasser das Verdienst einer warmen und „anschaulichen Darstellung, so wie einer allerdings nöthigen „Erinnerung und Einschärfung, wodurch das psychologische „Moment zwar nicht erst erweckt wird, — denn dieses ist in „unsern Gerichtshöfen nur zu sehr vorherrschend, — aber fe„stere Richtung und Anleitung erhält. So wird namentlich „der einseitige Gebrauch einzelner psychologischer Momente zur „Beschönigung und Entschuldigung der Verbrechen und die „Manie für die Monomanieen scharf gerügt, während positiv „die psychologische Aufstellung in der Totalität der Erschei„nung herausgestellt und der Weg dazu durch die Festhaltung „der christlichen Ansicht von der Sünde durch kräf-

„tige Durchführung des ganzen Begriffs von Ver„brechen und Strafe gesichert wird. Dieser Sinn der „Wahrheit und des Glaubens, in welchem hier das Recht „überhaupt aufgefaßt wird, verdient eine volle Aner„kennung und Beherzigung. Wenn der Verfasser das „Recht aus der allgemeinen Vernunft, die sich im Willen „manifestirt und zum Begriffe der Persönlichkeit führt, die „Rechtspflege aus dem Bewußtsein ableitet, das Criminalrecht „auf die Theorie des Bösen zurückführt: so erhalten wir da„mit dankenswerthe Erinnerungen und Mahnungen, welche „ebensowohl an der Zeit sind, als mit der Aufgabe der Schrift „in Verbindung stehen; denn wonach will auch der mensch„liche Richter urtheilen, als nach dem Gesetze des eignen Be„wußtseins, welches er in dem Bewußtsein des Verbrechers „wiederfindet und hiemit als objectiv erkennt. Ebenso werden „die einzelnen geistreichen Beobachtungen und Erfahrungen, „die tiefen Blicke in die verborgenen Winkel des menschlichen „Herzens nur heilsam und ersprießlich sein, wenn auch der „Verfasser nach seinem eigenen Bekenntniß als ein Laie in „ein fremdes Gebiet sich gewagt hat, dessen gegenwärtige wis„senschaftliche Vorschritte ihm unbekannt geblieben sind. Dies „kann aber um so weniger releviren, als die Feuerbach„schen und Grohmannschen Theorieen, gegen welche er „ankämpft, wenigstens in der Praxis und in der Bücherwelt „ihre Geltung allerdings noch bekunden, daher sich auch der „Verfasser bewogen gefunden hat, auch außer dieser Schrift „schon im ersten diesjährigen Hefte der Hitzigschen Zeitschrift „gegen Grohmanns neueste Schrift wider die To„desstrafe weiter auszulassen u. s. w." —

Was dieses letztere betrifft, nämlich das Urtheil, welches Herr Dr. Heinroth meiner Ueberzeugung von dem Unrechte der Todesstrafe in jener genannten Zeitschrift, wie auch in seiner Criminalpsychologie entgegensetzte, so wird der Leser wohl so unparteiisch sein, auch meine „Mittheilungen, Heidelberg bei Groos," in welchen ich die Sündentheorie eines mystischen Strafrechts beleuchtete, zu vergleichen, um so zu einem Resultate zu kommen, von welchem Vernunftbegriffe ein vernunftgemäßes Strafrecht auszugehen habe. Herr Göschel bringt meine Ansichten von der nothwendigen Aufklärung des Strafrechts mit der Feuerbach'schen Theorie des psychologischen Zwanges in eine Verbindung, die durchaus unwahr und falsch ist. Mein Bestreben war nicht, der Feuerbachschen Theorie noch mehr Geltung zu verschaffen, sondern sie vielmehr als eine unrechtmäßige und vernunftwidrige Theorie aus den Gerichtshöfen zu verdrängen. Mein Bestreben war in dieser Hinsicht ein doppeltes; erstlich in gerichtärztlicher Beziehung zu zeigen, zu welchem Terrorismus von Willkührlichkeiten ein solches System, über Hals und Kopf Bluturtheile zu fällen, hinführe. Denn die Maxime des psychologischen Zwanges enthält nur auch willkührliche Maximen. Ein anderes Bestreben war, dem Vernunftrechte nach zu zeigen, wie wenig das Feuerbach'sche Princip dem Begriffe des Rechts entsprach. Denn es setzt die Strafe und die Rechtfertigung derselben in einen äußeren Zweck, da bei Vernunftbegriffen nur von inneren Zwecken und von solchen Bestimmungen, die sich unmittelbar und nothwendig aus dem Begriffe ergeben, die Rede sein kann. Eben daher ist auch, wie ich gezeigt habe, die mögliche Besserung nicht ein äußerer Zweck irgend einer Strafbestimmung, sondern inneres nothwendiges Merkmal, welches mit dem Wesen der Strafe als eines Vernunftzwanges durch Freiheit verbunden ist. Wie willkührlich und zugleich terroristisch die Feuerbach'sche Straftheorie zu Werke geht, zeigen ja die von ihm herausgegebenen Criminalfälle; und mein erstes und vornehmstes Bestreben war daher, theils aus den gerichtsärztlichen, theils juridischen höchsten Erkenntnissen über Leben und Tod den Einfluß einer Theorie zu verbannen, den ein aufgeklärtes und gerechtes Vernunftrecht fernerhin nicht billigen konnte. Dies geschah nun theils auf dem Wege der Psychologie, welche durch tiefere Forschungen die alten Formen der gerichtärztlichen Dogmen, die einseitigen und rohen Ansichten derselben zu stürzen suchte und wo sich nothwendig auch ein reineres Licht über die so wichtige und zweifelhafte Lehre von Imputation, Freiheit und Schuld verbreitete, theils unmittelbar durch den Begriff des Rechts und durch eine Läuterung und Verdrängung der bisherigen Strafrechtstheorieen, die nur eine gewisse äußere philosophische Form hatten, ohne mit dem Vernunftbegriffe des Rechts und einer wahrhaft philosophischen Begründung übereinzustimmen. Die Bemühungen der neuern Psychologie sind auf keine Weise durch die scherzhafte Bezeichnung der Manie für die Monomanieen zurückzuweisen. Die Wissenschaft läßt sich durch solche Scherze einer weniger kundigen Einsicht nicht abhalten, ihren ernsten Weg zu gehen und der Natur in ihren so vielseitigen Einflüssen nachzuspüren, da bei aller scheinbaren Integrität des Seelenlebens dennoch dasselbe in einzelnen Verzweigungen und Willensrichtungen krankhaft gestört oder gehemmt sein kann. Und das ist eben die neue große Bereicherung der Seelenkunde, nicht nur den Irren an den gleichsam offenbaren Wahnwitz zu erkennen, sondern auch die einzelnen mehr verborgenen und transitorischen Krankheitszustände zu beachten, wo, sowohl somatisch als psychisch bedingt, der Wille nicht mehr frei zu handeln im Stande ist, sondern instinctartig und thierisch den nothwendigen Beziehungen des Körpers und des krankhaften Triebes folgt. Eben so ungerecht urtheilen nun auch die Herren Heinroth und Göschel, wenn beide eine Berichtigung der psychologischen und gerichtsärztlichen Forschung in der Aufsuchung totaler Erscheinungen oder in der Auffassung des Gesammtlebens zu finden wähnen. Denn wie viele sowohl somatische als psychische Krankheitsformen giebt es nicht, deren Wesen und Dasein sich nur in einzelnen, nur für den geübten Blick sichtbaren Momenten zu erkennen geben, wie dies namentlich und ganz besonders in so vielen Seelenkrankheiten der Fall ist, durch welche unfreie und verbrecherische Willensbezeugungen bestimmt und motivirt werden. Wir wissen wohl, daß eine positive Rechtswissenschaft gern solche Aufklärungen einer Medicina forensis abweist. Aber das ist eben das Uebel der alten Zeit, sich gegen das Neuere und Bessere zu stemmen, um nicht in dem Ruhelager von Gewohnheiten und positiven Vorschriften gestört zu werden. In jener Stelle ist außer andern Ausstellungen, zu welchen sie Veranlassung giebt, besonders auch das beifällige Urtheil zu tadeln, mit welchem einer Criminal-Psychologie, die das ganze Rechtsprincip, um offen und freimüthig zu sprechen, verdreht, und in das Vernunftrecht ein altes orthodoxes Dogma von Sünde, die mit dem Schwerdte gerichtet werden müsse, einführt, auf eine so unphilosophische Weise gehuldiget wird. So sehr wir den Scharfsinn, die philosophischen Bemühungen Herrn Göschel's, der Hegelschen Philosophie Eingang in das Leben zu verschaffen, an sich ehren: finden wir doch in diesen Bemühungen wie in der ganzen Hegelschen Philosophie die größte Einseitigkeit und Befangenheit. Und aus einer solchen Befangenheit entstehet nun auch das Urtheil, in welchem der Recensent Herrn Heinroth belobt, daß dieser durch eine Festhaltung der christlichen Ansicht von der Sünde und durch eine kräftige Durchführung dieses ganzen Begriffs die Lehre von Verbrechen und Strafe mehr gesichert habe. Es liegt in diesem Urtheile eine ganz falsche Ansicht der Rechtswissenschaft, die mit dem Begriff der Sünde gar nichts zu thun hat, denn sie würde dann nur in ein Gebiet hinüberschweifen, welches ihr nicht angehört, nämlich in das der Moral. Die Rechtsbegriffe sind von den Begriffen der Sittenlehre genau zu trennen, wenn nicht die Rechtswissenschaft sich Urtheile anmaßen will, die ihr gar nicht angehören, nämlich über das Gewissen und die innere Gesinnung. Stammen auch Moral und Recht aus einer und derselben Wurzel, aus der Vernunft, so sind doch beide streng geschieden, denn die erstere ist die Gesetzgebung für die Gesinnung, die zweite für die Legalität der Handlung oder der That. Möchten wir lieber alle jene falschen Theorieen, auf welche bisher das Strafrecht basirt war, jene Theorieen der mechanischen Wiedervergeltung, der Abschreckung, Prävention, des psychologischen Zwanges u. s. w. zurückrufen, als zu der neuen und neuesten Theorie unsere Stimme geben, welche das Strafrecht auf die Theorie des Bösen zurückführt und eine Gerechtigkeit geltend machen will, die nur finstern Jahrhunderten einer unerleuchteten Vernunft angehört. Denn eine solche Gerechtigkeit ist keine andere, als eben jene mechanische, wo Gleiches mit Gleichem vergolten, Unrecht zum Rechte, das Wesen der Schuld und des Verbrechens durch eine Rache an sich selbst zur Sühne oder Buße werden soll. Wir können daher in jene dankenswerthen Erinnerungen und Mahnungen der Herren Heinroth und Göschel nicht einstimmen, die Rechtspflege auf eine Theorie des Bösen zu gründen oder die Sünde überhaupt zum Maaßstabe der zu beurtheilenden und zu bestrafenden Verbrechen zu nehmen; wir finden eine große Uebereilung in jener Aussage, daß durch den Gebrauch von einzelnen psychologischen Momenten Verbrechen hätten beschöniget oder entschuldigt werden sollen. Die Psychologie hat nur ihrem Amte gemäß gehandelt, ihre Forschungen auf die Gerichtspflege anzuwenden und eine belehrende Mahnerin zu werden, nicht nach blos allgemeinen oder totalen Ansichten über Schuld und Zurechnung zu urtheilen, sondern auch die einzelnen psychologischen Momente genau zu beachten, welche jenen allgemeinen, oft nur zu oberflächlichen Ansichten einen ganz andern, ja entgegengesetzten Ausschlag geben. Wir vertheidigen hiermit nicht einen einseitigen Gebrauch einzelner psychischer Erscheinungen zur Beschönigung von Verbrechen. Aber wir behaupten, daß es in den Gerichtsacten viele — viele Beispiele von Justizmorden giebt, wo die einzelnen entscheidenden Momente in dem psychischen Leben des Verbrechers übersehen worden, und wo der Verbrecher, der unter dem Schwerdte starb, nur zur Heilung und Fürsorge in einer Irrenanstalt hätte eine Stelle finden sollen.

Das Strafrecht, wenn es sich als Wissenschaft begründen und behaupten, und nicht blos zwischen willkührlichen Zwekken und Maximen wechseln will, muß aus dem Begriffe des Vernunftrechts hervorgehen, wie dieser Begriff auch nur seine bleibende, seine heilige Stätte in der Vernunftfreiheit oder in der Persönlichkeit des Menschen hat. Wie Vernunftfreiheit und moralische Nöthigung für das Gebiet der innern Gesinnung nothwendige Correlate sind, und wie Pflicht und Gewissenstrafe eine gegenseitige innere Beziehung haben, so sind Vernunftfreiheit und Rechtszwang auch solche nothwendig sich auf einander beziehende Begriffe für die Bestimmungen und äußeren Folgen des Rechts. Wie sich jene Gewissenstrafe unmittelbar aus dem Bewußtsein der vernachläßigten moralischen Pflicht ergiebt; so ergiebt sich auch der Rechtszwang oder die Rechtsstrafe unmittelbar aus dem Bewußtsein einer beleidigten oder verletzten Rechtspflicht. Und Strafe ist für dieses und jenes Gebiet in dem Grade mit dem Wesen der Vernunftfreiheit identisch, daß die Strafe nur die Reaction der Vernunftfreiheit zu ihrer eigenen Wiederherstellung und ewigen Gültigkeit ist. Der Rechtszwang, welcher als Strafe eintritt gegen Verletzungen des Rechts, ist und wird eben dadurch zur Strafe, daß der Verbrecher oder Schuldige, der wider das Gesetz, wider die Vernunftfreiheit handelte, gleichsam bevormundet, durch die Macht des Staats unter jenes Gesetz der Freiheit gestellt wird, daß er durch den zu erleidenden Zwang die allgemein gültige Wiederherstellung der Vernunftfreiheit bewähren und erweisen muß. Jede Rechtsstrafe ist nur dann rechtmäßig, wenn sie sich nicht allein aus dem Begriffe der Vernunftfreiheit ergiebt, sondern eben dieselbe in ihre Rechte als ein ewig gültiges Rechtsgesetz einsetzt. So wird die Freiheit in dem Verbrecher, der sich durch seine That als unfrei und schuldig erwieß, in seinem ewigen Rechte der Vernunftfreiheit geachtet und geehrt, denn er leidet unter der Strafe nur wie unter dem Zwange seiner eigenen Freiheit. Die Vernunftfreiheit als Zwang gegen Rechtverletzungen dietirte ihm selbst die Strafe, um der Freiheit dasjenige, was sie ist, und was er für sie sein soll, zu erweisen. Die Rechtsstrafe, wenn sie mit dem Vernunftrechten, mit der Persönlichkeit des Menschen übereinkommen soll, kann und darf nicht andres, als die Action der Vernunft in sich selbst sein, sich unter ihr eigenes Gesetz zu stellen und das nun wieder zu ergänzen, was sie in der Rechtverletzung verschuldete. Dieser Rechtszwang oder diese Rechtsstrafe, in wiefern sie ein Correlat der Vernunfsfreiheit ist, erweiset, äußert sich durch denjenigen Antheil des Menschen, welcher seine höhere Persönlichkeit selbst erweiset, seine Vernunftfreiheit nämlich darzustellen in einem geordneten Gang des Lebens, durch Arbeit, äußere Zucht, durch sociales Verhältniß und gerechtes Zutrauen sich als Mitglied des Staats zu bewähren, um so selbst bei der Strafe, die er als Schuldiger erleidet, sein unveräußerliches Recht als Mitglied des Staats zu behaupten. Denn der Staat wird nicht geboren, sondern er ist ewig; und auch der Mensch, so wie er in den Kreis der Erscheinungen auftritt, bringt die ewigen Rechte der Vernunft und des Staats mit sich. Kein Mensch kann und darf sich des Staats entäußern, eben so wenig wie sich der Staat des einzelnen Menschen oder des Verbrechers entäußern darf; denn auch in dem Verbrecher sind die ewigen Gesetze der Persönlichkeit nicht erstorben. Das Moment der möglichen Besserung liegt nun zwar nicht als Zweck, aber doch, wie es der Vernunftbegriff der Strafe mit sich bringt, als inneres Merkmal in dem Bezirke des Begriffs selbst. Denn die Vernunftfreiheit, die als Zwang straft oder in dem Verbrecher durch einen solchen rechtmäßigen Zwang gestraft wird, schließt ja selbst schon den Begriff des Guten und Rechten in sich. So muß also ein künftiges zu erwartendes besseres Strafrecht als Theorie oder Gesetzgebung sich dadurch wesentlich von der bisherigen Praxis der Theorieen unterscheiden, daß sie nicht, wie diese, statt der Macht des Zwanges nur das Material der Gewalt gebraucht, Stock und Prügel als Rechtsregel annimmt, sich nicht an Leib und Leben vergeht, sondern diese ewigen Rechte des persönlichen Daseins ehrt, und sie nur durch die Strafe unter die höhere Macht, unter den Zwang der Vernunftfreiheit stellt. Es verschwindet und muß dann auch in den Strafgesetzbüchern das ominöse Wort von peinlichen Strafen und sinnlichen oder körperlichen Strafübeln verschwinden. Denn eben dieser Ausdruck der Pein und der Gewalt der Strafübel erinnert an das frühere, rohe Alterthum, wo die Gerechtigkeit noch keinen andern Begriff hatte, als Schlag auf Schlag, oder wohl gar durch noch härtere und grausamere Strafen, grausam die grausamsten Verbrechen zu überbieten. Denn eine solche Ueberbietung erscheint — wer könnte es läugnen — gar nicht selten in den sonstigen sogenannten Beispielen, wo der Verbrecher vor der Hinrichtung durch Qualen zu Tode gemartert wurde. Der Staat ist die heilige Majestät der Macht, die erhaben ist über den Naturzustand der rohen Gewalt. Sie soll Gewaltthaten entfernen und nicht durch Gewaltthaten strafen, sie soll der sinnlichen Natur des Menschen gleichsam ihre Gewalt abgewöhnen und die Rechtsverletzung zum Zwange des Gesetzes zurückführen; so nur entsteht dann ein vernunftgemäßes und christliches Strafrecht, welches mit den Gesetzen des Rechts, mit den Urrechten der Persönlichkeit, mit den Grundsätzen der Moral und einer höheren Rücksicht auf Religion in Einklang kommt. Der Begriff einer solchen Rechtsstrafe, wie wir ihn hier wiederholt aufstellen, ist eben der Begriff der geläuterten und läuternden Gerechtigkeit. Es ist nicht jene rohe Wiedervergeltung Gleiches um Gleiches, nicht jener erzwungene und wie durch Noth hervorgekünstelte Begriff der Hegel'schen Philosophie, Unrecht zum Recht, das Unrecht der Negation zu einem Rechte der Affirmation zu machen und so gleichsam eine schwarze Wand durch ein schwarzes Uebertünchen weiß machen zu wollen; sondern es ist der höhere übergreifende Gedanke, die Gewaltthaten der sinnlichen Willkühr des Menschen dadurch zu strafen, dadurch Gerechtigkeit und vernunftgemäße Wiedervergeltung zu üben, daß der Rechtszwang mit seiner Freiheit sich gegen die Uebelthat wendet und den Menschen die heilige Macht der Vernunft fühlen läßt. Nur ein solches Strafrecht, gegründet auf ein solches Princip der Vernunft, können wir uns als menschlich, erlaubt und rechtmäßig denken und jedes andere Strafrecht ist uns ein Zeichen der Noth, der früheren Welt ein Unrecht, an dessen Begriffe sich der edlere und der gerechte Begriff der Strafe herauf bilden mußte. Ein solches Strafrecht können und dürfen wir nun in vollem Sinne des Wortes ein christliches nennen, weil es nicht von einen dogmatischen, übelverstandenen Begriffe, wo Sünde oder Erbsünde, von einer ewigen Schuld des Menschengeschlechts, nicht von dem alten mystificirenden Begriffe des Bösen ausgeht, sondern, diese irrationalen Sehereien bei Seite legend, von dem reinen menschlichen Begriffe der allgemeinen Vernunfteinsicht und einer unläugbaren Vernunftfreiheit sich entwickelt. Welche große Uebelstände herrschen nicht immer noch in der bisherigen Strafgesetzgebung, so sehr sie sich auch im Verhältniß zu den früheren Formen vereinfacht und gemildert hat? Welche Verschiedenheit immer noch in der Beurtheilung und Bestimmung des Strafmaaßes! Während von dem einen Gerichtshofe auf einen Diebstahl acht Jahre Zuchthaus zuerkannt werden, wird von einem andern Tribunale dieses Urtel zu 3,4 Wochen Gefängniß motivirt. Wenn die bisherige Strafgesetzgebung nicht anders glaubte, der Gerechtigkeit Genüge zu thun, als gleichsam durch eine mathematische Rechnung bis auf die kleinsten Theile, welche Strafmessung auf irgend eine Schuld oder ein Verbrechen zu setzen sei; so verband sich mit dieser Gewissenhaftigkeit, nach einem äußeren Maasstabe ungleiche Größen zu berechnen, auch die Gefahr und die wirkliche Ungerechtigkeit, solche irrationale, ungleiche Größen gar nicht berechnen zu können. Wenn das bisherige Strafsystem die Strafen nur nach sinnlichen Schmerz, nach den äußern Wunden, die sie schlugen, bestimmte und vertheilte: so reizte sie eben dadurch den Widerstand, den Unwillen, die Rache des menschlichen Gefühls, auf, daß der Mensch nur als sinnliches Werkzeug genommen, nicht nach seinem inneren Werthe, nach seiner Persönlichkeit gewürdiget und gerichtet wurde. Die Strafe konnte nur verwildern, und, wie die Erfahrung lehrte, den Verbrecher nur noch böswilliger und zur Widerholung seiner Missethaten geneigter machen. Wenn die bisherigen strafrechtlichen Erkenntniße über Leben und Tod dadurch die Gerechkeit vollkommen zu erfüllen glaubten, daß sie die Sache des Verbrechers einer Defention übergaben, welche das Verhältniß von Schuld, Imputation, Strafe nach den kleinsten Theilen aufzufinden suchte; so übergaben sie zugleich das Rechtsgefühl einer Unmöglichkeit, wenigstens einem sehr ungewissen problematischen Urtheile. Denn wie können innere unsichtbare Größen mathematisch berechnet werden! So fiel sich die Strafgerechtigkeit selbst zur Last, ihre Klagen waren ihre eigenen Verschuldungen, die Strafen halfen nichts, sondern sie verschlechterten, die Zuchthäuser waren bei den Jahrlangen Büßungen der Verbrecher selbst auf kleinere Verschuldungen vollgepfropft und man klagte nun über die Verwilderung der Sitten, aber nicht über die Verkehrtheit des Strafsystems; man mühete sich ab in minutiösen Berechnungen der Gewissenhaftigkeit, bis zu welchen Zollen die Strafe ertheilt werden sollte, und doch konnte eben bei dieser Berechnung die Strafgerechtigkeit, bei diesem ihren einseitigen oder mechanischen Standpunkte, dem Vorwurfe der beleidigten Menschheit nicht entgehen, den Verbrecher unter einer Strafe haben leiden zu lassen, die das Leben verkürzte, die Gesundheit des Körpers zu einem lebenslänglichen Siechthume herabsetzte. Es konnte nichts helfen, daß menschenfreundliche Hülfe in die Kerker drang, den Uebelständen, Mißgriffen, Ungerechtigkeiten zu wehren; es konnte nicht genug sein, daß man Hand an ein altes morsches Gebäude eines Strafsystems legte, es hie und da zu bessern oder Stützen anzulegen. Das ganze Strafsystem mußte sich in sich selbst bessern, — und das ist eben die große Aufgabe der Zeit und des Geistes, — es muß eine totale Reform in sich selbst vornehmen, um die schreiende Gewalt früherer Strafübel zu verdrängen; jene Gewalt der rohen Natur, der sinnlichen Strafen zu einen höheren und gerechten Zwange zu veredeln, der nicht sowohl gegen den Körper, gegen das äußere sinnliche Leben, als vielmehr gegen die Willkühr der Rechtsverletzung in dem Verbrechen gerichtet ist. Die Rechtsstrafe wird die äußere Gewalthabung nicht als Zweck, sondern nur als begleitendes Mittel ansehen, um den Zwang, der Freiheit Eingang zu verschaffen und ihm gleichsam zur Noth eine äußere Schildwache beizugeben. Nicht die Gewalt kehrt sich gegen den Verbrecher, sondern der Rechtszwang, der eben so wenig wie der Staat etwa auf einen äußeren Vertrag gegründet ist, sondern seine gesetzlichen und ewigen Bestimmungen in der menschlichen Vernunft und dem Rechtsgefühle eines jeden Menschen hat. Man sagt so oft, das Strafsystem könne nur dann erst milder werden, wenn sich die Verbrechen minderten und nicht das äußere verbrecherische Leben zur Nothwendigkeit harter Strafen aufforderte. Aber man bedenkt nicht bei dieser Vertheidigung eines harten Strafsystems, erstlich welchen nachtheiligen Einfluß eine solche Härte auf das Leben und besonders das ungebildete Volk hat. Denn dieses setzt dann gern großen Strafen auch große Verbrechen entgegen. Ein solches harte Strafsystem achtet nicht das jedem Menschen eingeborne Gefühl des Rechts; eine solche Strafgerechtigkeit entwürdiget sich selbst, indem sie dem Staate das Ansehen einer Zwings-Herrschaft, das Ansehen eines widrigen sinnlichen Uebels giebt. Von einem vernunftgemäßen Strafsysteme wird die Gewalt eines sinnlichen Strafübels nur in dem äußersten Falle, wenn der Rechtszwang nichts mehr vermag, angewendet werden. Diese sinnliche Gewalt wird nicht gebraucht oder gemißbraucht werden, den Verbrecher, den Schuldigen zu vernichten, sondern seine Willkühr zu zügeln, um den Rechtszwang an ihn zu vollstrecken; es wird selbst in dem Falle des Nothrechts die Gewalt nur als das letzte Mittel anerkennen, um durch die Noth des gerechten Krieges den Frieden, den vernunftmäßigen Zwang der Freiheit herbeizuführen. Die vernunftgemäße Strafe wird so viel wie möglich das äußere Strafmaaß abkürzen und gelinden Strafen den Vorzug vor sinnlichen und harten Maaßregeln geben; denn jene Strafe richtet sich an den intelligiblen Zwang der menschlichen Vernunft, sie ist selbst ein solcher Zwang, indem sie durch denselben gegen Rechtsverletzungen die Willkühr zur Achtung der unschätzbaren Güter des menschlichen Lebens zurückführt, so daß die Rechtsstrafe dann ein rechtmäßiger Rechtszwang und dieser Zwang der Erweis der äußern Vernunftfreiheit ist, sich nach Rechtsverletzungen wieder herzustellen, oder was die Willkühr verschuldete und verbrach, durch die Rückkehr zur Rechtsfreiheit zu versöhnen.

Unsere Einwendungen gegen das bisherige Strafsystem sind nicht blos auf die Abwendung und Abolition der Todesstrafe, sondern auch auf die innere nothwendige Reform des ganzen Strafsystems gerichtet, daß sich dieses veredele und zu einem Princip erhebe, welches den Menschen nicht nach äußeren Zwecken, sondern nach der ewigen Gesetzgebung der Vernunft schätze. Wir haben früher unsere Ueberzeugung gegen die Feuerbach'sche Straftheorie ausgesprochen und wir haben hier in Beziehung auf die Verbindung, in welche uns Herr Göschel mit Herrn Feuerbach setzte, die große Genugthuung, hier mitzutheilen, daß dieser Rechtsgelehrte selbst am Ende sich zu meiner Ueberzeugung wandte, daß die Todesstrafe als unrechtmäßiges Strafmittel abzuschaffen sei.

Die Moral und die christliche Religion, wenn sie auch nicht unmittelbar eine Gesetzgebung des äußeren Rechts sind, sind doch, daß wir uns so ausdrücken, die Schutzherren, die Anwalde dieser ganzen äußeren Macht. Alles was in dem Rechte auftritt, muß den Grundsätzen der Moral, den Lehren einer reinen Religion entsprechen; eine solche reine menschliche Religion beurtheilt den Menschen selbst in seinen großen und größten Verschuldungen nur nach dem Maaßstabe der Milde und daß die menschliche Natur eine sehr gebrechliche ist. Sie vertreibt nicht den menschlichen gebrechlichen Geist aus dem menschlichen gebrechlichen Körper und theilt nicht so vor der Zeit das hienieden untheilbare von Seele und Leben in dem menschlichen Körper, sondern sucht zu vergeistigen, zu bessern, zur höhern Freiheit hinaufzuführen. Und so, glauben wir, würde auch nur ein solches Strafsystem den Namen eines christlichen verdienen, welches Achtung vor den ewigen Rechten der menschlichen Persönlichkeit hat, nicht eher Körper und Geist zu scheiden, als bis der natürliche Tod die letzten Fäden und Banden zwischen dem Diesseits und Jenseits löset, daß die ewig versöhnende Strafe und Belohnung nur dem höchsten Richter über Leben und Tod überlassen bleibt.

Verschuldungen und Verbrechen werden unter dem Menschengeschlechte immer bleiben, denn sie gehen hervor aus der sinnverwandten Gebrechlichkeit des menschlichen Wesens, sie wurzeln selbst so oft in den äußern Veranlassungen des Lebens, der Sitte, der Noth, der Armuth und selbst in den Uebelständen und Fehlern des Staats. Die härtesten Strafen können diese Verbrechen nicht abwenden, vielmehr sind sie der Saame zu immer größeren Verbrechen. Aber auch ein milderes Strafsystem wird das Menschengeschlecht nicht vor Verschuldungen und Verbrechen sichern können — weil nun einmal das Zeitleben nur ein Versuch ist — aber es wird doch nun sich selbst zu einer edleren und höheren Ansicht des Rechts erhoben haben und seiner selbst, des Begriffs einer Vernunftwissenschaft, einer vernunftmäßigen Erkenntniß würdig sein.

XIII.

Letzter Nachtrag.

Landständische Verhandlung über die Aufhebung des hochnothpeinlichen Halsgerichts.

(Außerordentliche Beilage zur Leipziger Zeitung No. 517 den 3. November 1834.)

Dreihundert und sechste öffentliche Sitzung der ersten Kammer, am 9. October 1834.

Die Kammer wendet sich zum zweiten Gegenstande der heutigen Tagesordnung. Er betrifft die Berathung des Berichts der 3. Deputation der I. Kammer, über die an die I. Kammer der Ständeversammlung gerichtete Petition des Abg. v. Miltitz, eine veränderte Einrichtung bei Vollziehung der Todesstrafe betreffend.

Referent in dieser Angelegenheit ist Bürgermeister Hübler. Selbiger trägt den betreffenden Bericht vor, wie folgt:

Die vorliegende Petition läßt die früher bereits in der hohen Kammer in Anregung gebrachte Frage über Abschaffung der Todesstrafe völlig unberührt. Sie ist lediglich gegen die Art und Weise der Vollstreckung derselben, insonderheit gegen deren Vollstreckung vor der Volksmenge, mithin gegen deren Oeffentlichkeit gerichtet. Zu den Gründen, bemerkt der Herr Antragsteller, welche man für die Beibehaltung der Todesstrafe aufzustellen pflege, gehöre auch der, daß man hoffe, durch den Eindruck, den die öffentliche Vollziehung der Strafe machen werde, vom Verbrechen abzuhalten. Dieser Grund stehe jedoch auf sehr unsichern Boden, denn nicht die Furcht vor der Strafe, sondern die Scheu vor dem Vergehen selbst, solle unser Verhalten bestimmen, und es sei ein, der Religion sowohl als der Moral widersprechendes Unternehmen, durch dieses Mittel auf die Gemüther wirken zu wollen. Das Mittel habe sich dazu als erfolglos, ja als gefährlich bewiesen. Erfolglos, da sich nachweisen lassen werde, daß die große Mehrzahl der Verbrecher Zeuge von Hinrichtungen gewesen, gefährlich, da Fälle vorgekommen, wo Verbrechen bloß in der Hoffnung begangen worden, um durch die der Execution vorhergehenden und den Delinquenten bis zu seinem Tode begleitenden Dienste der Kirche, zum sichern Genuß der Seligkeit zu gelangen. Der Herr Antragsteller geht zu einer speciellen Schilderung der Uebelstände über, welche bei öffentlichen Hinrichtungen in der Regel statt zu finden pflegen, und kettet daran zu Beseitigung jener Nachtheile folgende Vorschläge: Man möge einen geschlossenen, gegen den Zudrang Unberufener wohlverwahrten, dem Gefängnisse möglichst nah gelegenen Raum wählen, dort die zu Zeugen erforderlichen Männer, z. B. die Stadtverordneten, Richter und Schöppen, eine Zahl Vorsteher öffentlicher Anstalten, Handwerksmeister, Familienväter u. s. w., kurz Personen versammeln, von denen sich erwarten lasse, daß sie auf das Volk wie auf die Ihrigen wohlthätig wirken könnten und wollten. Daselbst möge von einem Kirchen- oder Staatsdiener zu der Versammlung das Nöthige zur Belehrung über das Strafrecht des Staates und über die Pflicht es auszuüben, besonders in Beziehung auf den gegenwärtigen Fall gesprochen werden. Wolle der zu Bestrafende das Bekenntniß seiner Reue vor dieser achtbaren Versammlung ablegen, oder glaube man, daß seine letzten Aeußerungen noch zu Entdeckung etwaiger Theilnehmer seiner Verbrechen führen könnten, so möge man auch ihm das Wort vergönnen. Dann aber möge die Vollstreckung schnell folgen, und der Raum, wo die Hinrichtung geschehen, den Neugierigen versperrt bleiben. Die Vorzüge dieses Verfahrens glaubt der Herr Antragsteller, abgesehen davon, daß die Kosten der Execution durch die vorgeschlagene Maaßregel sich vermindern würden, insonderheit zu finden: „Erstlich, in der Verstärkung des Eindrucks, mithin in der sichern Erreichung des beabsichtigten Zweckes; zweitens, in der erhöheten Würde der Handlung, die nun zu einer ernsten Feierlichkeit werde, während sie früher mehr das Ansehen eines, sogar die Unsittlichkeit fördernden Schauspiels gehabt habe. Drittens, in der Pflicht gegen den Leidenden, dessen Strafe durch die bisherige Einrichtung offenbar erschwert erscheine, und viertens, in der Verhinderung des bisherigen Unfugs, der in sittlicher, polizeilicher und wirthschaftlicher Hinsicht viel üble Folgen erzeugt habe." Um übrigens die Feier einer solchen Hinrichtung durch öffentliche Zeichen der Trauer zu erhöhen, und durch äußere wohlgewählte Mittel noch kräftiger auf die Gemüther einzuwirken, schlägt der Herr Antragsteller noch ferner vor: es möchte mit dem bei Begräbnissen gewöhnlichen Glockengeläute begonnen, das Schließen der Kaufläden während der Execution veranlaßt, der Augenblick der Hinrichtung durch Pulse bezeichnet, die Jugend in der Schule versammelt werden, und dort ernste Worte der Ermahnung und Warnung vernehmen. Es möchte endlich am Tage der Execution kein Schauspiel, kein Tanz, keine öffentliche Lustbarkeit verstattet werden.

Sein Schlußantrag ist dahin gerichtet: in Vereinigung mit der 2. Kammer bei der hohen Staatsregierung einen, die Abstellung der bisherigen Uebelstände bei Vollziehung der Todesstrafe bezweckenden Gesetzentwurf zu beantragen, zugleich aber den Wunsch auszusprechen, daß, bis solches geschehen könne, bei etwa inmittelst vorkommenden Fällen dem Bedürfnisse durch Verordnung genügt werden möchte.

Die Deputation kann sich nach gepflogener Berathung und nach Vernehmung mit dem Königlichen Herrn Commissar über den vorliegenden, der größten Beachtung werthen Gegenstand, dem Wunsche des Herrn Abgeordneten, v. Miltitz, für eine veränderte Einrichtung bei Vollziehung der Todesstrafe nur anschließen. Auch sie ist von der Nothwendigkeit einer zeitgemäßen Reform der mit Vollziehung der Todesstrafe in Sachsen verknüpften Förmlichkeiten und von der Nothwendigkeit der Entfernung der die letztern begleitenden Uebelstände — abgesehen von der dem Criminalgesetzbuche zu überlassenden Frage über das Fortbestehen der Todesstrafen — aufs innigste überzeugt. Nur die Motiven des Herrn Antragstellers vermag sie nicht ganz zu den ihrigen zu machen, und die Ansicht nicht zu theilen, daß namentlich die Oeffentlichkeit die eigentliche Quelle jener Uebelstände sei. Sie glaubt vielmehr, daß die Hauptnachtheile des fraglichen Verfahrens in den mit selbigem verknüpften, aus frühern Jahrhunderten auf uns fortgeerbten, schwache oder fanatische Gemüther gewaltsam in Anspruch nehmenden, den Verbrecher selbst ehrenden Förmlichkeiten gesucht werden müssen, und nach Beseitigung der letztern die von dem Herrn Antragsteller gerügten Uebelstände, so weit sie nicht von der Oeffentlichkeit des Actes der Hinrichtung selbst unzertrennlich sind, sich erledigen dürften. — Die nachstehenden Bemerkungen werden genügen, diese Ansicht zu rechtfertigen. Die Form, nach welcher in Sachsen die Todesstrafen vollstreckt zu werden pflegen, gründet sich hauptsächlich auf die Vorschriften der peinlichen Gerichtsordnung Kaiser Karl V. vom Jahre 1532. Ihr zufolge geht der Hinrichtung eine Feierlichkeit voran, die man das hochnothpeinliche Halsgericht nennt. P. G. O. Art. 78. 87. Sie vertrat die Stelle der Special-Inquisition, und war wohl eine Folge der Tortur, bei der man ein freies Geständniß nicht immer erwarten konnte. Sie galt gleichsam als Basis der zu vollziehenden Todesstrafe, indem sie die Lücken im Verfahren des Untersuchungsprozesses auszufüllen bestimmt war, den man damals als bloße summarische Verfahrungsweise und daher nur als eine Ausnahme von der Regel ansah. — Nach der peinlichen Gerichtsordnung soll das Halsgericht aus sieben bis acht Schöffen bestehen, die, gleich dem Richter, feierlich gekleidet, bei der Hegung des Gerichtes sitzen, und, wie die peinliche Gerichtsordnung sich ausdrückt, ehrsamlich sitzen bleiben, bis zu Ende der Sachen. Der Richter soll einen Stab oder ein Schwerdt als Symbol seiner richterlichen Gewalt in der Hand halten, das Volk mittelst einer Glocke zur Feier des peinlichen Gerichtes geladen werden. — Vergl. Art. 82. 84. Die Hegung des Gerichtes selbst und dessen Form ist beinahe durchgängig der Observanz eines jeden Ortes überlassen. — Es beginnt damit, daß vom Richter an die Schöffen verschiedene Fragen gerichtet werden, welche diese in bestimmten Formeln zu erwiedern haben. Der Inquisit, der in besonderer Kleidung, im sogenannten Sterbekleide, inmitten der Geistlichen erscheint, muß ebenfalls gewisse Fragen beantworten, worauf ihm dann das Todesurtheil bekannt gemacht und das Gericht unter gewissen Feierlichkeiten wieder aufgehoben wird. — Die letztern bestehen darin, daß der Richter zum Zeichen der Beendigung des Gerichts den Stab zerbricht, die Stücken von sich wirft, den Inquisiten dem Scharfrichter übergiebt und diesem, auf sein Ansuchen, das sogenannte sichere Geleite ertheilt. Vergl. Art. 96. 97. — Wie denn auch die Bänke, auf denen Richter und Schöffen gesessen, an manchen Orten, ebenfalls zum Zeichen, daß die Feier geendet, umgelegt oder umgeworfen werden. — Ueber die Art der Begleitung des Inquisiten zum Richtplatze bestimmt die peinliche Gerichtsordnung nichts. In der Regel begleiten ihn die Geistlichen zur Richtstätte, und an einigen Orten schließen sich sogar die Schullehrer und das singende Schülerchor zu besonderer Erbauung des Inquisiten dem Zuge an. — Der Act der Hinrichtung schließt mit der im 98. Artikel der peinlichen Gerichtsordnung vorgeschriebenen Anfrage des Scharfrichters an den Richter: ob er recht gerichtet? die der letztere in bestimmter Formel zu beantworten hat. — Es bedarf wohl keiner weitläuftigern Auseinandersetzung, daß eine Feier dieser Art den größten Uebelständen beizuzählen ist, welche in Sachsen noch an die Vollziehung der Todesstrafe sich knüpfen. — Sie ist im letzten Augenblicke der Vollstreckung unpassend und völlig zwecklos, sie ist für den Inquisiten ein Mittel, noch im letzten Momente des Criminalverfahrens einen muthwilligen Verzug herbeizuführen und darum zu Inconvenienzen führend; sie erzeugt endlich, durch ihre ehrende Form, in schwachen Gemüthern den Reiz zu einem ganz unpassenden Mitleide, ja zum Verbrechen selbst, als dem einzigen Mittel zu einem gleich ehrenden Tode. — Zwecklos erscheint sie, nachdem die Tortur aufgehört hat und weil das Vertrauen, welches man durch das öffentliche Geständniß des Angeklagten dem Gerichte und dem Untersuchungsverfahren zu geben suchte, heut zu Tage in anderer Weise, durch die geregelte Organisation der Behörden und des ganzen Untersuchungsverfahrens, durch das Bestehen mehrerer Instanzen und durch die wiederholte Bestellung von Defensoren vollständig erreicht wird. — Zum Mißbrauch führend erscheint ferner die Feier, weil, wenn der Inquisit bei Hegung des Halsgerichtes seine früheren wiederholten Geständnisse zurücknimmt und nun erst zu leugnen beginnt, das Gericht selbst aufgehoben werden muß und das schon gefällte Endurtheil, zum Behuf der nochmaligen Publication, nicht verlesen werden darf. Es ist dann ein neues Urtheil einzuholen, welches der Natur der Sache nach, bei den bekannten gesetzlichen Bestimmungen über den Widerruf eines Bekenntnisses, gewöhnlich bestätigend auszufallen pflegt und daher eine Wiederholung der ganzen Feier nothwendig macht. — Die Schädlichkeit der Feier endlich ist leider durch die Erfahrung bestätigt, daß reizbare Gemüther zu Capitalverbrechen sich hinreißen ließen, verführt von dem unseligen Wunsche, umgeben von jenen ehrenden Feierlichkeiten, von den Tröstungen der Kirche und der mitleidigen Theilnahme der Menge den Weg zum Tode anzutreten. — Man hat aus diesen Gründen das hochnothpeinliche Halsgericht in andern Staaten schon längst abgeschafft und mit andern, dem Geiste der Zeit, dem Zwecke und den Grundsätzen des Criminalrechts angemessenern Formen vertauscht. — Auch unserer Staatsregierung liegen, nach der der Deputation gemachten Mittheilung des königlichen Herrn Commissars, die Grundzüge zu einem Gesetzentwurfe vor, welcher zum Zweck hat, bis zum Erscheinen eines neuen Criminalgesetzbuchs, nicht nur die Strafe der Enthauptung, mit Ausnahme der Fälle, wo die Vorschriften des Militairstrafgesetzbuches v. J. 1822 §§. 18. und 62. eintreten, als einzige Todesstrafe einzuführen und alle Verschärfung der Todesstrafe aufzuheben, sondern auch die jetzt bestehende Form bei Vollziehung der Todesstrafe zu vereinfachen und namentlich das hochnothpeinliche Halsgericht in Wegfall zu bringen. Ohnfehlbar würde die Staatsregierung bei gegenwärtigem Landtage zu Vorlegung des bezüglichen Gesetzentwurfes geschritten sein, wenn nicht die ständischen Verhandlungen über Abkürzung des Landtages eine andere Rücksichtnahme geboten hätten.

Nach jenen Grundzügen fällt, wie gedacht,

1) die Hegung des peinlichen Halsgerichts ganz hinweg.

2) Der Richter hat nach Eingang der Verordnung der obern Justizbehörde über Vollziehung der Todesstrafe, dem Inquisiten die Zeit der Vollstreckung bekannt zu machen, und ihn durch die Gerichtsdiener auf den Richtplatz bringen zu lassen, wo ihn das Gerichtspersonal erwartet.

3) Eine ausgezeichnete Kleidung des Inquisiten findet nicht statt.

4) Eben so wenig die Begleitung der Geistlichen zum Richtplatze, obwohl denselben unbenommen bleibt, den Inquisiten dort ebenfalls zu erwarten, um ihm nach Befinden noch geistlichen Zuspruch zu ertheilen.

5) Auch die im 98. Artikel der Halsgerichts-Ordnung vorgeschriebene Anfrage des Scharfrichters, nach der Execution, soll unterbleiben.

Es läßt sich nicht verkennen, daß in dieser einfachen und völlig zeitgemäßen Form, welche in der Hauptsache mit dem übereinstimmt, was der Stübelsche Entwurf eines Criminalgesetzbuches für das Königreich Sachsen III. Theil §. 88. folg. über diesen Gegenstand enthält, die meisten der obigen Uebelstände Beseitigung finden dürften.

Alle von dem Herrn Antragsteller gerügten Uebelstände zu beseitigen, welche an die Oeffentlichkeit des Actes der Hinrichtung geknüpft und mehr oder minder da zu finden sind, wo die große Volksmasse zum Schauen sich vereiniget, scheint nicht möglich, so lange man nicht diese Oeffentlichkeit selbst aufheben will: eine Maaßregel, welche mit den Forderungen einer Zeit, welche die Oeffentlichkeit als Palladium überhaupt in Anspruch genommen, schwer in Einklang zu bringen sein möchte.

Der Herr Antragsteller schlägt vor, künftig die Todesstrafe in einem dem Zudrange der Menge verschlossenen Raume zu vollstrecken und als Zeugen, außer dem Gerichtspersonal, die Stadtverordneten, eine Zahl Vorsteher öffentlicher Anstalten, Handwerksmeister, Familienväter dort zu versammeln und diesen und den Tagesblättern zu überlassen, dem Publicum die Nachricht von der gesetzmäßigen Vollstreckung des Urtheils zu geben. Er ist dabei der Ansicht, daß der Begriff der Oeffentlichkeit ein relativer sei, und daß eine geringe Anzahl von Amts- und Berufs wegen versammelten Männern vollkommen den Character der Oeffentlichkeit an sich trage und mehr Glauben verdiene, als der große Haufe der müßigen Zuschauer; indeß ist es wohl klar, daß der Begriff der Oeffentlichkeit, in der Meinung des Volkes, ein abgeschlossener ist und daß ein Executionsverfahren, wie das vorgeschlagene, mit dem Character des öffentlichen nie bezeichnet werden würde. Es stehen aber auch noch andere Bedenken dem Vorschlage entgegen. Denn nicht zu gedenken, daß die Maaßregel in ihrer Ausführung sehr großen Schwierigkeiten unterliegen, an vielen Orten zur Unmöglichkeit werden würde, ja wegen Oertlichkeit mitunter zu weit größern Uebelständen führen könnte, als die sind, welche sie beseitigen soll: so dürfte sie den Zweck des Herrn Antragstellers, der auf Entfernung der großen Menge gerichtet ist, nicht einmal erreichen. Denn wird der Tag der Hinrichtung nicht geradezu geheim gehalten, und somit die Hinrichtung im Geheimen vollzogen, und das will auch der Herr Antragsteller nicht, so wird das Zusammenströmen der Volksmenge nach jenem verschlossenen Richtplatze nicht unterbleiben, geschähe es auch nur, um den Inquisiten auf seinem letzten Gange aus dem Gefängniß dorthin zu sehen, ja um den Streich führen, das Haupt fallen zu hören. Und so werden auch hier die mit jeder Oeffentlichkeit verbundenen Uebelstände wiederkehren.

Dem ferneren Vorschlage des Herrn Antragstellers aber, durch äußere Mittel auf das Gemüth des Volkes bei solchen Gelegenheiten zu wirken und zu dem Ende den Act der Hinrichtung mit dem bei Begräbnissen gewöhnlichen Glockengeläute zu beginnen, den öffentlichen Verkehr zu schließen, Schauspiel, Tanz und Lustbarkeiten an dem Tage einzustellen, stehen die oben berührten, von dem Herrn Antragsteller selbst anerkannten, gegen das Ehrende der Hinrichtung eines Verbrechers gerichteten sehr erheblichen Bedenken und zwar in erhöhtem Maaße entgegen. So löblich alle diese Zwecke an sich sein mögen, so scheinen sie doch der Deputation in unvereinbarem Contraste zu stehen mit den Verhältnissen und der Lage eines verurtheilten Verbrechers, dem dadurch eine Ehre zu Theil wird, wie man sie in der Regel nur ausgezeichneten Staatsbürgern zu erweisen pflegt. Wenden wir uns nun zu dem Schlußantrage selbst, so ist der Herr Antragsteller von dem Gesichtspunkte ausgegangen, daß die Vorlage des zu Abstellung der bisherigen Uebelstände bei Vollziehung der Todesstrafe zu erbittenden Gesetzentwurfs erst bei nächstem Landtage zu erwarten sein werde und er hat deshalb den Wunsch beigefügt, daß bis dahin bei etwa inmittelst vorkommenden Fällen dem Bedürfnisse durch Verordnung genügt werden möge. Auch die Deputation ist darin mit dem Herrn Antragsteller völlig einverstanden, daß bei der Nähe des Landtagsschlusses und bei der großen Masse wichtiger, bis dahin noch zu erledigender ständischer Arbeiten, der fragliche Gesetzentwurf, so wünschenswerth es an sich gewesen wäre, zum Gegenstande der Berathung bei gegenwärtigem Landtage nicht gemacht und ein Gesuch darauf an die Staatsregierung nicht gerichtet werden kann. Eines Antrags auf Vorlegung desselben beim nächsten Landtage bedarf es indeß darum nicht, weil die Stände zu dem nächsten Landtage das neue Criminalgesetzbuch zu erwarten haben und in diesem die bisherigen Mängel bei Vollziehung der Todesstrafe, in so weit letztere künftig überhaupt noch gesetzlich fortbesteht, ohnehin Abhülfe finden werden. Es bleibt sonach nur noch die Frage übrig, ob die Staatsregierung zu ermächtigen sein dürfte, inmittelst durch Verordnung diejenige Veränderung bei Vollziehung der Todesstrafe eintreten zu lassen, die sie selbst beabsichtigt und deren oben Erwähnung geschehen. Zweifel dagegen könnte nur die Erwägung erregen, daß sich die Hegung des hochnothpeinlichen Halsgerichts und ein Theil der dabei stattfindenden Formalitäten, auf die Carolina, mithin auf ein Gesetz gründet, und sonach durch ein im verfassungsmäßigen Wege zu erlassendes Gesetz aufzuheben sein möchte. Berücksichtigt man indeß, daß es sich vor der Hand nur um eine interimistische Maaßregel und lediglich um die Beseitigung von Formen handelt, von Formen, welche den Forderungen der Zeit nicht mehr entsprechen, dem gegenwärtigen Stande unserer Criminalgesetzgebung fremd und in ihren Folgen, wie die Erfahrung bestätigt, unheilbringend sind; berücksichtigt man ferner, daß die zu substituirende Form von der Regierung bereits mitgetheilt worden, und wie sie vorliegt, als interimistische Maaßregel kaum ein Bedenken gegen sich haben dürfte; berücksichtigt man endlich, daß ein großer Theil der bezüglichen Förmlichkeiten, soweit er auf bloßer Observanz eines jeden Ortes beruht, im administrativen Wege von der Staatsregierung ohnehin entfernt werden könnte, so dürfte dem Wunsche des Herrn Antragstellers wohl beizupflichten sein.

Und in dieser Hinsicht schlägt die Deputation vor: es möge die hohe erste Kammer, in Vereinigung mit der 2., die Staatsregierung ermächtigen, bis zu dem Erscheinen des Criminalgesetzbuches, die bei Vollziehung der Todesstrafe zeither üblichen, auf die peinliche Gerichtsordnung gegründeten Förmlichkeiten in allen vorkommenden Fällen und daher auch in solchen, wo die Untersuchung bereits anhängig ist, durch Verordnung aufzuheben und an deren Stelle das oben unter 1. bis 5. erwähnte einfache Verfahren treten zu lassen.

v. Heynitz: Ich bin zwar mit der geehrten Deputation darin einverstanden, bei dem Acte der Hinrichtung jede unnöthige Feierlichkeit zu vermeiden; allein die Begleitung der Geistlichen zum Richtplatz, welche nach dem 4. Punkte des Deputationsberichtes in Wegfall kommen soll, halte ich keinesweges für eine überflüssige Förmlichkeit, noch für eine Ehrenbezeugung, vielmehr in sofern für ganz angemessen, denn man sollte doch selbst dem größten Verbrecher, besonders dem reuigen, auf seinem letzten Lebenswege den Trost der Religion gewähren. Ich bin fest überzeugt, daß dies einen guten, und nicht, wie man behauptet, auf die Volksmasse jederzeit einen schlechten Eindruck machen wird.

Prinz Johann: Es wird gewiß niemand leugnen, daß der Act, wo ein Mitglied der menschlichen Gesellschaft zum Besten des Gesammtwohls verdienterweise das Leben verlieren soll, mit einer der hohen Wichtigkeit der Handlung angemessenen Feierlichkeit begangen werden muß. Ich kann daher nicht so unbedingt in den Tadel der bei dieser Gelegenheit bisher stattgefundenen Einrichtungen einstimmen. Es liegt in ihnen theils etwas Schauervolles, theils aber auch eine gewisse Pietät. Doch verkenne ich auch die damit verbundenen Nachtheile und die Wahrheit nicht, daß die jetzige Zeit für symbolische Handlungen minder empfänglich ist. Die Vorschläge des Herrn Antragstellers sprechen mich daher allerdings an; da ich namentlich ebenfalls wünsche, daß die Vollstreckung der Todesurtheile nicht zu einem Spectakel für die schaulustige Menge werde, sondern das Volk zu ernsten Betrachtungen führe. Deshalb fühle ich mich zu folgendem Antrage veranlaßt: „Die Kammer möge die in der Petition enthaltenen Vorschläge der Regierung zur Erwägung anheim geben, im Uebrigen aber dem Gutachten der Deputation nur mit dem Unterschiede beitreten, daß man statt der ausdrücklichen Bezeichnung der unter Punkt 1. bis 5. enthaltenen Bestimmungen bloß sage: „und an deren Stelle ein einfacheres Verfahren treten zu lassen". Was die Begleitung des Geistlichen zum Richtplatz anlangt, so kann ich mich zwar ebenfalls nicht dafür verwenden, allein ich halte es für angemessen, daß der Geistliche den Delinquenten auf dem Richtplatze empfängt, denn es ist wohl die Pflicht des Staates, einem vielleicht reuevollen Verbrecher — den man zwar als Verbrecher verabscheuen, als Mensch jedoch seines Falles halber bemitleiden muß — die letzten Worte des Trostes aus dem Munde des Seelensorgers nicht zu entziehen. Ich würde deshalb darauf antragen: „daß es dem Geistlichen zur Pflicht gemacht werden möge, auf dem Richtplatze gegenwärtig zu sein."

Secr. v. Zedtwitz stimmt den so eben ausgesprochenen Ansichten in der Hauptsache bei, und fügt hinzu: Es haben sich noch in neuerer Zeit die bedeutendsten Criminalrechtslehrer dafür ausgesprochen, daß die Todesstrafen öffentlich zu vollziehen und so einzurichten seien, daß durch sie zugleich der Zweck der Abschreckung erreicht werde. Uebrigens müsse er wünschen, daß der Verbrecher seine Schuld zuvor noch laut bekenne, oder doch das Endurtheil öffentlich kund gemacht werden möge, damit das Volk die Vertheidigungs- und Entscheidungsgründe vernehme, die ihm außerdem bei der Einrichtung unseres Criminalverfahrens für immer unbekannt blieben.

Dr. Heinroth: Ich bin in der Hauptsache ganz der Ansicht der geehrten Deputation, und eben so in der Hauptsache gegen die Ansicht des geehrten Herrn Antragstellers. Ich glaube, daß durch die Realisirung seines Vorschlags ein Recht des Volkes, — nämlich die Oeffentlichkeit der Todesstrafe, — verletzt wird; ein Recht, zwar nicht von der positiven oder secundären, aber von der primitiven Art, ein allgemeines Menschenrecht. Zur Begründung meiner Ansicht sei mir erlaubt, hier einen Blick auf die hohe Würde des Staates zu werfen, ich meine nämlich die Würde, welche dadurch begründet wird, daß der Staat nicht eine Maschine, sondern eine moralische Person ist. Es handelt sich im Staate überhaupt nur um die Persönlichkeit. Dieser Begriff durchdringt alle Verhältnisse und Beziehungen des Staats. Er bestimmt das Verhältniß von Staat und Bürger, Gesetz und Freiheit, Pflicht und Recht, Verbrechen und Strafe. Die Strafe ist nichts barbarisches, sondern etwas heiliges, sie ist nichts anderes als die gesetzliche Rechtsverkümmerung gegen Rechtsverletzung. Namentlich ist der Act der Todesstrafe der höchste Act der Gerechtigkeit, welche das Prinzip und die Seele des Staates ist. Eine Verletzung der ersten Bedingung, unter welcher allein die Person existiren kann, ein mit Absicht und Vorsatz bewirkter Mord, kann nur durch die Todesstrafe ausgeglichen, eine Schuld gegen das Leben nur mit dem Leben gebüßt werden. In dem Leben seiner Bürger wird der Staat verletzt. Diese Verletzung ist Volkssache; daher muß das Volk Zeuge der Strafe, der Act der Todesstrafe muß ein öffentlicher sein. Ihm die Oeffentlichkeit rauben ist rechtswidrig; es heißt: die öffentliche Sache zu einer Privatsache zu machen. Wiefern bei dem öffentlichen Strafact die Wirkung auf die Gemüther berücksichtigt wird, so ist diese gewiß in tausend und aber tausend Seelen wohlthätig, wenn auch nicht immer sichtbar; und die wenigen Beispiele, daß Personen, bei welchen man schon eine Art von Verrücktheit präsumiren muß, sich durch eine öffentlich vollzogene Todesstrafe zu Verbrechen haben verleiten lassen, kommen hier nicht in Betracht. Bei der Einrichtung des Strafacts, welche der geehrte Antragsteller vorschlägt, ist der Zweck der Abschreckung undenkbar: denn Richter und Schöppen, und alle die übrigen achtbaren Zeugen des Strafacts bedürfen doch wohl keiner Abschreckung?

Uebrigens finde ich, mit mehreren geehrten Sprechern vor mir, in der Einrichtung unserer Vorfahren, abgesehen von den Spuren der Barbarei des Mittelalters, etwas eindringliches, ernstes, religiöses. Auch eine Straferschwerung kann ich in der Oeffentlichkeit des Strafactes nicht finden, denn dem Verstockten ist sie gleichgültig: für den Reuigen aber ist es beruhigend und tröstend, Andere durch sein Beispiel vor der Bahn des Verbrechens zu warnen. Dem öffentlichen Unfuge kann durch policeiliche Maßregeln gesteuert werden. — In diesem Stücke muß ich aber dem geehrten Antragsteller beistimmen, daß der Tag der Hinrichtung als ein Tag der Trauer bezeichnet werde, wiefern die Gesellschaft genöthigt wird, eine lebende Seele von sich auszuscheiden. Hierdurch widerfährt nicht dem Verbrecher Ehre, sondern nur dem Menschen Anerkennung. Ich wiederhole übrigens, daß ich angelegentlich wünsche, es möge vom öffentlichen Strafacte alle Spur von Barbarei entfernt bleiben.

v. Miltitz: Die christliche Moral lehrt uns, daß wir das Böse nicht um der Strafe willen, sondern darum scheuen sollen, weil es bös ist. Im Betreff dessen, was der geehrte Sprecher hinsichtlich des Eindrucks, welchen eine Hinrichtung auf das Volk mache, erwähnte, habe ich zu bemerken, daß das Volk gerade durch die Menschenmasse, welche sich gewöhnlich bei Hinrichtungen einfindet, nicht wohl vertreten werden kann, und mache besonders auf den ungewöhnlichen, kaum zu beschreibenden Tumult aufmerksam, welcher vor und nach einer Hinrichtung stattzufinden pflegt.

Referent, Bürgermeister Hübler: Es sei mir erlaubt, meine Meinung über die bis jetzt ausgesprochenen Ansichten mitzutheilen. Was zuvörderst den Vorschlag Sr. königl. Hoheit anlangt, so muß ich bemerken, daß die Deputation der Ansicht war, die zeitherigen auf ein Gesetz sich gründenden Förmlichkeiten könnten nur auf verfassungsmäßigem Wege aufgehoben werden. Es würde daher hier wenigstens die Modalität, in welcher die Regierung die Veränderungen eintreten zu lassen ersucht werden soll, zu bezeichnen sein. Gegen Hrn. Secr. v. Zedtwitz muß ich erinnern, daß ja der Zweck der Abschreckung schon allein durch die Oeffentlichkeit der Hinrichtung vollständig erreicht wird. Der geehrte Sprecher setzt ferner einen Werth darauf, daß sich der Verbrecher zuletzt noch einmal laut für schuldig bekenne. Ich glaube aber, es wird das Bekenntniß des Verbrechers bei dem Tumulte des Halsgerichts von der dasselbe umgebenden Menge gar nicht vernommen werden, und erscheint bei dem jetzigen Gange des Untersuchungsverfahrens als völlig überflüssig, und könnte dabei doch Veranlassung zu großen Uebelständen geben. Der Hr. Dr. Heinroth scheint zwar gegen die Motiven des Hrn. Antragstellers, aber doch für einige der von demselben gethanen Vorschläge mehr, als für die der Deputation gestimmt zu sein, woraus denn folgen würde, daß nach seiner Ansicht zu den zeitherigen Feierlichkeiten auch noch die vom Hrn. Antragsteller vorgeschlagenen hinzukommen, und sogar die im Deputationsberichte als nachtheilig geschilderten Feierlichkeiten noch bedeutend vermehrt werden würden. Sein Antrag geht sonach noch über die Wünsche des Hrn. v. Miltitz hinaus, und sonach stehen demselben die im Ber. der Dep. entwickelten Gründe entgegen. Auch ich wünsche dem Acte der Hinrichtung feierlichen Ernst erhalten zu sehen, ich muß mich aber bestimmt gegen jede den Verbrecher gleichsam ehrende Feierlichkeit erklären.

Staatsminister v. Könneritz: Das Ministerium hat schon längst gefühlt, wie nothwendig es sei, eine Abänderung in der Art und Weise der Vollstreckung der Todesstrafe eintreten zu lassen. Der Antrag des geehrten Abg. v. Miltitz kam ihm daher sehr willkommen bei Entwerfung des über den angeregten Gegenstand entworfenen Gesetzes, dessen Grundzüge mit fast allen Gesetzbüchern der neuern Zeit übereinstimmen. Nur die Rücksicht auf die bereits lange Dauer des dermaligen Landtags hielt die Regierung ab, den Ständen noch im Laufe desselben diesen Gesetzentwurf vorzulegen; erwünscht bleibt es aber, die Ansicht der Stände über den Gegenstand selbst, noch bei gegenwärtigem Landtage zu vernehmen. — Was die Oeffentlichkeit der Todesstrafe anlangt, so läßt sich nicht verkennen, daß diese große Uebelstände mit sich führt, deren der geehrte Hr. Antragsteller sehr richtig gedacht hat. Dennoch aber wird die Regierung auf einen dagegen gerichteten Antrag nicht einzugehen vermögen, denn der Zweck der Strafe ist theils der, zu zeigen, daß die Androhung im Gesetze nicht umsonst geschehen, theils die Abschreckung. Ueberdies entspricht die Oeffentlichkeit der Todesstrafen dem jetzt überhaupt herrschenden Geist der Oeffentlichkeit. Demnächst muß die Vollstreckung zwar mit Würde und Strenge erfolgen; von da aber ist noch ein großer Sprung bis zur Feierlichkeit. Letztere wird im Volke keine Trauer über den Fall, sondern eher Mitleid mit der Person erzeugen; dieses wird sogar vorherrschen, und so der Zweck der Strafe vereitelt werden. — Einen Gesetzentwurf über den in Frage befangenen Gegenstand bei nächstem Landtage an die Stände zu bringen, stellt sich darum als überflüssig heraus, weil alsdann ohnehin das Criminalgesetzbuch vorgelegt werden soll. Soll aber immittelst das auf einem Gesetze beruhende hochnothpeinliche Halsgericht abgeschafft werden, so wird es dazu einer besondern Ermächtigung von Seiten der Stände bedürfen. — In Betreff der vom Hrn. Secr. v. Zedtwitz beantragten Ablegung eines offentlichen Bekenntnisses der Schuld des Delinquenten verweise ich theils auf das, was im Deputations-Berichte enthalten ist, theils auf die Bemerkung des Hrn. Referenten. Ob man dagegen eine öffentliche Kundmachung des Urtels sammt der demselben beigegebenen Entscheidungsgründe der Vollstreckung der Strafe vorhergehen lassen will — was allerdings in manchen andern Staaten geschieht — kann wohl noch in Erwägung gezogen werden, da auch die Regierung bereits beschlossen hat, solches im administrativen Wege noch anzuordnen. — Die von der geehrten Deputation aufgestellten Ansichten stimmen mit denen des

Ministerii vollkommen überein. Doch würde ich zu den 5 Punkten noch den hinzugefügt zu sehen wünschen: „Daß man die Todesstrafe auf eine einzige beschränken und alle Verschärfung derselben abschaffen wolle.“

Referent, Bürgermeister Hübler: Ein dergleichen Antrag würde über die der Deputation durch die ihr vorgelegte Petition gestellten Grenzen hinausgegangen sein, mir aber auch bedenklich geschienen haben, eine solche Bestimmung im bloßen Wege der Beordnung zu treffen.

v. Carlowitz: Im Allgemeinen glaube ich, es würde besser gewesen sein, den vorliegenden Gegenstand bis zur künftigen Berathung über das Criminalgesetzbuch ausgesetzt gelassen zu haben, denn ich halte es stets für nachtheilig, einer allgemeinen Gesetzgebung vorzugreifen. Allein da die Sache nun einmal zur Sprache gekommen ist, so muß ich mich zuvörderst ebenfalls für die Oeffentlichkeit der Todesstrafe aussprechen, wünsche jedoch solche von allen Ceremonien entkleidet zu sehen. Namentlich muß auch ich mich gegen ein vom Verbrecher öffentlich abzulegendes Bekenntniß erklären, und hierbei noch darauf hindeuten, daß vom öffentlichen Bekenntnisse nur ein kleiner Schritt zur Reue ist, diese aber Mitleid erweckt, aus diesem wiederum Mißstimmung, daraus leicht Verletzung der Strafrechtsbestimmungen entsteht und man so durch einen Kreislauf aufs Neue zum Verbrechen kommt. Eben so unzulässig scheint mir der Vorschlag einer anzuordnenden öffentlichen Trauer; denn gerade dadurch können leicht exaltirte Gemüther zu öffentlichen Verbrechen angereizt werden. In Betreff der Begleitung der Geistlichen zum Richtplatz bin ich für den von Sr. Königl. Hoheit vorgeschlagenen Mittelweg; im Uebrigen aber für das Gutachten der Deputation. Wollte man einen Zusatz in der vom Hr. Justizminister gewünschten Maße hinzufügen, so würde man weiter gehen, als man gehen darf, so lange nicht ein besonderes Gesetz vorliegt.

Prinz Johann ist der Meinung: Die Regierung könne öffentlich bekannt machen, daß gegen eine verschärfte Todesstrafe jedesmal Begnadigung ertheilt werden werde. Dann würden Richter und Vertheidiger sich alle weitläuftige Erörterungen über die Art der Todesstrafe ersparen können.

Staatsminister v. Könneritz verspricht sich von der vorgeschlagenen Bekanntmachung sehr wenig Erfolg. Denn den Dikasterien könne man doch nicht verbieten, auf eine andere Todesstrafe zu erkennen, und so würden jene Weiterungen immer nicht vermieden werden. — Uebrigens werde die Regierung auf einen die Abschaffung des Halsgerichts betreffenden Antrag einzugehen Bedenken tragen, bevor sich nicht die Ständeversammlung über die im Berichte angegebenen einzelnen Punkte erklärt habe. Unbedenklich habe es aber geschienen, jetzt schon zu Abstellung von Uebelständen zu verschreiten, und die aufgestellten Grundsätze seien dieselben, welche auch in das Criminalgesetzbuch kommen würden. Welche Todesstrafe als die einzige zu wählen sei, darauf sei die Regierung nicht weiter eingegangen, sondern sie habe die zeither gewöhnliche des Schwerdtes angenommen. — Ueber andere Todesstrafen gebe es auch noch manche Zweifel; und namentlich hätten Sachverständige behauptet, die Strafe des Beiles sei eine viel härtere, als die des Schwerdtes, weil das Beil quetsche.

Hier schließt die allgemeine Berathung und es richtet der Vicepräsident folgende Fragen an die Kammer:

1) Ist man mit dem Vorschlage der Deputation einverstanden, in Vereinigung mit der 2. Kammer die Staatsregierung zu ermächtigen, bis zum Erscheinen des Criminalgesetzbuches die bei Vollziehung der Todesstrafe zeither üblichen, auf die peinliche Gerichtsordnung gegründeten Förmlichkeiten in allen vorkommenden Fällen, und daher auch in denjenigen, wo die Untersuchung bereits anhängig ist, durch Verordnung aufzuheben?

Dies wird einstimmig bejaht.

2) Tritt man dem Gutachten der Deputation bei, daß specielle Vorschläge hinzugefügt werden sollen?

Dies bejahen 16 gegen 8 Stimmen, und es wird nun die Sitzung gegen 2 Uhr geschlossen.

Dreihundert und siebente öffentliche Sitzung der ersten Kammer, am 10. October 1834.

Fortsetzung der Berathung des Berichts der 3. Deputation über die an die 1. Kammer der Ständeversammlung gerichtete Petition des Abg. v. Miltitz, eine veränderte Einrichtung bei Vollziehung der Todesstrafe betreffend.

Die Sitzung nimmt halb 11 Uhr unter Vorsitz des Stellvertreters Dr. Deutrich ihren Anfang. Es wird das Protocoll über die letzte Session verlesen, von der Kammer genehmigt und durch v. Carlowitz und Dr. Heinroth mit vollzogen. —

Der Vicepräsident unterrichtet die Kammer von dem Eingange einer anonymen Schrift, Vorschläge zur Beförderung der sittlichen Bildung im Volke enthaltend. Sie soll ihrer Anonymität halber unerörtert gelassen werden.

Man gelangt zur Tagesordnung, auf welcher sich als erster Gegenstand befindet: Die Forsetzung der Berathung über den Bericht der 3. Deputation wegen der Petition des Abg. von Miltitz. — Referent in der Sache ist Bürgermeister Hübler.

Die allgemeine Discussion über den vorliegenden Gegenstand ist bereits in der gestrigen Sitzung geschlossen worden, und man wendet sich nun zur Durchgehung der im Deputationsberichte enthaltenen 5 speciellen Punkte. (S. oben S. 245.)

Was den 1. Punkt anlangt, so bemerkt Referent, Bürgermeister Hübler, daß mit der in der gestrigen Sitzung statt gefundenen Annahme des ersten Theils des Schlußantrages der Deputation zugleich mit die Annahme dieses Punktes erfolgt sei.

Zu diesem Punkte hat Secr. v. Zedtwitz folgenden Antrag eingereicht: „Eine hohe Staatsregierung möge Veranstaltung treffen, daß jedesmal noch vor Vollstreckung einer Todesstrafe sowohl der Gang der wider den Verbrecher geführten Untersuchung, als das in Folge derselben wider ihn ausgesprochene Straferkenntniß in angemessener Weise veröffentlichet und besonders am Orte des begangenen Verbrechens bekannt gemacht werde.“ Der Antragsteller bemerkt hierzu, daß er bereits gestern die Gründe seines Antrags entwickelt habe und sich dessen Annahme um so mehr verspreche, da die Regierung selbst schon eine dergleichen Einrichtung beabsichtigt habe.

Der Antrag selbst wird hinreichend unterstützt.

Referent, Bürgermeister Hübler: Die Deputation war auch gar nicht der Meinung, eine solche Maßregel ausschließen zu wollen, vielmehr war sie schon von der diesfallsigen Absicht der Regierung in Kenntniß gesetzt.

Es wird hierauf zuvörderst der erste Punkt des Deputationsgutachtens, und sodann der Antrag des Secr. v. Zedtwitz einstimmig genehmiget.

Beim zweiten Punkte bemerkt

Secr. v. Zedtwitz: Er setze voraus, man werde in der Verordnung auch eine angemessene Bestimmung über den Zeitraum treffen, welcher dem Verbrecher zwischen der Bekanntmachung des Tages der Strafvollstreckung und der letztern selbst noch zu lassen sei.

Referent, Bürgermeister Hübler: Nach der Absicht der Regierung soll allerdings zwischen beiden Zeitpunkten ein mehrtägiger Zwischenraum gelassen werden; wie denn auch die Vorbereitungen zu dem Act der Hinrichtung selbst es gar nicht anders gestatten würden.

Der königl. Commissar Dr. Schumann bestätiget dieß und bemerkt, daß man hier nur die Hauptzüge habe angeben wollen, wogegen das Speciellere durch Verordnung bestimmt werden solle.

Die Anfrage des Dr. Herrmann: Ob die Verordnung künftig auch darüber Bestimmung treffen werde, daß die Fürbitte von den Kanzeln, welche zeither gewöhnlich am Sonntage vor der Hinrichtung statt gefunden, noch ferner beibehalten werden solle, wird vom Referenten, Bürgermeister Hübler dahin beantwortet, daß ihm zwar von einer solchen Gewohnheit etwas nicht bekannt sei; dieser Gegenstand aber überhaupt wohl nicht hierher gehöre, wo es sich lediglich von der Vollstreckung der Todesstrafe handle.

Es wird hierauf der zweite Punkt einstimmig angenommen. Ein gleiches ist auch beim dritten Punkte der Fall, zu welchem von keiner Seite eine Bemerkung gemacht wird. —

Beim vierten Punkte bemerkt Referent, Bürgermeister Hübler: Die Deputation mache den in der gestrigen Sitzung ausgesprochenen Wünschen zu Folge den Vorschlag zu dem ihrigen, an die Stelle der Worte: „unbenommen bleibt" zu setzen: „obliegt". Demgemäß würden auch die Worte: „nach Befinden" von selbst in Wegfall kommen müssen.

Dr. Heinroth sieht sich noch zu dem Antrage veranlaßt: Man möge nach dem Worte „Richtplatz" noch die Worte hinzufügen: „außer wenn es der Delinquent ausdrücklich wünscht und verlangt." — Er fühle sich zu diesem Antrage durch die Betrachtung aufgefordert, daß selbst bei den verstocktesten Verbrechern, besonders nach publicirtem Todesurtheil, Erweichung des Gemüths und Verlangen nach den Tröstungen der Religion Platz ergreife, und überhaupt Gefühle in ihm erwachten, welche lange geschlummert hätten.

Der Antrag des Sprechers erhält hinreichende Unterstützung. Es wird jedoch dagegen eingewendet: Daß, während der geistliche Zuspruch gerade auf dem Wege nach dem Richtplatze im Gedränge und Getöse der Menge seinen Zweck nicht erfüllen könne, sei es eben die Begleitung der Geistlichen, welche die größte Gefahr in Bezug auf die Aufregung exaltirter Gemüther mit sich führe. Uebrigens sei ja der Geistliche angewiesen, dem Verbrecher im Gefängnisse, sobald es Letzterer verlange, jederzeit Trost zuzusprechen, und solle ihn auch noch an der Richtstätte selbst empfangen; und es könne daher auf die wenigen Minuten, welche zum Wege dahin nöthig seien, wohl nicht ankommen.

Staatsminister v. Könneritz tritt diesem Bedenken bei und fügt noch hinzu, daß die fragliche Begleitung auch eine höchst unangenehme Zumuthung für die Geistlichen, besonders dann sein werde, wenn der Verbrecher gefahren werden müsse, und daß sie von Letzterem wohl gar verspottet werden könnten.

Bürgermeister Ritterstädt: Ich halte es für Pflicht, dem Geistlichen wenigstens aufzugeben, wenigstens an der Richtstätte gegenwärtig zu sein, dies aber nicht bloß in den Wunsch des Verbrechers zu stellen. Es ist außerdem der Fall denkbar, daß ein Verbrecher, der vielleicht vor seiner Abführung zur Richtstätte kein Verlangen nach dem Zuspruch des Geistlichen hegte, am Schaffote angekommen doch noch Sehnsucht nach den Tröstungen der Religion empfindet. Diese würden ihm bei Abwesenheit des Geistlichen fehlen, und durch letzteres Herbeiholung Verzug in Vollstreckung der Strafe gebracht werden. Beides erscheint mir unzulässig; und ich halte es für heilige Pflicht, dafür zu sorgen, daß der Verbrecher in den letzten bangen Augenblicken seines Lebens des Trostes der Religion nicht beraubt werde.

Staatsminister v. Könneritz erklärt, daß auch die Regierung gewiß dem diesfallsigen, so vielfach in der Kammer ausgesprochenen Wunsche nicht entgegen sein werde.

Der Vicepräsident, D. Deutrich: Ich stimme dem Herrn Referenten vollkommen bei. Da dem Delinquenten der geistliche Zuspruch auf dem Richtplatze gewährt werden soll, nachdem die Vorbereitung durch Geistliche mehrere Wochen vorher stattgefunden hat, so ist die Begleitung der Geistlichen zu dem Richtplatz ganz unnöthig und erwiesenermaßen nachtheilig. Mir sind 2 Fälle bekannt, wo durch die Begleitung der Geistlichen bei der Abführung des Delinquenten zu dem

Richtplatz ein solcher Eindruck hervorgebracht wurde, daß der Gedanke entstand, auf ähnliche Weise sterben zu mögen, woraus das Verbrechen des Todtschlags und der Feueranlegung hervorging. Ja, ich habe selbst Gelegenheit gehabt, zu bemerken, daß die Begleitung der Geistlichen zum Schaffot auf viele Zuschauer einen solchen Eindruck machte, daß dadurch der Gedanke an die Größe des Verbrechens, an die Strafhandlung ganz verschwand.

Es wird hierauf der 4te Punkt in der vom Referenten abgeänderten Weise einstimmig angenommen, der Antrag des Dr. Heinroth jedoch mit 19 gegen 5 Stimmen verworfen.

Der 5te Punkt endlich findet, ohne daß jemand dagegen etwas erinnert, einstimmige Genehmigung.

Es entsteht nunmehr die Frage, ob, nach dem in der gestrigen Sitzung vom Staatsminister v. Könneritz ausgesprochenen Wunsche, auch noch ein 6. Punkt folgenden Inhalts hinzugefügt werden solle: „daß man die Todesstrafen auf eine Einzige, nämlich auf die Enthauptung beschränken, und alle Verschärfung derselben aufheben wolle.

Secretair v. Zedtwitz macht diesen Vorschlag zu dem seinigen, indem er es sehr wünschenswerth findet, das als Regel ausgesprochen zu sehen, was bisher schon immer, doch nur in jedem einzelnen Falle durch Begnadigung geschehen sei.

Dieser Antrag wird nun hinreichend unterstützt.

v. Polenz aber spricht sich um deswillen gegen denselben aus, weil darüber, ob die Strafe des Schwerdtes die leichtere sei, noch mancher Zweifel herrsche.

Referent, Bgmstr. Hübler ist der Meinung, dieser Antrag müsse als eine besondere Petition betrachtet und als solche zuvörderst ebenfalls noch der dritten Deputation zur Begutachtung übergeben werden.

v. Carlowitz hält diesen Gegenstand ebenfalls der sorgfältigsten Prüfung werth und den eingeschlagenen Weg nicht geeignet, Gesetze aufzuheben. Wenn irgend Etwas der Gesetzgebung angehöre, so sei es gewiß die Art der Todesstrafe.

Secr. v. Zedtwitz entgegnet, daß die Regierung ohnehin hier nach dem Berichte die Initiative gewissermaßen schon ergriffen habe, und in der Gesetzgebung selbst durch diesen Antrag im Wesentlichen gar keine Aenderung eintrete, da jene geschärfte Todesstrafe nicht mehr vollzogen, sondern jedesmal durch Begnadigung in eine mildere verwandelt werde.

Staatsminister v. Könneritz: Die Abschaffung des Halsgerichtes betreffe ja ebenfalls einen Gegenstand der Gesetzgebung, und die Frage über die Initiative könne man durch die Mittheilung an die Deputation für beseitigt halten.

Bürgermeister Wehner hält den in Frage befangenen Antrag nicht für nothwendig; man könne die Sache für jetzt auch fernerhin der Begnadigung überlassen. Bei künftiger Berathung des Criminalgesetzbuches werde sich das Weitere hierüber bestimmen lassen.

Der Vicepräsident, Dr. Deutrich: So einverstanden ich in materieller Hinsicht mit dem Zedtwitzischen Antrage bin, so hege ich doch in formeller Hinsicht ein Bedenken, das doch nicht unwichtig sein möchte. Mir scheint doch ein wesentlicher Unterschied zwischen den Vorschlägen der Deputation und dem Zedtwitzischen obzuwalten. Jene beziehen sich größtentheils auf Veränderungen, welche auch durch Verordnung hätten eingeführt werden können, da kein sächsisches Gesetz entgegensteht. Und wenn auch dadurch einige Bestimmungen der Carolina abgeändert werden würden, so ist doch letztere kein sächsisches Gesetz. Der Zedtwitzische Vorschlag aber bezweckt die Abänderung mehrerer sächsischen Gesetze, und es scheint mir der Weg, der hier eingeschlagen werden soll, doch nicht der Verfassung gemäß, die zu Abänderung eines Gesetzes auch die Vorlage eines Gesetzentwurfs mit Motiven an die Stände erfordert. — Es dürfte doch zu weit führen, wollte man auf ein Deputationsgutachten die Ermächtigung der Regierung zu Erlassung eines Gesetzes ertheilen.

Secr. v. Zedtwitz: Durch die Vorschläge der Deputation wird ein bestehendes, in den Vorschriften der Carolina begründetes Verfahren abgeändert. Ich wünsche hingegen nur das ausgesprochen zu sehen, was bisher schon allemal durch Begnadigung geschehen ist. In Betracht jedoch, daß mein Antrag in der Kammer so vielen Widerspruch erhält, fühle ich mich veranlaßt, ihn wieder fallen zu lassen.

Man ist mit Referenten, Bürgermeister Hübler, allgemein darin einverstanden, daß in Folge der gestern stattgefundenen Annahme des ersten Theils des Schlußantrags der Deputation man unter den darin erwähnten bereits anhängigen Untersuchungen auch wohl solche mit einbegriffen habe, in welchen vielleicht auf Hegung des hochnothpeinlichen Halsgerichts erkannt werden sollte.

Demnächst erklärt man sich nun auch mit dem zweiten Theile des Schlußantrags der Deputation in den Worten: „und an deren Stelle das oben unter 1—5. erwähnte einfache Verfahren treten zu lassen," in der Weise, wie sich nach den so eben gefaßten Beschlüssen benannte Punkte gestalten, einstimmig einverstanden.

Dies ist denn das Ende der in den landständischen Verhandlungen des Königreichs Sachsen gepflogenen Untersuchungen über die Abschaffung der Todesstrafe und der dabei ungehörigen Förmlichkeiten. Man wird nicht in Abrede sein, daß diese Verhandlungen und Untersuchungen nicht etwa blos ein theoretisch wissenschaftliches, sondern auch rein moralisches Interesse für die Verbesserung der Strafrechtsbücher, für die Veredlung und Würde aller juridischen Strafbestimmungen mit sich führen. Mit der Epoche eines neuen Strafgesetzbuchs beginnt, wie für das Vaterland, so für die ganze Menschheit eine neue denkwürdige Periode in den Fortschritten zur edleren Humanität und Gerechtigkeit. Es ist nicht zu bezweifeln, daß bei solchen Entwürfen neuer und veredelter Strafgesetzgebung weniger die alte Form des Hergebrachten, als vielmehr ein reines heiliges Interesse, selbständige Vernunft und Freiheit, vorherrschen und walten werde. Haben wir in beiläufigen Bemerkungen unsere eigne Ueberzeugung und Ansicht ohne Berufung auf namhafte Citate und Autoritäten ausgesprochen, so hoffen wir für ein solches Verfahren Nachsicht und Entschuldigung, da wir meinten, jede sich frei aussprechende Ueberzeugung sei auch an sich nicht ganz ohne Werth, und dieser Werth würde nicht erhöht durch einen beiläufigen Vorrath gelehrter Namensverzeichnisse und Beispiele. Die Schriften, welche vorzüglich in der Angelegenheit über und für die Abschaffung der Todesstrafe bei den Fortschritten neuer Civilisation des Strafsystems nachgelesen zu werden verdienen, sind die bekannten de Sellon's und Lucas'schen Werke über die Unrechtmäßigkeit und Unzweckmäßigkeit der Todesstrafe.

Welches Resultat auch in der Zukunft aus den Untersuchungen unserer Zeit sich ergeben werde, die Wahrheit wird immer dabei gewinnen. Denn die Wahrheit ist Gottes Reich!

Druckfehler.

Seite 49 Z. 14 v. u. lies „Noumen" statt „Numen".
— 56 — 7 v. u. l. „hochnothpeinlich" st. „hochnoth als peinlich."
— — — 15 v. u. l. „wo Hochgerichte stehen" st. wo uns H. st."
— 116 — 10 v. u. l. „Renitenz" st. „Remitenz."
— 118 — 14 v. u. l. „Schicksalshelden" st. „Schicksalshelfen."
— 220 — 8 v. u. l. „nimmermehr" st. „immer mehr."
— 234 — 12 v. oben l. „von Sünde" st. „wo Sünde."
— 235 — 10 v. o. l. „Defension" st. „Defention."
— 238 — 9 v. u. l. „sie" st. „ste."
In der Vorrede S. IX. Z. 2 v. oben „Skalpel" st. Skallpel."

Sollten sich mehrere ähnliche Druckfehler finden, so bitten wir den Leser um die gütigste Entschuldigung und Berichtigung derselben. Wir konnten bei der Entfernung des Druckorts weder die Correctur selbst übernehmen noch auch die Revision der Aushängebogen vollständig besorgen.

Der Verfasser.

FSC
www.fsc.org
MIX
Papier | Fördert gute Waldnutzung
FSC® C083411

Kolibri 360 GmbH
Ferdinand-Jühlke-Straße 7
99095 Erfurt, Deutschland
produktsicherheit@kolibri360.de